员工关系管理精细化实操手册

陈雅宜 编著

“人治”+“法治”全面提升员工关系管理水平

“精细”+“实务”帮助读者快速掌握操作技能

构建完整知识体系

理论实务有效结合

内容精细形式活泼

实务范例拿来即用

法律法规有理有据

中国劳动社会保障出版社

内容提要

本书细化了员工关系管理各项工作，将各项工作的执行**“精细化”**和**“实务化”**，将聘用过程的员工关系管理、员工纪律与违纪管理、员工劳动保护、员工在职期间的关系管理、员工沟通与员工参与管理、劳动关系异常管理、特殊形式员工关系管理等七大模块的管理知识理论与操作技巧进行讲解和说明，并将工作中会用到的文书、制度、表单等模板化，方便读者在员工关系管理工作中**“拿来即用”**或**“稍改即用”**。

本书结合当下的法律与用人环境，为企业员工关系管理提供了一套全方位的指导手册，是企业中高层管理人员、人力资源管理从业人员、员工关系管理人员、咨询师、培训师及高校相关专业师生的必读书。

图书在版编目(CIP)数据

员工关系管理精细化实操手册/陈雅宜编著. —北京：中国劳动社会保障出版社，2016
ISBN 978-7-5167-2727-0

Ⅰ.①员…　Ⅱ.①陈…　Ⅲ.①企业管理-人事管理-手册　Ⅳ.①F272.92-62

中国版本图书馆 CIP 数据核字(2016)第 231350 号

中国劳动社会保障出版社出版发行
（北京市惠新东街 1 号　邮政编码：100029）

*

北京北苑印刷有限责任公司印刷装订　　新华书店经销

787 毫米×1092 毫米　16 开本　12.5 印张　237 千字
2016 年 10 月第 1 版　　2016 年 10 月第 1 次印刷
定价：32.00 元

读者服务部电话：（010）64929211/64921644/84626437
营销部电话：（010）64961894
出版社网址：http://www.class.com.cn

前　言

在现代人力资源管理工作中，人力资源外包已经慢慢成为一种重要的运营方式，人员招聘、员工培训、员工薪酬管理，甚至员工绩效管理都可以交给外部的专业机构去完成。但是，员工关系管理这项工作是无法实现外包的，而是根植于企业自身的、无法置身其外的管理系统。

随着企业用工法律环境的变化、员工法律意识和维权意识的不断增强，员工关系管理已经成为企业人力资源管理的基石，升级为人力资源管理的一项重要职能。员工关系管理被公认为未来企业人力资源管理实践中最具挑战性、最具战略意义的人力资源管理职能，是企业平衡健康发展的关键要素。

《员工关系管理精细化实操手册》是“人力资源管理精细化实操手册系列”图书中的一本，主要从员工关系管理的实际工作出发，将人员聘用过程的员工关系管理、员工纪律与违纪管理、员工劳动保护、在职期间的员工关系管理、员工沟通与员工参与管理、劳动关系异常管理、特殊形式员工关系管理七大模块的管理知识理论与操作技巧进行讲解和说明，它是一本企业将员工关系管理工作落到细节、落到实处的指导工具书。

本书主要具有以下五大特点。

1. 构建完整知识体系

本书从企业员工关系管理的实际工作出发，对员工关系管理的七大业务模块的关键事项进行详细阐述，并为读者提供了员工关系管理各业务模块的相关管理知识和操作技巧，为企业员工关系管理构建了一套完整的员工关系知识体系。

2. 理论实务有效结合

本书将员工关系管理理论与实务有效结合，方便读者在掌握员工关系管理的技巧和知识的基础上，快速提高员工关系管理的专业技能。

3. 内容精细形式活泼

本书提炼了每个员工关系管理各业务模块的核心内容，为其精心设计图表说明，即增强了图书内容的趣味性和可读性，也为读者提供了全方位的指导与参考。

4. 实务范例拿来即用

本书提供了实际管理过程中应用到的文书、制度、表单等，方便读者在员工关系管理工作中“拿来即用”或“稍改即用”，也使员工关系管理工作不再浮于表面、流于形式。

5. 法律法规有理有据

本书在详细阐述员工关系管理知识和操作技巧的基础上，对部分内容涉及的法律条文进行解释说明，为读者提供专业的意见，同时也帮助读者妥善解决实际工作中遇到的问题。

本书结合当下的法律与用人环境，为企业员工关系管理提供了一套全方位的指导手册，是企业领导人、管理者、人力资源管理从业人员、员工关系管理人员、咨询师、培训师及高校相关专业师生的必读书。

在本书编写的过程中，孙立宏、刘伟、孙宗坤负责资料的收集和整理，贾月、邹霞负责本书图表的编排，郭蓉参与编写了本书的第 1 章，毕春月参与编写了本书的第 2 章，高春燕参与编写了本书的第 3 章，高玉芝参与编写了本书的第 4 章，杨学辉参与编写了本书的第 5 章，韩燕参与编写了本书的第 6 章，孙佩红参与编写了本书的第 7 章，全书由陈雅宜统撰定稿。

目　录

第 1 章

聘用过程的员工关系管理

1.1 招聘录用管理

1.1.1 依法编制发布招聘广告

招聘广告是企业员工招聘的重要工具，招聘广告的好坏，直接影响到员工的素质和企业的竞争力，因此企业人力资源管理人员需要依法有效合理地编制和发布招聘广告，以招聘到符合企业要求的人才。

（1）编制招聘广告

招聘广告最重要的就是要写出企业需要何种人才，对这种人才的能力有哪些必需的要求，另外还要写出该职位大致的工作内容，这样才能够让应聘者足够清晰地了解企业的需要，并对自己是否适合参与应聘做出准确的判断。一份好的招聘广告，应该包括以下内容：

① 企业简介。企业人力资源管理人员可在企业简介中大致描述出公司的情况，准确传达出公司的品牌信息以及现在的发展情况，以便应聘人员了解公司的基本情况。同时要在招聘信息中清楚地写出公司地点和前往公司的交通指南。

② 完善的职位说明。在应聘人员看到企业发布的招聘广告后，职位相关说明的内容就显得十分重要，专业而吸引人的职位说明对招聘会起到事半功倍的效果。因此企业人力资源管理人员需要在招聘广告中写清楚职位说明，主要包括福利政策、岗位职责等方面的内容。职业说明内容如表1—1所示。

表1—1　　职位说明内容一览表

内容项目	具体说明
职位名称	◎ 要注意将职位名称描述得具体清晰，最好能让应聘者从职位名称中就能明白大概的工作内容
岗位职责	◎ 对岗位职责的描述要精准，要尽量将岗位向应聘者“推销”出去，吸引具备相应能力的求职者来应聘，而不是简单地描述，草草了事
岗位要求	◎ 对于岗位需要哪些确定的技能要求，也要在招聘信息中明确反映出来，描述得越清楚，接下来的招聘工作也会越省事。如这个职位有哪些技术是必须需要的。除此之外，求职者具备哪些其他的技术，企业会更优先考虑

续表

内容项目	具体说明
培训和工作经验	◎ 在招聘信息中描述清楚职位要求的工作经验、最低学历水平、职位必需的条件
福利政策	◎ 在招聘广告中写出能提供的待遇水平，可享受的福利政策

(2) 设计招聘广告

企业人力资源管理人员在设计招聘广告时，需要确保其醒目，色彩与版面整体设计符合目标人群的偏好，并且符合公司整体形象与企业文化。图 1—1 对招聘广告设计的具体要求进行了说明。

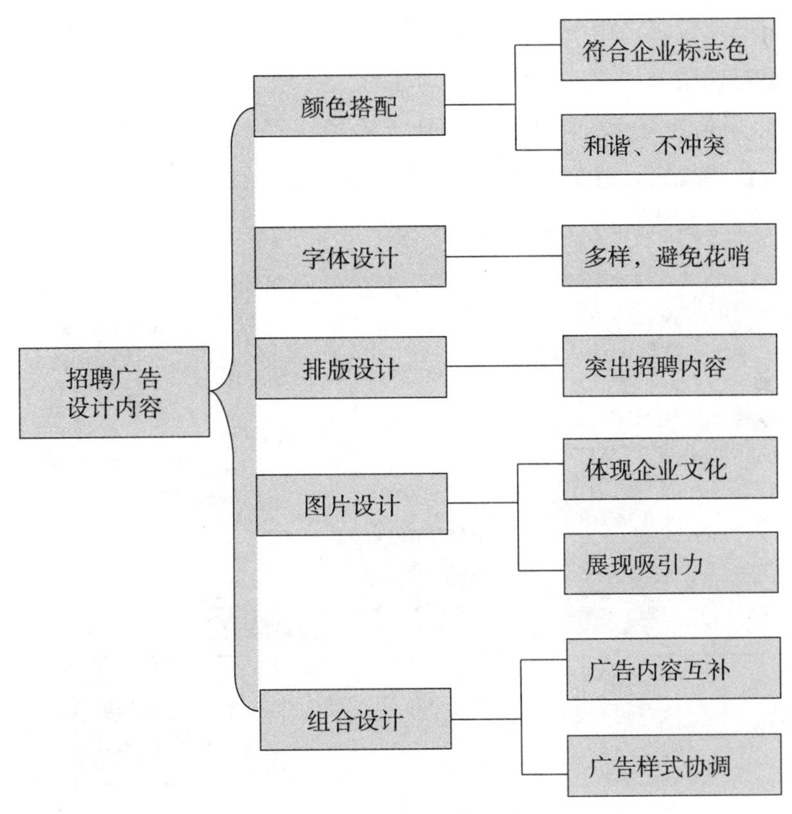

图 1—1　招聘广告设计

(3) 发布招聘广告

企业人力资源管理人员要发布招聘广告，需选择目标人群比较关注的渠道。招聘广告发布渠道主要包括电视、报纸、网络、墙面、宣传单、短信等渠道。网络广告可以大量采用，电视、报纸、墙面、短信也可以少量采用。电视广告性价比不高，主要还是集中在报纸、网络、墙面、短信等渠道上。

1.1.2 明确设定员工录用条件

根据《中华人民共和国劳动合同法》第三十九条规定："劳动者有下列情形之一的，用人单位可以解除劳动合同：（一）在试用期间被证明不符合录用条件的……"由此可知被聘用的员工如果在试用期间被证明不符合录用条件，企业可以以此法律条款与员工解除劳动合同。

为了便于合法有效地与不合格员工解除劳动合同，企业需要明确设定员工的录用条件。

（1）录用条件的设定

如何合理有效地设定录用条件，保证企业招录的员工满足岗位的需要呢？下面对员工录用条件的设定进行说明。

① 设定的录用条件符合法律规定。企业人力资源管理人员在设定录用条件时，需要确保录用条件符合法律规定，避免出现含有歧视性内容的条件，否则应聘人员可以根据《就业促进法》对企业提起法律诉讼。录用条件中不得出现的一般歧视性内容如图 1—2 所示。

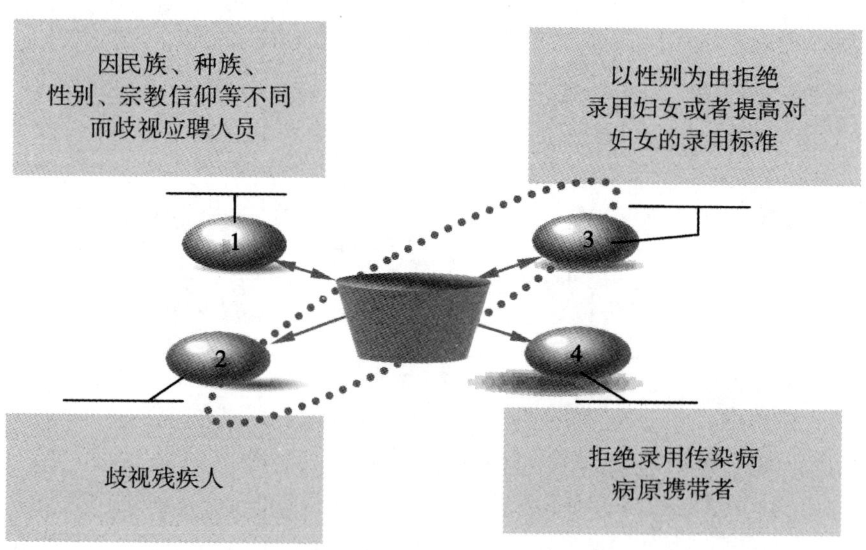

图 1—2 录用条件中不得出现的一般歧视性内容

下面对上述歧视性内容所涉及的法律条款进行说明。

《中华人民共和国劳动法》第十二条规定："劳动者就业，不因民族、种族、性别、宗教信仰不同而受歧视。"

《中华人民共和国劳动法》第十三条规定："妇女享有与男子平等的就业权利。在录用职工时，除国家规定的不适合妇女的工种或者岗位外，不得以性别为由拒绝录用妇女或者提高对妇女的录用标准。"

《中华人民共和国就业促进法》第二十九条规定："用人单位招用人员，不得歧视残疾人。"《中华人民共和国残疾人保障法》第三十八条规定："在职工的招用、转正、晋级、职称评定、劳动报酬、生活福利、休息休假、社会保险等方面，不得歧视残疾人。"

《中华人民共和国就业促进法》第三十条规定："用人单位招用人员，不得以是传染病病原携带者为由拒绝录用。但是，经医学鉴定传染病病原携带者在治愈前或者排除传染嫌疑前，不得从事法律、行政法规和国务院卫生行政部门规定禁止从事的易使传染病扩散的工作。"

② 设定的录用条件应当明确具体。企业人力资源管理人员设定的录用条件应当包括资质条件、工作能力条件以及职业道德条件三方面的内容。具体内容如表 1—2 所示。

表 1—2　　录用条件的内容

条件项目	具体内容
资质条件	包括但不限于学历学位、工作经历、技术职称或资格、外语水平等
工作能力条件	是指在试用期内完成工作任务的能力，可以从"质"和"量"两个方面进行设定
职业道德条件	职业道德条件则无须解释，员工的品德往往比其工作能力更重要，如诚实守信等

设定录用条件时，应当尽量对技术等级、学历水平、证书评级、资格资质、语言水平等有明确要求，切忌带有模糊性的或歧义性的条件，保证录用条件的可操作性。对于主观性较强的条件比如"工作能力较强"等含糊的条件进行量化，如果涉及无法直接评定或判断是否合格的情形，还应当规定参考标准或计算方法，以利于评定的时候有章可循。

③ 根据实际情况设定录用条件。在人力资源实际管理中，情况往往较为复杂，这就需要各人力资源管理人员根据企业的实际情况，设定不同的录用条件。通常可以设定如图 1—3 所示常用的录用条件。

（2）解除不符合录用条件员工的劳动合同

企业以试用期被证明不符合录用条件为由解除劳动合同，按理是符合《中华人民共和国劳动合同法》规定，不该引发纠纷，即使引发纠纷也不应存在败诉风险。实则不然，在实际工作中，很多企业却因此承担了本不应该承担的风险。究其原因是《关于审理劳动争议案件适用法律若干问题的解释》（法释〔2001〕14 号）第十三条规定："因用人单位作出的开除、除名、辞退、解除劳动合同、减少劳动报酬、计算劳动者工作年限等决定而发生的劳动

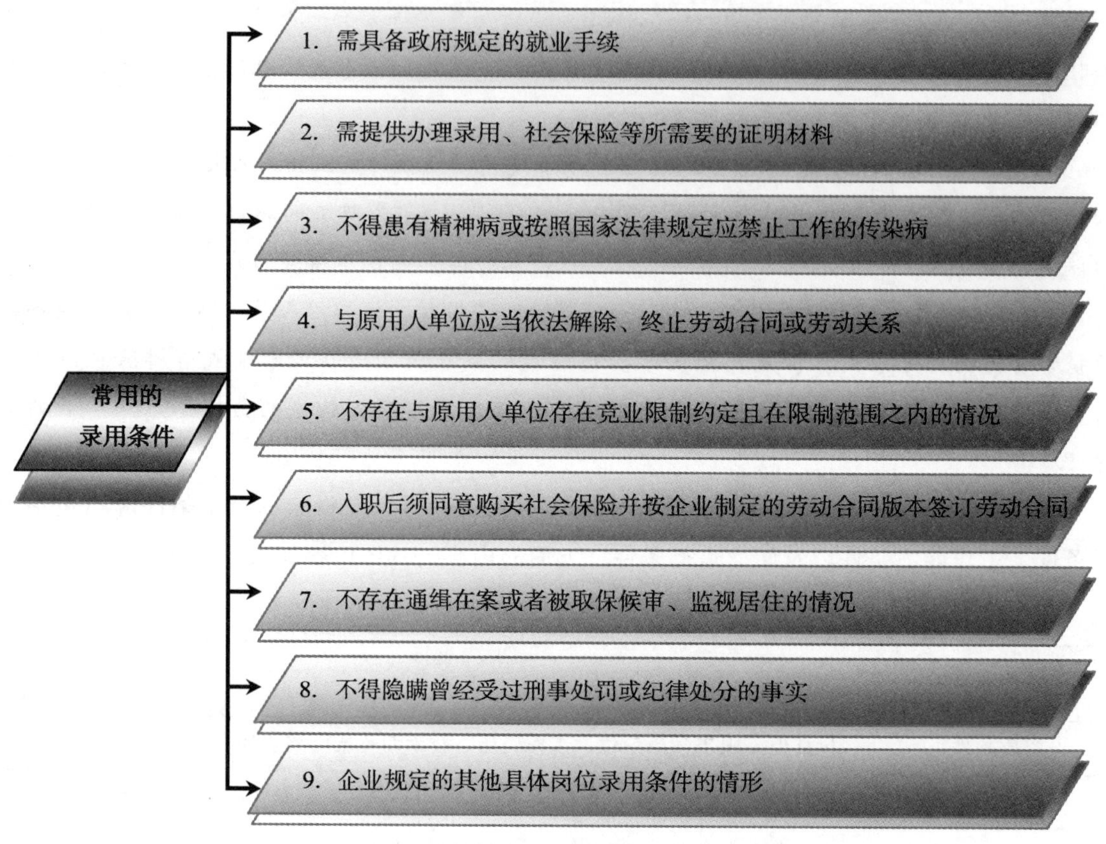

图 1—3 常用的录用条件

争议，用人单位负举证责任。”很多企业因无法举证证明其解除行为的合法性，从而导致败诉。而无法举证的主要原因是：企业误认为可以随意解除处于试用期员工的劳动合同，忽略了“试用期被证明不符合录用条件”中“被证明”要件。那么，如何才算是“试用期被证明不符合录用条件”呢？下面对其进行说明。

（3）不符合录用条件的举证

企业以“不符合录用条件”为由与被录用员工解除劳动合同，须提出证据证明员工不符合录用条件，而不是仅凭一纸通知或一句话。换言之，企业具有员工不符合录用条件的举证责任，若没有证据或证据无法证明不符合录用条件成立，则将承担非法解除劳动合同的法律风险。图 1—4 对企业举证需要满足的条件进行了说明。

只有在图 1—4 所述四个条件同时满足的条件下，企业才能以不符合录用条件为由单方解除试用期员工的劳动合同，而无须支付补偿金，并非可以随时无条件地解除试用期人员的劳动合同。而且，法律赋予企业的举证责任要求是很高的，如果没有完善的员工招聘和试用期管理制度，要想达到上述举证程度是有很大难度的。

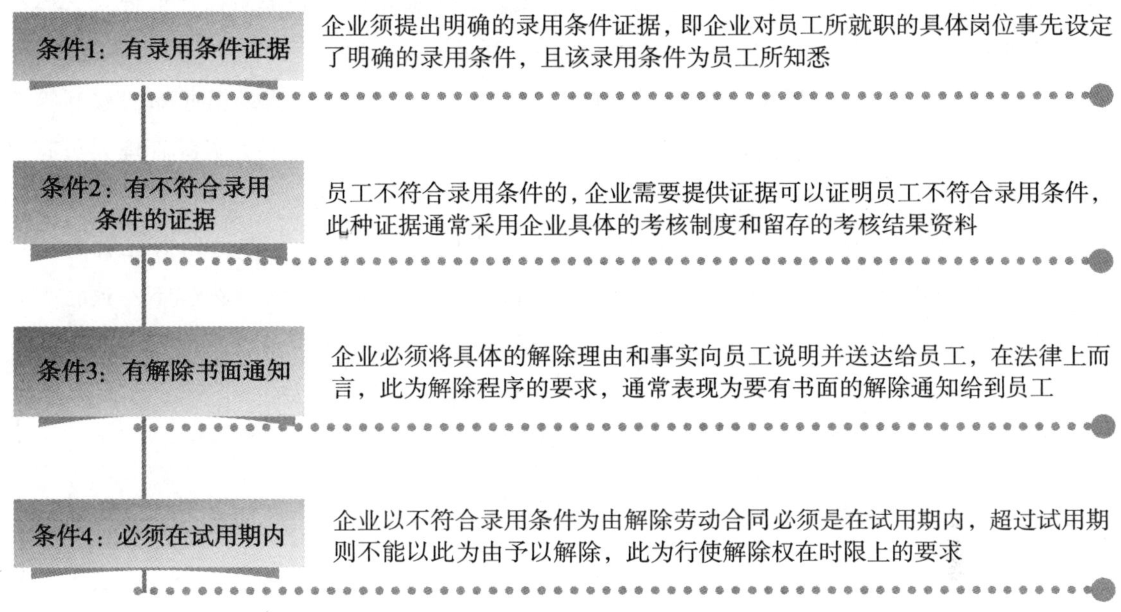

图 1—4　不符合录用条件举证需要满足的条件

1.1.3　录用通知发送注意事项

录用通知是指企业发给求职者的录用通知书或录用信。一直以来，很多人力资源管理人员都有这样的认识误区：企业只有和求职者签订劳动合同，才算正式确立劳动关系，在此之前发送的录用通知对双方没有法律约定，因此无须对求职者负责。殊不知，这很可能让企业承担法律风险，因为录用通知在法律上的含义为“要约”，也是具有法律效力的，因此人力资源管理人员需要谨慎对待，要恰当地发送录用通知，发出之后切不可随意撤销。

(1) 正确发送录用通知

人力资源管理人员发送录用通知的，要在录用通知中向被录用者明确报到时间、地点、工作岗位、薪酬待遇等信息。被录用者收到录用通知后，如果表示同意，则需要在指定的时间内给予企业答复或是到企业报到，自此，双方就劳动合同的订立达成合意。

那么企业人力资源管理人员在发送录用通知时需要注意哪些事项呢？下面对其注意事项进行说明。

① 因为取消录用通知存在法律风险，所以人力资源管理人员在发送录用通知时，应当避免随意性，有选择地发出录用通知。对于部分被录用者，人力资源管理人员可以不采取发录用通知的做法，以减少风险的发生。

② 如果向被录用者发出录用通知，除了在通知中注明工作岗位、薪资待遇、工作地点、

报到时间等内容，还可以在录用通知中要求被录用者提供原单位离职证明、社保记录、体检记录等材料，只有上述材料符合用人单位的要求录用通知方能生效。

③ 人力资源管理人员还可以在录用通知中列出不予录用或者取消录用通知的权利等条款。例如录用者提供和编造虚假履历，存在不良职业道德问题等时，人力资源管理人员有权不予录用或者取消录用通知。

④ 为了规避录用通知与劳动合同条款不一致可能导致的风险，企业可以对二者的关系做出界定，例如明确劳动合同签订后，录用通知自动失效；或明确当二者内容不一致时，以双方签订的劳动合同为准等。下面给出一个录用通知书的模板，可供参考。

录用通知

致：________先生/女士

我们很高兴通知您，根据__________公司对您的面试及考核，最终决定录用您担任公司__________一职。真诚地欢迎您的加入，并诚意地提醒您于入职当日 9：00 到公司报到。

1. 入职报到事宜

（1）时间：　　　　年　　　月　　　日。

（2）地点：____。

（3）携带资料

① 与原单位解除劳动合同的证明材料原件（附公章）。

② 身份证原件及复印件。

③ 最高学历证书、技术职称或资历证书原件及复印件。

④ 个人一寸免冠照片两张。

⑤ 提供本人近期（三个月内）有效体检报告。

2. 部分聘用条款

（1）合同期：试用期______个月，合同期____年，自________至________止。

（2）薪资：试用期工资________（税前），转正后工资________（税前）（×12 个月）。

（3）绩效工资：具体数额视公司业绩和个人绩效、在职时间等而定。

（4）其他福利：按照公司及国家相关政策执行。

（5）工作时间：每周一至周五的 9：00—18：00。

若您对上述条款没有异议，请邮件回复确认接受此录用通知。本录用通知于　　年　　月　　日前有效，如有任何疑问请与人力资源部联系。

公司（盖章）：

我已阅读并接受上述条款。我确保所提供材料的真实性，并同意人力资源部使用我的个人资料。若资料有任何不符，我将承担全部责任。

员工签字：

身份证号码：

年　　月　　日

人力资源部

年　月　日

(2) 撤销录用通知的风险

虽然《中华人民共和国劳动合同法》并未将被录用者与企业之间订立劳动合同进行磋商的阶段纳入该法，但录用通知的性质属于企业希望与被录用者建立劳动关系的“要约”，所以因录用通知而产生的争议，一般认为受《中华人民共和国合同法》的约束。

《中华人民共和国合同法》第十四条对“要约”进行了规定，要约是希望和他人订立合同的“意思表示”，该“意思表示”应当符合下列规定：一是内容具体确定；二是表明经受要约人承诺，要约人即受该“意思表示”约束。

因此人力资源管理人员须特别注意，一旦发出录用通知，并且员工接受了录用通知，那么对企业和员工双方都有了约束力，企业就得谨慎对待，不可随意撤销。当企业随意撤销录用通知而损害被录用者的利益时，将可能遭受赔偿损失，具体的赔偿范围如图1—5 所示。

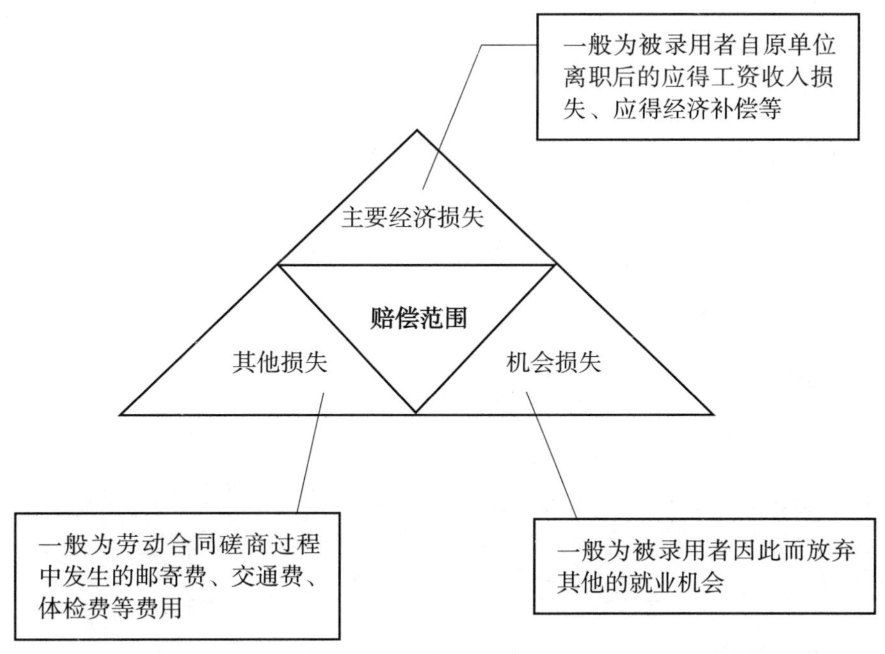

图 1—5　撤销录用通知的赔偿范围

那么企业如何正确合法地撤销录用通知呢？根据《中华人民共和国合同法》的规定，撤销要约的通知应当在受要约人发出承诺通知之前到达受要约人。也就是说企业要想撤销录用通知，需要在被录用人员给予企业答复或是到企业报到之前就得发出撤销录用的通知，并确保其在被录用人员答复之前到达。

1.2 新员工入职管理

1.2.1 办理入职手续

人力资源管理人员在招聘录用新员工后，需要为其办理入职手续，具体需要办理的入职手续如下所示。

（1）填写入职登记表

在员工入职报到当天，企业人力资源管理人员须要求新入职员工填写入职登记表，并保证所填信息真实可靠。如填写信息存在不真实的情况，员工将接受公司处罚，对于入职填写的入职登记表员工需要签名确认。

（2）办理员工入职体检

在员工入职之前，企业须要求员工办理入职体检，以便了解员工是否有心脑血管疾病、传染性疾病等重要疾病，以保证招聘的员工身体健康。

（3）进行员工背景调查

企业人力资源管理人员须根据员工入职登记表上所填信息进行背景调查，具体的调查内容如图1—6所示。

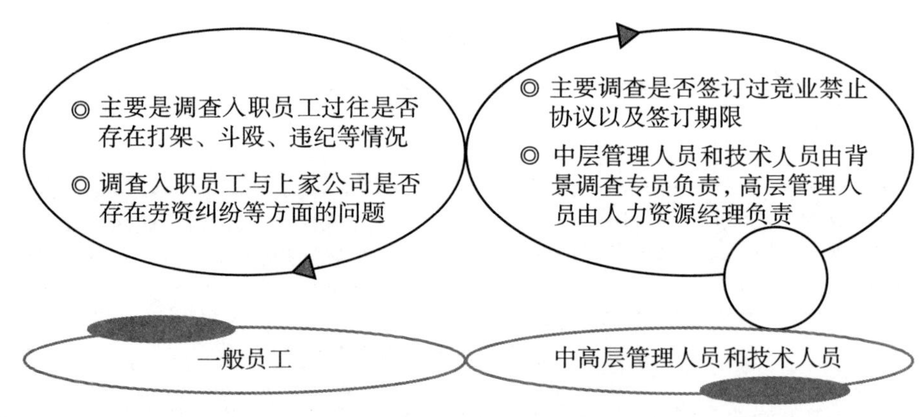

图1—6 员工背景调查内容

（4）核查员工证件材料

入职员工在入职前须准备好所需证件材料并及时交到人力资源部，人力资源管理人员应当核查入职员工提交的证件材料的真实性和准确性，杜绝虚假信息。需要核查的员工证件材料如下所示。

① 员工个人简历 1 份。

② 区级以上正规医院入职体检表 1 份（或三个月以内有效的健康证明）。

③ 身份证、毕业证、学历证、各类资质等级证书复印件各 1 份。

④ 盖有上家单位公章或人力资源部章的离职证明。

⑤ 社保卡、住房公积金卡复印件各 1 份（应届毕业生不需要）。

(5) 员工工作安排

企业人力资源管理人员安排新员工到所属部门报到，并协同部门领导向新员工介绍公司各办公区域及同事，所在部门负责安排办公位，申领计算机、电话，网络技术部负责给新员工开通邮箱、账号、调试计算机设备等，行政部门需发放办公用品。

1.2.2 应届生与三方协议

人力资源管理人员在招聘录用应届毕业生时，需要与其签订三方协议。三方协议是《全国普通高等学校毕业生就业协议书》的简称，是应届毕业生在第一次就业的时候签署的协议，由学生本人、学校和用人单位三方签订。三方协议在毕业生到用人单位报到、用人单位正式接收毕业生后自行终止，然后用人单位会与毕业生签订正式的劳动合同。劳动合同一经签订，就业协议的效力就会丧失，如果劳动合同与三方协议内容矛盾，则以劳动合同为准。

(1) 协议内容填写

在签订三方协议时，企业和应届毕业生双方务必将相关内容填写清楚，避免出现不必要的麻烦。协议内容填写时须注意如图 1—7 所示的事项。

(2) 违约金的规定

很多应届毕业生只是把签三方协议的企业看作自己的“保底”选择，如果未来他们有更好的就业平台，就可能毁约，因此为了能留住他们，人力资源管理人员可在三方协议上事先规定违约金。应届生们如果违约，即放弃签三方协议的企业，则需要支付违约金。对于尚无经济收入的应届生来说，违约金可对其形成不小的压力。

(3) 备注内容的填写

现行的应届毕业生就业协议属“格式合同”，但“备注”部分允许三方另行约定各自的权利义务。为了防止发生纠纷，人力资源管理人员可将签约前达成的休假、住房、保险等福利待遇在备注栏中说明，如发生纠纷，可以以此维护企业的合法权益。

(4) 签订协议的步骤

签订协议要严格按照规定的步骤进行。首先由人力资源管理人员与毕业生进行洽谈，当双方达成就业意向后，人力资源管理人员和毕业生填写三方协议，并签字盖章，然后再到学校就业指导中心和学院盖章登记。

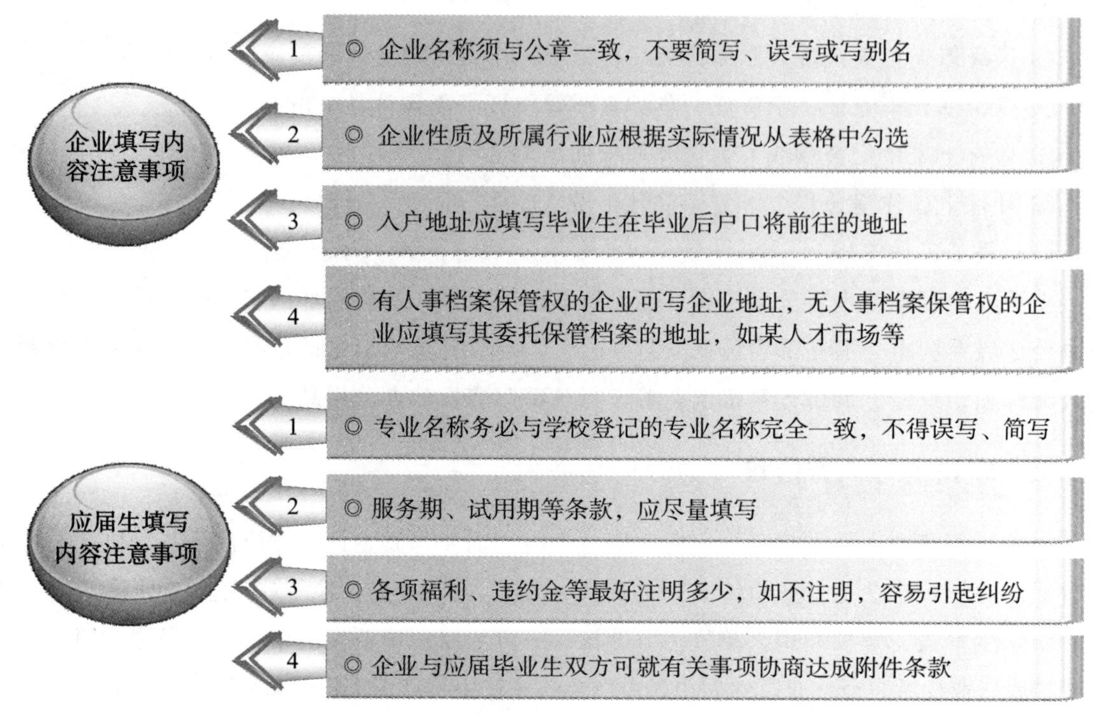

图 1—7 三方协议内容填写注意事项

(5) 关于接收函的问题

在签订协议时，有的企业还会给录用的新员工开具接收函。接收函实际上就是用人单位通过人事局为所录用的毕业生申请到的入户指标，对于未为所录用的毕业生申请到入户指标的可不开具接收函。人力资源管理人员需要根据本企业是否能为员工办理落户来确定是由否发出接收函。接收函必须是由有人事档案管理权限的国有单位及区县以上人才服务机构开具，三资、集体、私营企业，应由上级主管人事的部门开具。省直单位有人事权，接收新员工，不需要发接收函，只需要在上级主管单位位置盖上单位公章即可。

1.2.3 劳动合同的签订

企业与劳动者建立劳动关系，人力资源管理人员未与劳动者签订书面劳动合同的，应当自用工之日起一个月内签订书面劳动合同。下面对劳动合同签订的相关事项进行说明。

(1) 劳动合同的签订类型

人力资源管理人员与劳动者签订书面劳动合同，需要根据劳动者的情况选择合适的合同类型进行签订。

根据《中华人民共和国劳动合同法》的规定，与劳动者协商一致，可以签订固定期限劳动合同、无固定期限劳动合同和以完成一定任务为期限的劳动合同。下面对前两种合同类型进行说明。

① 固定期限劳动合同。固定期限劳动合同是指企业与劳动者约定合同终止时间的劳动合同。

② 无固定期限劳动合同。无固定期限劳动合同是指企业与劳动者约定无确定终止时间的劳动合同。通常有如图 1—8 所示情形的员工才能签订无固定期限劳动合同，除非新员工与企业另有协商同意签订无固定期限劳动合同，否则新员工只能签订固定期限劳动合同。

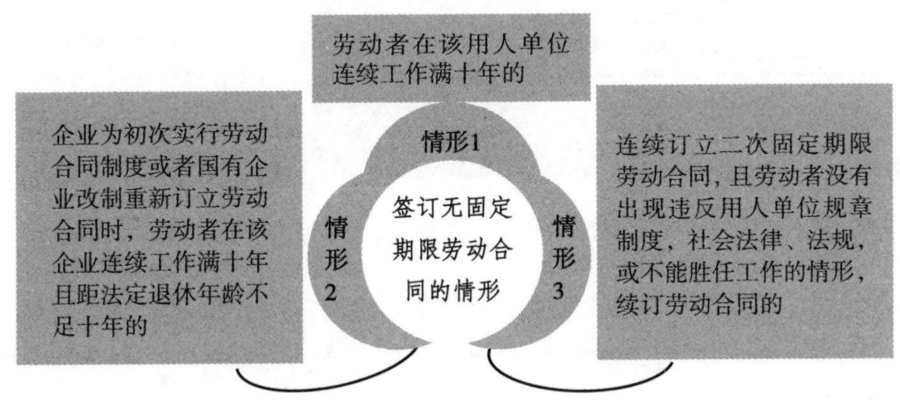

图 1—8　签订无固定期限劳动合同的情形

如人力资源管理人员未与劳动者签订书面劳动合同，根据《中华人民共和国劳动合同法》的规定，企业自用工之日起满一年不与劳动者订立书面劳动合同的，视为企业与劳动者已订立无固定期限劳动合同。

(2) 必备条款的签订

人力资源管理人员与劳动者签订书面劳动合同时，需要确保劳动合同条款完善。根据《中华人民共和国劳动合同法》第十七条的规定，劳动合同应当具备如图 1—9 所示的条款。

(3) 其他条款的签订

人力资源管理人员与劳动者签订书面劳动合同时，除了约定必备条款外，还可以约定其他条款。劳动合同除上述规定的必备条款外，企业与劳动者可以约定试用期、培训、保守秘密、补充保险和福利待遇等其他事项。其他条款的具体说明如下所示。

① 试用期。试用期是指对新员工进行试用的期限。

② 培训。培训是按照职业或者工作岗位对劳动者提出的要求，以开发和提高劳动者的职业技能为目的的教育和培训过程。

③ 保守秘密。《中华人民共和国劳动法》对劳动合同当事人在劳动合同中约定保守用人单位商业秘密的有关事项作了规定。

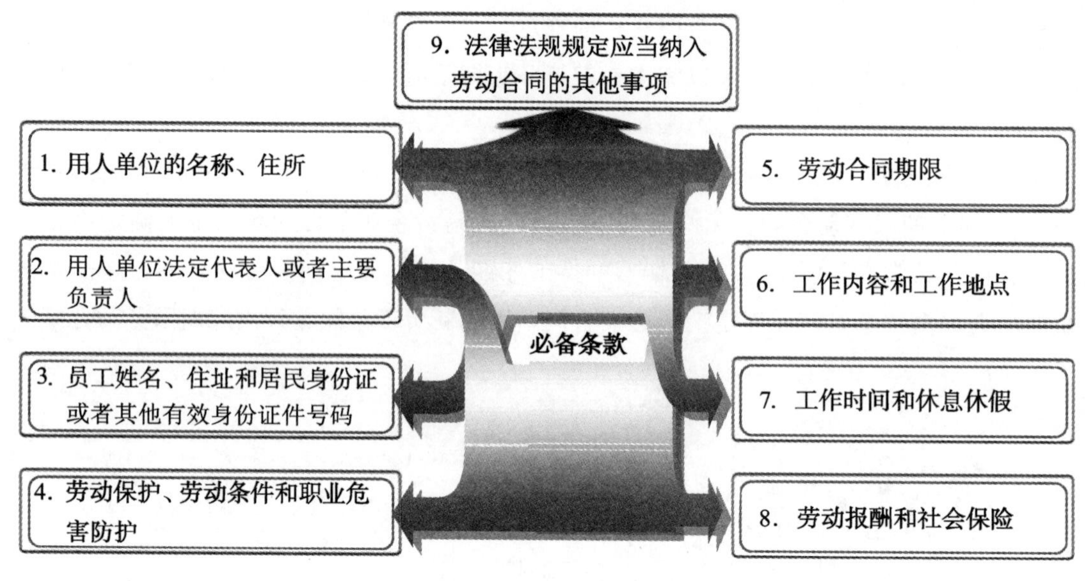

图1—9 劳动合同的必备条款

④ 补充保险。补充保险是指除了国家基本保险之外，用人单位根据自己的实际情况为劳动者建立的一种保险，它用来满足劳动者高于基本保险需求的愿望，包括补充医疗保险、补充养老保险等。

⑤ 福利待遇。福利待遇主要包括住房补贴、通信补贴、交通补贴和子女教育等。

(4) 违约条款的签订

根据《中华人民共和国劳动法》第一百零二条规定："劳动者违反本法规定的条件解除劳动合同或者违反劳动合同中约定的保密事项，对用人单位造成经济损失的，应当依法承担赔偿责任。"根据《关于违反〈劳动法〉有关劳动合同规定的赔偿办法》第五条进一步明确规定："劳动者违反劳动合同中约定的保密事项，对用人单位造成经济损失的，按《反不正当竞争法》第二十条的规定支付用人单位赔偿费用。"因此人力资源管理人员据此可以在劳动合同中设立相关违约条款，以充分保护企业的合法权益。

根据《中华人民共和国劳动合同法》第二十二条规定："用人单位为劳动者提供专项培训费用，对其进行专业技术培训的，可以与该劳动者订立协议，约定服务期。劳动者违反服务期约定的，应当按照约定向用人单位支付违约金。"因此人力资源管理人员据此可以在劳动合同中约定服务期和违约金。

对于一些掌握企业重大机密的员工，还可以约定保密事项或竞业禁止条款，需要注意的是，根据《中华人民共和国劳动合同法》规定，竞业限制的期限不超过两年。

(5) 免责条款的签订

人力资源管理人员对于员工入职之前的情况无法全部掌握，因此如果遇上某些被录用人员刻意隐瞒事实，则有可能被欺骗，甚至在将来会在因竞业禁止等导致的纠纷中承担连带赔偿责任。

如果预先在劳动合同上增加免责条款，则可以在很大程度上保护企业免受伤害。如图1—10 所示的范例供参考。

免责条款范例

乙方（劳动者）向甲方（用人单位）保证，乙方在进入甲方工作之前，与社会上任何单位和个人没有任何的劳动关系，无任何的民事与刑事纠纷，无其他违法行为。如有隐瞒，一经查实，甲方有权据此终止本合同，且造成的一切法律后果由乙方承担，与甲方无关。

图 1—10　免责条款范例

1.2.4　员工试用期的管理

员工试用期是指从新员工报到上班开始，经历岗前培训、岗位熟悉到试用期考核合格正式胜任工作岗位所需的时间。人力资源管理人员需要做好员工试用期的管理。

（1）试用期期限

劳动者被企业录用后，人力资源管理人员和劳动者可以在劳动合同中约定试用期，试用期应包括在劳动合同期限内。约定的试用期期限最长不得超过 6 个月，具体的期限约定要求如表 1—3 所示。

表 1—3　试用期期限

劳动合同期限	试用期期限
劳动合同期限三个月以上不满一年的	试用期不得超过一个月
劳动合同期限一年以上不满三年的	试用期不得超过两个月
三年以上固定期限和无固定期限的劳动合同	试用期不得超过六个月
以完成一定工作任务为期限的劳动合同或者劳动合同期限不满三个月的	不得约定试用期

注意：同一用人单位与同一劳动者只能约定一次试用期。劳动合同仅约定试用期的，试用期不成立，该期限为劳动合同期限。

（2）试用期工资

为了避免试用期间劳动者待遇过低或得不到保障等问题，《中华人民共和国劳动合同法》

做出了有针对性的规定，其具体规定为："劳动者在试用期的工资不得低于本单位相同岗位最低档工资或者劳动合同约定工资的百分之八十，并不得低于用人单位所在地的最低工资标准。"这是试用期间工资待遇的法定最低标准，企业人力资源管理人员需要依此支付工资。

（3）试用期考核

人力资源管理人员对试用期员工进行考核，主要是为了了解新进员工的专业能力和综合素质，确认新进员工与岗位的匹配度，促进新进员工与公司相互了解，帮助新进员工更快更好地融入公司。

试用期员工的考核主要由人力资源管理人员组织，人力资源管理人员依据试用期工作任务和岗位说明书的要求对新员工进行考核，经考核后确认其能力和素质符合岗位的要求的，则予以正式任用；如认为需要延长试用期，则与新员工进行沟通后延长试用期；如确认新员工不能胜任工作，人力资源管理人员可以与其解除劳动关系。表1—4给出试用期考核表供人力资源管理人员使用。

表1—4　　试用期考核表

<table>
<tr><td>姓名</td><td></td><td>工号</td><td colspan="2"></td><td>部门</td><td colspan="2"></td></tr>
<tr><td>岗位</td><td></td><td colspan="3">入职时间：　年　月　日</td><td colspan="3">试用到期时间：　年　月　日</td></tr>
<tr><td>出勤状况</td><td>病假</td><td>事假</td><td>旷工</td><td>迟到</td><td>早退</td><td>处罚</td><td>奖励</td></tr>
<tr><td>（天、次）</td><td></td><td></td><td></td><td></td><td></td><td></td><td></td></tr>
<tr><td>员工自评</td><td colspan="7">员工签名：</td></tr>
<tr><td colspan="8">评价考核表</td></tr>
<tr><td>考核项目</td><td>考核内容</td><td colspan="3">说明</td><td>总分
100分</td><td>部门主管
评审结果</td><td>人力资源部门
评审结果</td></tr>
<tr><td rowspan="3">工作业绩
（25分）</td><td>工作目标</td><td colspan="3">是否出色完成每日的工作，达到目标</td><td>10</td><td></td><td></td></tr>
<tr><td>工作效率</td><td colspan="3">是否能及时按计划完成各项作业任务</td><td>10</td><td></td><td></td></tr>
<tr><td>工作质量</td><td colspan="3">是否能确保工作产品质量</td><td>5</td><td></td><td></td></tr>
<tr><td rowspan="4">工作态度
（40分）</td><td>积极性</td><td colspan="3">是否积极地完成公司安排的工作</td><td>10</td><td></td><td></td></tr>
<tr><td>纪律性</td><td colspan="3">是否遵守公司各项规章制度及上级指示</td><td>10</td><td></td><td></td></tr>
<tr><td>团队意识</td><td colspan="3">团队内部沟通的能力及意识</td><td>10</td><td></td><td></td></tr>
<tr><td>责任感</td><td colspan="3">自觉把握在工作中的角色，对工作负责，遇到困难要勇于克服</td><td>10</td><td></td><td></td></tr>
<tr><td>工作能力
（35分）</td><td>基本知识、技能</td><td colspan="3">掌握试用期内所在岗位应具备的知识、技能，达到认定的基准</td><td>13</td><td></td><td></td></tr>
</table>

续表

考核项目	考核内容	说 明	总分 100 分	部门主管评审结果	人力资源部门评审结果
工作能力（35 分）	执行能力	能否理解工作要求，动手、实操力强，处理灵活，独立承担本职工作范围内的工作	8		
	学习能力	勤奋好学，努力学习各项与工作相关的工作技能，更好地完成工作任务	6		
	表达沟通能力	能否根据对方的心理，抓住重点，巧妙地使人接受意见，交流无间	8		
部门主管评价		签字： 日期：			
人力资源部鉴定		签字： 日期：			
总经理鉴定		签字： 日期：			

（4）试用期辞退

按照《中华人民共和国劳动合同法》的规定，在试用期内，只有当员工具有如图 1—11 所示的法定情形之一时，人力资源管理人员才可以将其辞退。

除上述情形外，企业人力资源管理人员不得在试用期内与员工解除劳动合同。

1. 员工在试用期间被证明不符合录用条件的
2. 员工严重违反企业规章制度的
3. 员工严重失职，营私舞弊，给企业造成重大损害的
4. 员工同时与其他企业建立劳动关系，对完成本企业的工作任务造成严重影响，或者经本企业提出，拒不改正的
5. 员工以欺诈、胁迫手段或者乘人之危，使企业在违背真实意思的情况下订立劳动合同的
6. 员工被依法追究刑事责任的
7. 员工患病或者非因工负伤，在规定的医疗期满后不能从事原工作，也不能从事由企业另行安排的工作的
8. 员工不能胜任工作，经过培训或者调整工作岗位，仍不能胜任工作的

图 1—11　在试用期内可解除劳动合同的情形

第 2 章

员工纪律与违纪管理

2.1 劳动纪律管理

2.1.1 劳动纪律的类别

劳动纪律是指劳动者在劳动中所应遵守的劳动规则和劳动秩序。劳动纪律是用人单位为形成和维持生产经营秩序，保证劳动合同得以履行，要求全体员工在集体劳动、工作、生活过程中，以及与劳动、工作紧密相关的其他过程中必须共同遵守的规则。

企业人力资源管理人员为了做好员工劳动纪律的管理，需要了解劳动纪律的类型。劳动纪律主要包括时间纪律、工作纪律、安全卫生纪律等类别。

(1) 时间纪律

时间纪律是指按规定的时间、地点到达工作岗位，不迟到、不早退，按要求请休事假、病假、年休假、探亲假等。因此时间纪律分为考勤和请假两个方面的内容，下面对其进行说明。

① 考勤规定。企业人力资源管理人员需要制定明确的日常考勤管理制度，以便劳动者按规定的时间、地点到达工作岗位，不迟到、不早退，保证考勤纪律。日常考勤制度需要明确以下事项。

◆ 正常工作日工作时间。人力资源管理人员需要在日常考勤制度中依据《国务院关于修改〈国务院关于职工工作时间的规定〉的决定》，修改正常工作日工作时间，将工作时间每日 8 小时、每周不超过 44 小时，改为每日 8 小时、每周不超过 40 小时。

◆ 加班加点工作时间。对于非正常工作日的工作时间，《中华人民共和国劳动法》第四十一条明确规定："用人单位由于生产经营需要，经与工会和劳动者协商后可以延长工作时间，一般每日不得超过一小时；因特殊原因需要延长工作时间的，在保障劳动者身体健康的条件下延长工作时间每日不得超过三小时，但是每月不得超过三十六小时。"

② 请假规定。企业人力资源管理人员除了制定日常考勤管理制度外，还需要制定年休假和节假日放假制度，以确保劳动者在提供正常劳动的同时，能得到充分的休息。

◆ 年休假。对于在企业工作时间较长的劳动者，企业应该给予一定的休假权利。国家对于在各企事业单位连续工作满一定工龄的劳动者的带薪休假标准也给出了明确的规定。

国务院颁布的《职工带薪年休假条例》第二条规定："机关、团体、企业、事业单位、民办非企业单位、有雇工的个体工商户等单位的职工连续工作 1 年以上的，享受带薪年休假。单位应当保证职工享受年休假。职工在年休假期间享受与正常工作期间相同的工资收入。”

国务院颁布的《职工带薪年休假条例》第三条规定，对于在同一企业工作时间满不同年限的劳动者，享有不同标准的休假时间，具体的休假标准如表 2—1 所示。

表 2—1　　职工带薪年休假的休假标准

职工累计工作年限	休假时间
已满 1 年不满 10 年的	年休假 5 天
已满 10 年不满 20 年的	年休假 10 天
已满 20 年的	年休假 15 天

◆ 其他节假日。对于其他节假日如端午节、中秋节、国庆节等，企业则按照《国务院关于修改〈全国年节及纪念日放假办法〉的决定》对员工休假进行规定。

(2) 工作纪律

企业人力资源管理人员制定相应的规章制度，抓好各部门车间的工作纪律，着力解决规章制度不健全、纪律松弛、监管不力、效率低下等问题，使纪律作风整顿达到预期目的。

(3) 安全卫生纪律

员工在工作中需要遵守劳动安全卫生纪律，避免出现安全事故。同时企业人力资源管理人员必须建立、健全劳动安全卫生制度，对员工进行安全卫生管理，确保其遵守相关纪律。安全卫生纪律主要包括如表 2—2 所示的内容。

表 2—2　　安全卫生纪律内容

对象	安全卫生纪律内容
企业	◎ 企业须严格执行国家劳动安全卫生规程和标准，对劳动者进行劳动安全卫生教育，防止劳动过程中的事故，减少职业危害 ◎ 劳动安全卫生设施必须符合国家规定的标准 ◎ 新建、改建、扩建工程的劳动安全卫生设施必须与主体工程同时设计、同时施工、同时投入生产和使用 ◎ 企业必须为劳动者提供符合国家规定的劳动安全卫生条件和必要的劳动防护用品 ◎ 企业对从事有职业危害作业的劳动者应当定期进行健康检查 ◎ 企业应当加强女职工劳动保护，采取措施改善女职工劳动安全卫生条件，对女职工进行劳动安全卫生知识培训

续表

对象	安全卫生纪律内容
劳动者	◎ 从事特种作业的劳动者必须经过专门培训并取得特种作业资格 ◎ 劳动者在劳动过程中必须严格遵守安全操作规程 ◎ 劳动者对管理人员违章指挥、强令冒险作业，有权拒绝执行 ◎ 对危害生命安全和身体健康的行为，有权提出批评、检举和控告

2.1.2 建立劳动纪律制度

根据上述劳动纪律的类型，企业需要根据实际情况建立劳动纪律制度。

(1) 员工考勤管理制度

<table>
<tr><td rowspan="2">制度名称</td><td rowspan="2">员工考勤管理制度</td><td>编制部门</td><td></td></tr>
<tr><td>执行部门</td><td></td></tr>
<tr><td colspan="4">
第 1 章　总　　则
第 1 条　目的
为维护正常的工作秩序，强化全体职工的纪律观念，结合公司实际情况，制定本考勤管理制度。
第 2 条　适用范围
本制度适用于全体员工的日常考勤管理。
第 3 条　管理职责
1. 公司的考勤管理由人力资源部负责实施。
2. 各部门经理、主管对本部门人员的考勤工作负有监督的义务。
第 4 条　打卡制度
公司考勤实行打卡制度，员工上下班均需打卡（共计每日 2 次）。员工应亲自打卡，不得帮助他人打卡和接受他人帮助打卡。考勤记录作为年度个人工作考评的参考依据。
第 2 章　日常考勤管理
第 5 条　工作时间
1. 本公司全体员工每日工作时间一律以 8 小时为标准。
2. 上午上班时间为 8 时 30 分，下班时间为 12 时；下午上班时间为 13 时，下班时间为 17 时 30 分。
第 6 条　迟到、早退
1. 上班 5 分钟以后到达，视为迟到；下班 15 分钟以前离开，视为早退。
2. 以月为计算单位，第一次迟到、早退扣款 10 元；第二次迟到、早退扣款 20 元；第三次迟到、早退扣款 30 元，累计增加。
3. 迟到、早退情节严重、屡教不改者，将给予通报批评、扣除绩效工资，直至解除劳动合同处理。
4. 遇到恶劣天气、交通事故等特殊情况，属实的，经公司领导批准可不按迟到、早退处理。
第 3 章　请假考勤管理
第 7 条　请销假
1. 主管以下人员（含主管）请假一天的由部门经理批准，两天至三天的由分管领导批准，三天以上的由总裁批准；部门经理、总裁助理、副总裁请假由总裁批准。所有请假人员都须在人力资源部备案。
2. 员工因公外出不能按时打考勤卡，应及时在考勤卡上注明原因，并由部门经理签字确认。
</td></tr>
</table>

续表

第 8 条　病假 1. 员工本人确实因病不能正常上班者，须经部门经理批准，报人力资源部备案，月累计超过两个工作日者，必须取得区级以上医院开具的休假证明。 2. 患病员工请假须由本人或由直系亲属于当日 9 点前向所在部门领导或公司主管领导请假，经批准后方可休假。 3. 经公司领导批准，当月累计病假两日（含两日）以内的，每日扣绩效考核分值 3 分。 4. 患病员工如有区级以上医院开具病假条的，当月病假累计三日（含三日）以上者，每日扣绩效考核分值 5 分；全月病假者，扣除全部绩效工资；连续病假超过三个月者按相关政策执行。 5. 员工必须在病愈上班两日内将病假条主动交给人力资源部核查存档。 第 9 条　事假 1. 员工因合理原因须要本人请假处理，并按规定时间申请，经公司领导批准的，可请事假。 2. 请事假的员工必须提前一天书面申请（如遇不可预测的紧急情况，必须由本人在早晨 9 点以前请示公司领导），如实说明原因，经部门领导报经公司领导同意后，方可休假，否则按旷工处理。 3. 事假按照日工资标准扣除。 4. 事假可以用加班加点时间调休，但必须经过公司领导的批准，经批准的调休事假可不扣发工资。 5. 员工在工作时间遇有紧急情况须要本人离开岗位处理的，也按上述有关规定执行。 第 10 条　年假 1. 员工在公司工作满一年，享受每年 5 天年假。工作每增加一年假期增加一日，但最长不超过 14 天。 2. 年假需当年休完，当年未休年假者不得累积到第二年。 第 11 条　婚假 1. 员工请婚假时，必须本人持法定的结婚证填写婚假申请单，经部门经理批准，交人力资源部审核。 2. 婚假假期为 3 天，男方 25 周岁、女方 23 周岁为晚婚，晚婚假期共计 10 天。 第 12 条　产假 1. 女员工正常生育时，给予 98 天（包括产前 15 天）产假，难产可增加 15 天。多胞胎多生一个婴儿增加 15 天，符合晚育年龄的增加 30 天产假。 2. 女员工怀孕三个月以内流产的给予 20～30 天妊娠假，怀孕三个月以上 7 个月以下流产的给予 42 天妊娠假，怀孕七个月以上流产的给予 98 天产假。 3. 女员工休假前需要有医院证明，经所在部门经理同意后，报人力资源部批准，方可休假。 4. 男员工产假的护理假为 15 天。 第 13 条　丧假 1. 员工供养的直系亲属（祖父母、父母、公婆、岳父母、夫妻及满周岁的子女）死亡，可办理丧假。具体的休假天数如下所示。 （1）员工的父母或配偶去世，可休假 5 天。 （2）员工的子女以及在一起居住的祖父母、岳父母、公婆去世可休假 2 天。 （3）在外地的父母、配偶或子女去世，需员工本人去外地料理丧事的，可根据路程远近另给路程假。 2. 员工办理丧假需在假前写出申请，部门经理签字后，经人力资源部批准后，交考勤员。 **第 4 章　附　　则** 第 14 条　本制度由人力资源部制定，其解释权归人力资源部所有。 第 15 条　本制度自颁布之日起执行。					
编制日期		**审核日期**		**批准日期**	
修改标记		**修改处数**		**修改日期**	

(2) 日常工作纪律制度

<table>
<tr><td rowspan="2">制度名称</td><td rowspan="2">日常工作纪律制度</td><td>编制部门</td><td></td></tr>
<tr><td>执行部门</td><td></td></tr>
<tr><td colspan="4">

第 1 章　总　　则

第 1 条　目的

为了进一步规范公司工作规章制度，提高员工的自觉性、纪律性，保障各项工作正常、有序开展，制定以下工作纪律制度。

第 2 条　适用范围

本制度适用于日常办公室和会议期间的纪律管理。

第 2 章　办公室工作纪律

第 3 条　坚守工作岗位，上班时间非工作需要不得乱跑乱串其他办公室或办公单位。

第 4 条　工作时间内禁止办理私事，不得因私事长时间占用电话或利用公车办理个人私事。

第 5 条　办公室应保持整洁，不得在办公室内吃零食、睡觉或者大声吵闹、喧哗等。

第 6 条　员工应爱惜公物，减少损耗，提倡环保；合理利用纸张，争取做到废纸回收再利用。

第 7 条　自觉维护公司的良好工作风气，未经公司负责人认可，不得接受来自客户、供应商或与公司有业务关系的其他单位或者个人的赠予、招待、金钱，或者向其借款、借物。出于礼节等原因收到的礼品或者礼金，应当交公司统一处理。

第 8 条　员工应严守公司的机密，不可向外界透露与本公司有关的经营、管理等秘密。

第 9 条　杜绝法律上禁止和不道德的行为；员工之间应和睦相处、互相支持，不得传播不实信息、滋事，影响同事之间团结或阻扰他人导致工作进度受阻之行为。

第 3 章　会议纪律制度

第 10 条　每两周召开一次部门会议，各部门必须汇报工作情况，研究工作议程，由秘书处负责会议记录和整理，若有特殊情况另做安排。各部门内部可根据实际情况定期召开部内会议。

第 11 条　会议一律实行考勤制度和记录制度。

第 12 条　部门和部内会议必须准时召开，参加者应准时到场，考勤记录由秘书处负责，因特殊情况不能到会者，应当口头或书面向会议组织者请假，经批准后方可不到，否则作缺席论处。

第 13 条　考核期末由秘书处将对成员参加会议的情况进行统计，按统计结果给予全勤的员工奖励。

第 4 章　附　　则

第 14 条　本制度由人力资源部制定，其解释权归人力资源部所有。

第 15 条　本制度自颁布之日起执行。

</td></tr>
</table>

编制日期		审核日期		批准日期	
修改标记		修改处数		修改日期	

(3) 员工安全卫生管理制度

<table>
<tr><td rowspan="2">制度名称</td><td rowspan="2">员工安全卫生管理制度</td><td>编制部门</td><td></td></tr>
<tr><td>执行部门</td><td></td></tr>
<tr><td colspan="4">

第 1 章　总　　则

第 1 条　目的

为了规范公司安全卫生管理，保证人身及经营安全，特根据新《安全生产法》制定本管理制度。

</td></tr>
</table>

续表

第 2 条　适用范围

本制度适用于公司所有员工的安全和卫生管理。

第 2 章　公司安全管理

第 3 条　安全工作的方针

安全工作要贯彻“预防为主、确保重点、打击犯罪、保障安全”的方针，建立、健全各项安全制度，采取人防、物防和技防相结合的防范措施。

第 4 条　工作区域封闭式管理

在条件允许的条件下，各部门一律实行工作区域封闭式管理，对来客要坚持访问登记制度，对调离人员要及时收回门禁卡和办公室钥匙。

第 5 条　上班期间的安全管理

1. 上班时间外出应及时锁好抽屉、橱柜，随身携带钥匙，最后离开者要锁好门窗；午间休息和下班时间要妥善保管文件及现金。

2. 办公室内不准存放私人贵重物品、现金和有价证券，员工必须加强自我防范意识，防止意外发生。

第 6 条　员工下班后的安全检查

1. 每日下班后，应关好门窗、电灯、开关、水龙头和其他用电、用水设施。

2. 各部门领导和安全员，要认真、仔细地检查每一道门窗是否关好、锁好，电源是否关闭，办公室的印章、票款、贵重物品、重要文件、现金是否妥善存放。

第 7 条　生产现场安全管理

1. 员工必须遵守劳动纪律，服从领导和安全管理人员的指挥。

2. 未取得安全上岗作业证，严禁独立上岗操作；特殊工种未经取证，不准作业。

3. 未穿戴劳动防护用品，严禁进入生产或施工现场，严禁赤脚，穿拖鞋、凉鞋、高跟鞋进入作业现场。

4. 严禁饮酒者进入生产和施工区域，严禁带小孩、陌生人进入生产区域。

5. 严禁在上班时间睡岗、离岗、串岗、长时间占用生产电话、干与生产无关的事。

6. 严禁携带香烟、火种和易燃、易爆、有毒、易腐蚀物品进入装置区；严禁在厂区内吸烟和随意使用明火。

7. 严禁在易燃、易爆区使用手机等非防爆器具。

8. 严禁随意乱动厂内设备、设施和化学品；不是自己分管的设备、工具，严禁动用。

9. 严禁使用汽油等易燃液体擦洗设备、用具和清洗衣物。

10. 严禁擅自排放易燃、易爆、有毒、有害的危险化学品。

11. 严禁在作业现场玩耍、嬉闹和打架、斗殴。

12. 员工必须遵守各类安全警告标志、标贴及警示指示。

第 3 章　公司卫生管理

第 8 条　办公区域卫生管理

1. 每天上班前，按时清理各自责任卫生区，并保持卫生清洁。

2. 每天下班时，必须先检查清理各自责任区的卫生后方可离开。

3. 在上班期间，不随地吐痰，不随地乱扔垃圾。

4. 禁止在办公区域抽烟、喝酒、大声喧哗等不文明行为。

5. 办公室门口及窗外不得丢弃废纸、烟头，倾倒剩茶等。

6. 保持个人物品的摆设整齐有序，资料用完请回归原位。

7. 办公桌面只摆放和工作有关的必需物品，其他物品应放入个人抽屉，暂不需要的物品就摆放在柜子里面，不用的物品要及时清理掉。

8. 办公室内需摆放文件柜、办公桌、计算机等办公设施的，应规范、合理、整齐并随时保持清洁。

续表

9. 使用文件柜、保险柜等的员工，应保持文件柜、保险柜的外观干净，内部文件资料摆放整齐，顶部不摆放旧资料、旧文件、旧物品等杂物，保持整体美观。 10. 员工离开办公桌，长期不用计算机设备时，应锁定并关闭显示屏，节约用电。 第 9 条　员工个人卫生管理 1. 必须勤洗手，勤剪指甲，勤换工作服，头发梳理整齐，员工如有长发应提前盘于头顶。 2. 工作服干净平整，纽扣齐全，无破损，皮鞋光亮，布鞋干净。 3. 指甲修剪整齐，无污垢，保持干净整洁。 4. 勤理发，头发前不过眉，侧不盖耳，后不过领。男员工不留鬓角、胡须，女员工淡妆上岗。 5. 工作时间内不佩戴任何饰品，在岗人员不准披头发，涂指甲，戴耳环等。 6. 尽量保持良好的休息和睡眠，保证旺盛的工作精力。 7. 养成良好的卫生习惯，不乱扔垃圾，随时保持岗位上的清洁卫生。 **第 4 章　附　　则** 第 10 条　本制度由人力资源部制定，其解释权归人力资源部所有。 第 11 条　本制度经总经理审批通过之后，自颁布之日起执行。					
编制日期		审核日期		批准日期	
修改标记		修改处数		修改日期	

2.1.3　如何落实劳动纪律

为了有效落实劳动纪律，企业人力资源管理人员需制定劳动纪律管理制度，并监督各部门落实，同时定期或不定期对劳动纪律落实情况进行检查。

（1）制定劳动纪律管理制度

为了确保员工有章可循、管理者有据可依，人力资源管理人员需要制定劳动纪律管理制度，用合理的制度来约束人。人力资源管理人员在制定劳动纪律管理制度时，要让员工参与讨论，充分体现对员工的尊重和劳动纪律制度的客观性、公开性和公正性，这样制定出的劳动纪律管理制度才能得到职工的认同。

（2）检查劳动纪律落实情况

为了确保员工遵守劳动纪律，企业人力资源管理人员需要对其进行检查。下面对劳动纪律检查相关工作的安排进行说明。

① 劳动纪律检查周期。劳动纪律检查坚持定期与不定期相结合、普查与抽查相结合的形式进行。定期检查每周不少于一次，且事先对检查重点、检查范围进行通知，督促各部门养成良好的自查机制。不定期检查根据整体劳动纪律执行情况随时进行，每月至少一次。

② 劳动纪律检查流程。劳动纪律检查以部门为目标，人力资源管理人员根据部门的情况随机选择 1～2 个检查项目为重点进行检查。具体的检查流程如图 2—1 所示。

⊙ 人力资源管理人员在检查过程中详细记录现场状况，主要记录检查时间、部门、地点、姓名及对违纪情况的描述

⊙ 检查结束后将检查结果报送被检查部门，被检查部门接到通知后在一个工作日内对检查结果进行确认并提出处理意见，同时人力资源管理人员对检查结果进行通报

⊙ 最后各部门根据处理意见对责任人及直接主管人员进行处理，并在一周之内制定整改措施，整改结果报送人力资源管理部门备案

图 2—1　劳动纪律检查流程

(3) 各部门配合劳动纪律落实

劳动纪律落实并不是人力资源部一个部门的事，必须由各部门配合，其主要领导亲自齐抓共管、严格要求，才能保证劳动纪律的有效落实。

2.2　员工奖惩与问题员工管理

2.2.1　如何实施员工奖励

奖励的目的在于既要使员工得到心理及物质上的满足，又要达到激励员工勤恳工作、奋发向上，争取更好的业绩的目的。

(1) 发放奖励的情形

企业对员工实施奖励，主要是为了激励员工勤恳工作、奋发向上，争取更好的业绩，也是为了提高公司的效益。企业在实施奖励的过程中，应根据员工的个人情况实施奖励，常见的实施奖励的情形如图 2—2 所示。

(2) 员工奖励方法

企业可根据不同的情况采取不同的奖励措施，主要有表 2—3 所示的几种。

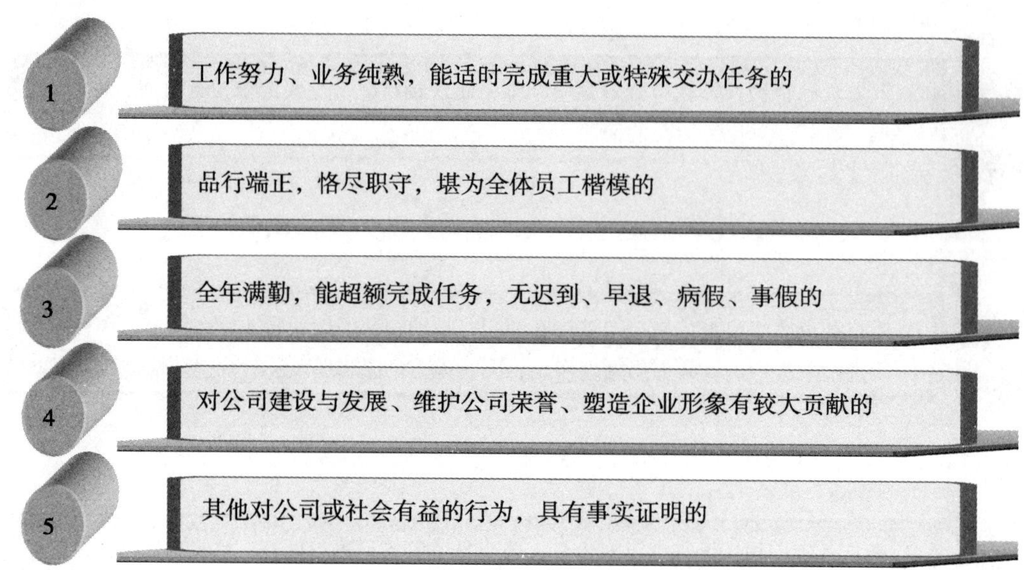

图 2—2　发放奖励的情形

表 2—3　员工奖励方法

方法	具体说明
表扬	利用公开场合给予表扬、赞美、嘉许，或将事迹公布、刊登在公司发行的内部刊物上
表彰、记功	表彰、记功主要以精神奖励为主，一般不进行物质奖励。表彰和记功应根据奖励事实和程序给予，这些奖励可作为绩效加分或者增加奖金的依据或者晋升参考 表彰三次相当于记功一次，记功三次相当于记大功一次
物质奖励	采取发放奖金、奖品等方法对员工进行物质奖励
奖状、奖牌、奖章	这种奖励方式可以使受奖者长期显示荣耀，另外，奖状、奖牌、奖章的设计样式，本身的价值及授奖人的身份、地位，都可以影响奖励的效果
晋级加薪	根据员工的表现或者绩效考核情况，提升员工的薪级，从而提高薪酬水平
晋升职务	提升员工的职位，其通常也伴随着薪资的提升，如从技术员提升到技术工程师
培训、考察、深造	对有潜力和表现良好的员工优先选送受奖者进行深造，或送其出国考察

（3）员工奖励原则

奖励的方法是多种多样的，一般分为物质奖励和精神奖励，以及两种奖励的结合。物质奖励满足人们的物质需要，精神奖励满足人们的心理需要。企业人力资源管理人员进行奖励时应遵循如图 2—3 所示的原则。

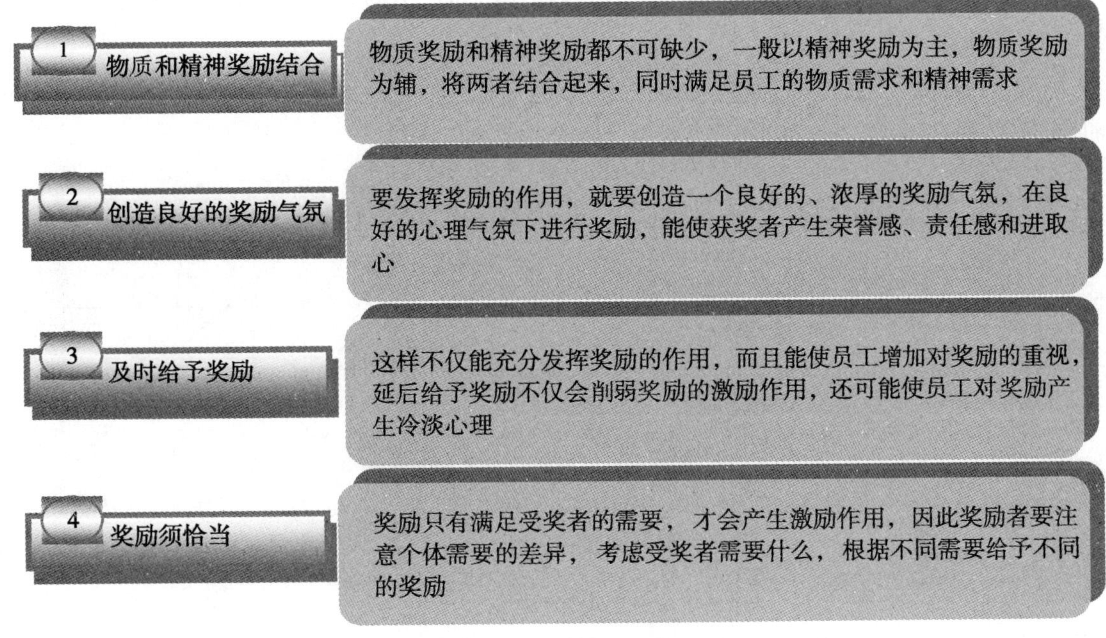

图 2—3　员工奖励原则

（4）员工奖励程序

为确保各类奖项的准确发放，公司可设立奖励评审小组对奖励的发放进行评审，奖励评审小组由公司领导、相关部门负责人、人力资源部负责人、职工代表组成，具体的评审流程如下所示。

① 奖励申报：奖项由个人、部门或单位申请、推荐，受奖者所在单位初审后方可进行申报。推荐单位推荐各类奖项的候选人之前应当征得候选人的同意，然后填写推荐书，提供必要的证明或者评价材料，推荐书及有关材料应当完整、真实。

② 奖励评审：受奖者所在单位进行申报后，奖励评审小组需要对申报的奖励项目进行评审，然后出具评审意见，对于不符合奖励的项目不得通过评审。

③ 奖励公示：由奖励评审小组审定的受奖人员，通过公告或者网络的方式在公司范围内进行公示。

④ 奖励异议处理：任何单位或者个人对公示的奖项候选人、候选单位及其项目持有异议的，应当在公示期内向奖励工作办公室提出，说明原因，并提供必要的书面证明材料。人力资源部人员需要在规定日期内对其异议进行处理。

2.2.2　如何实施员工惩罚

如果员工违反纪律，企业人力资源管理人员就需要对其进行惩罚，其目的在于促使员工遵守公司的规章制度和纪律，惩前毖后，以保障公司和员工的共同利益和长远利益。

（1）员工惩罚的情形

在员工出现违反公司规章制度的情形时，企业人力资源管理人员可对其进行惩罚，常见的员工惩罚的情形如表2—4所示。

表2—4　员工惩罚的情形

方面	具体情形
工作方面	◎ 执行工作不力或懈怠疏忽、畏难规避或推诿 ◎ 煽动他人懈怠工作，不服从管理人员的指挥监督 ◎ 在工作期间嬉戏、睡觉、赌博、酗酒、打人或互殴 ◎ 泄露职务上的机密，在外兼营与公司同类业务 ◎ 工作时间不遵守劳动纪律和安全规定等
品德方面	◎ 盗窃物品、收受贿赂、占用公款，辱骂、胁迫同事或管理人员 ◎ 仿制公章、盗用印信，撕毁或涂改公司文件、记录 ◎ 在工作场所出现影响恶劣的行为
考勤方面	◎ 员工旷工、迟到、早退，托人打卡或代人打卡 ◎ 连续旷工或一个月内旷工多次 ◎ 工作、执勤时擅离工作岗位
其他	◎ 其他违反国家法律法规的行为

（2）员工惩罚的方法

人力资源管理人员可根据员工违规行为给公司造成的影响程度采取不同的惩罚方法，其主要有如表2—5所示的几种方法。

表2—5　员工惩罚方法

惩罚方法	具体说明
口头警告	◎ 对于存在不太严重的违纪行为的，可采用口头警告 ◎ 虽然口头警告不会像书面警告那样发出，但是也会记录在册，如员工连续受到两次口头警告可记一次最终书面警告
书面警告	◎ 对于有较严重的或重复的违纪行为，或连续表现差的员工，将会受到书面警告 ◎ 受到该警告的员工若工作没有改进，或再有任何错误发生，将会受到停职、停薪或者解聘等惩罚
降薪降职	◎ 员工违反纪律或工作表现欠佳，或对本职务无法胜任，严重影响工作进行的，可进行降薪降职处理

续表

惩罚方法	具体说明
解除劳动合同	◎ 对于员工严重违反劳动纪律或者公司规章制度的，严重失职、营私舞弊、对公司利益造成重大损害的，可遵循国家的有关规定解除劳动合同
经济赔偿	◎ 员工违反规定解除劳动合同或者违反劳动合同中约定的保密事项，对公司造成经济损失的，应当依法承担经济赔偿责任
追究刑事责任	◎ 员工触犯法律的，公司可依法将其移送至司法机关，追究其刑事责任

(3) 员工惩罚实施的限制条件

实施员工惩罚需要制定员工奖惩在内的规章制度，这是法律赋予企业的权利，也是企业用工自主权的重要内容，但是法律在赋予企业此项权利的同时，为了防止企业滥用规章制度的权利导致员工合法利益受损，还设定了相应的限制条件，人力资源管理人员惩处员工时需要遵守。具体的限制条件如图 2—4 所示。

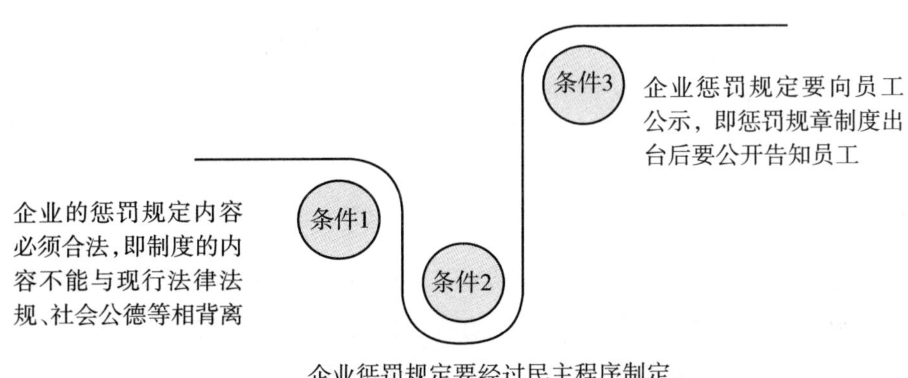

图 2—4　员工惩罚实施的限制条件

(4) 员工惩罚实施的原则

企业在实施员工惩罚时，需要遵循惩教结合原则、渐进性原则和沟通原则等，具体的实施原则如表 2—6 所示。

表 2—6　员工惩罚实施的原则

原则	具体说明
惩教结合原则	惩罚不是目的而是手段，单纯的惩罚很难完全改变被罚者的不良行为和错误思想，甚至会适得其反，只有与教育结合，惩罚的目的才能实现

续表

原则	具体说明
警告原则	管理人员要经常对下属进行规章制度教育，以警告或劝解其不要触犯规章制度，否则会受到惩处
渐近性原则	管理人员对员工进行处罚，应采取逐步严厉的方式进行，即口头警告、书面警告、停职和解除劳动合同，确保处罚与错误的严重程度相当
实时性原则	惩处必须在错误行为发生后立即进行，绝不拖泥带水、延期追究，而且惩罚持续时间要短，达到使其及时改正错误行为的目的
公平性原则	当员工出现不恰当的行为时，企业管理人员在给予惩罚的过程中要使其学会用恰当行为来取代不当行为，一旦恰当行为出现则惩罚停止，不能持续惩罚，也不能因为对方有其他方面的成绩，就能免予行为过失的惩罚
程度适当原则	企业在惩罚员工时需要遵循惩罚程度适当原则，惩罚程度以能制止不当行为再次发生为限，处罚过度反而有害
沟通原则	惩罚必须发生在员工做出不当行为之后，并与其进行充分沟通基础上，要惩罚员工就要弄清楚员工违反规定的原因

2.2.3　问题员工如何管理

所谓“问题员工”，是指不断冲击企业管理制度的底线，其行为方式可能经常在团队中引起不必要的混乱，影响他人工作，并导致团队工作效率低下的员工。问题员工在企业中普遍存在，据有关调查显示，问题员工在企业员工中所占的比例超过40%。如何有效管理问题员工，使之成为高效员工，是所有管理者必须面临和解决的问题。

人力资源管理人员要善于针对不同类型的问题员工，采取不同的管理对策，有效地化解问题员工的管理难题。

（1）素质问题员工的类型

很多问题员工是由于其本身的素质较低造成的，如“推诿责任”“光说不干”“爱找茬”等员工，对于这些员工，企业人力资源管理人员要努力做到容人之短，人尽其用。图2—5对素质问题员工的管理措施进行了说明。

（2）性格问题员工的类型

在企业中存在性格问题员工通常不算坏事，企业人力资源管理人员需要善于用其长处，针对他们的缺点进行管理，把他们的缺点转化成优点。常见的性格问题员工及相应的管理对策说明如下所示。

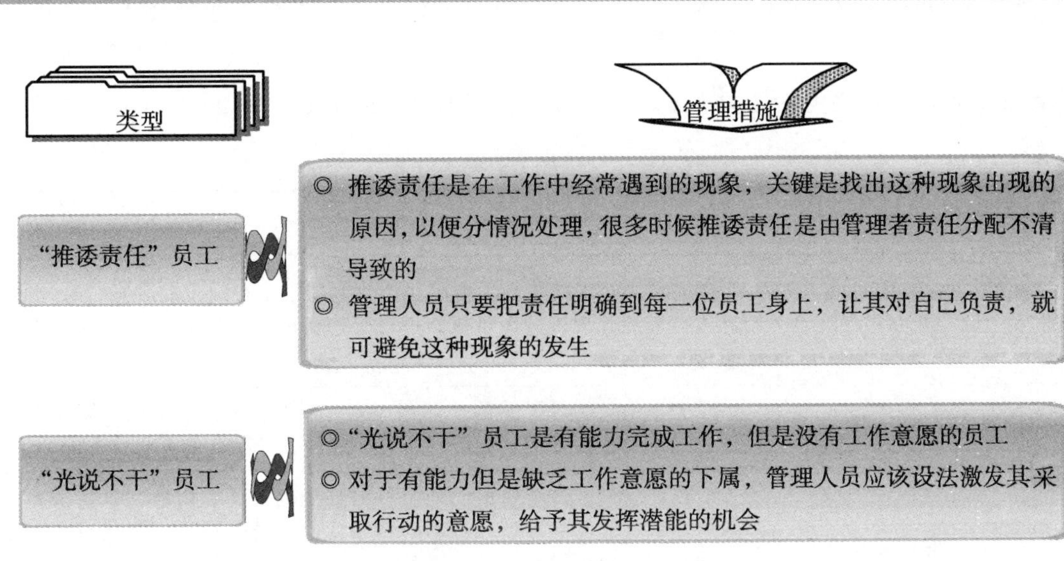

图 2—5　对素质问题员工的管理措施

① 标新立异类员工

性格特点：标新立异类员工往往不安定，经常违反纪律、煽动情绪；但是他们思维灵活、个性鲜明、敢于实践，其思考方式不受任何形式的约束。这些员工往往是企业制度化管理的障碍。

管理措施：对于此类员工，人力资源管理人员如果采取强制的管理措施，也许会让这些员工遵守公司的规章制度，但是也会削弱团队的创造力。人力资源管理人员应采取的正确方法是与他们进行充分的沟通，使其明白公司规章制度的重要性。同时企业人力资源管理人员还需要重新审视公司的规章制度，检查规章制度是否存在某种程度上的不合理性，约束了员工的创造力。

② 完美主义类员工

性格特点：问题员工中有相当一部分属于完美主义者，这些员工的特点是个性固执、追求完美，甚至吹毛求疵，他们对自己和他人的要求都很高，并且不擅长变通。这一类员工由于过于追求完美，往往造成工作进行得比较缓慢，甚至无法按时完成工作。但是完美主义类员工也有优点，他们精益求精、思维缜密，这些优点往往能够给他们带来很好的工作业绩。

管理措施：针对完美主义类员工，人力资源管理人员可以采取如表 2—7 所示的对策。

表 2—7　　对完美主义类员工的管理对策

对策	具体说明
关注完美主义类员工的敏感性	完美主义类员工很敏感，容易受伤害，特别是在别人批评他们的时候。因此人力资源管理人员在对他们进行管理的时候要特别注意这些员工的敏感性
采取周到的、有条不紊的方法	追求完美的员工最反感的是那些粗心、邋遢、不完美的人，因此人力资源管理人员在对他们进行管理的时候要刻意采取有条不紊的方法
列出任何计划的长处及短处	人力资源管理人员要给他们列出任何计划的长处及短处，尤其是他们不按时完成计划时的短处，员工明白了这些短处之后，就会认识到不按时完成计划会给公司和自己带来的损失，从而稍微降低自己对完美的要求
保持自身的良好形象	人力资源管理人员在与这些员工打交道的时候要尽可能注意自己的形象，使自己保持一个整洁的、有礼貌的形象，这样会更容易接近这些员工

③ 脾气暴躁类员工

性格特点：此类员工爱冲突、吵架、制造事端，容易情绪激动，破坏性大。

管理措施：对于脾气暴躁类员工，人力资源管理人员应善于采取回避的措施，首先平复自己的心情，然后试图平息对方的情绪，从而解决问题。对于脾气暴躁类员工的管理步骤如图 2—6 所示。

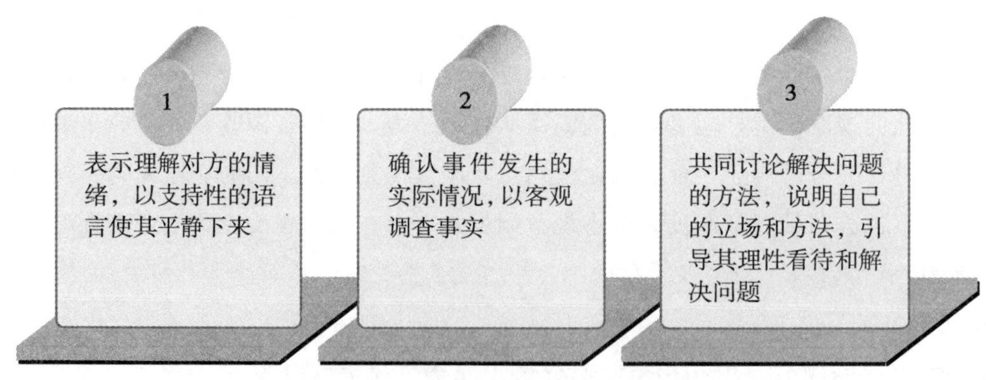

图 2—6　对脾气暴躁类员工的管理步骤

④ 消极悲观类员工

性格特点：此类员工消极悲观情绪的产生往往是因为受到过往失败经验的影响，对未来失去信心。消极悲观类员工的存在，容易使个别员工的消极悲观情绪感染团队的其他成员，严重影响团队的士气，影响工作效率和工作氛围。

管理措施：对于这类员工的管理，其目标是让他们摆脱小气悲观的状态，人力资源管理人员可以鼓励他们明确地写出心中忧虑的事情，了解事情最坏的情况，并立即开始设法改变。另外，管理人员应该使员工认识到成功需要时间和过程，督促员工把注意力集中在他想要解决的问题上。因此在工作中，对于消极悲观的员工，管理人员就应该不断地鼓励，以积极沟通的方法提升员工的情绪。

2.3　员工申诉处理

2.3.1　建立员工申诉制度

员工申诉是指员工在工作中认为受到不公正待遇时，通过正常的渠道反映其意见和建议。为了化解员工的不满情绪，解决企业内部制度和待遇不合理的问题，人力资源管理人员需要建立一个明确公开的申诉制度，给员工提供一个正常合法的申诉渠道。

(1) 明确申诉的种类及范围

人力资源管理人员在建立申诉制度前，需要确定申诉的种类和范围。申诉通常分为个人申诉和集体申诉。图 2—7 对两类申诉进行了说明。

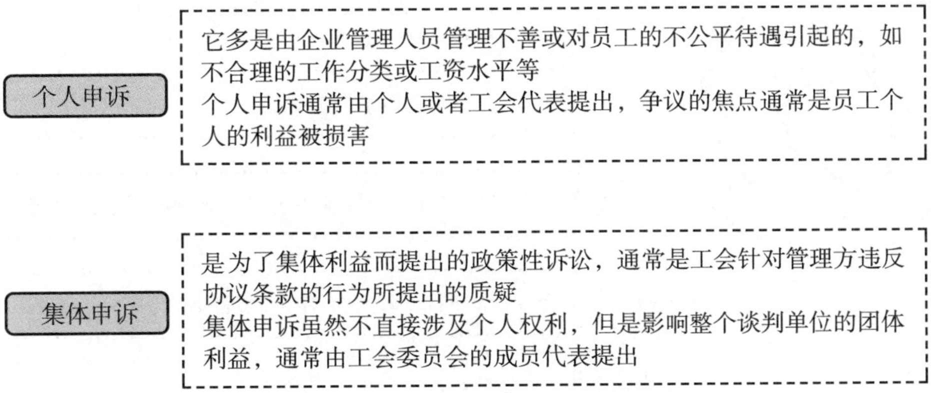

个人申诉

它多是由企业管理人员管理不善或对员工的不公平待遇引起的，如不合理的工作分类或工资水平等

个人申诉通常由个人或者工会代表提出，争议的焦点通常是员工个人的利益被损害

集体申诉

是为了集体利益而提出的政策性诉讼，通常是工会针对管理方违反协议条款的行为所提出的质疑

集体申诉虽然不直接涉及个人权利，但是影响整个谈判单位的团体利益，通常由工会委员会的成员代表提出

图 2—7　申诉的种类

处理员工申诉的主要作用在于解决员工工作过程中的不满，其范围一般限于与工作有关的问题，凡是与工作无关的问题，通常应排除在外。如员工的私人问题、家庭问题，虽然可能影响其工作绩效，但并不是通过申诉所应该或所能够处理的问题。

一般而言，员工在劳动关系中可能产生的不满，可以通过申诉处理的事项主要有薪资福利、劳动条件、安全卫生、管理规章与措施、工作分配及调整、奖惩与考核、员工间的关系及其他与工作相关的不满等。

(2) 申诉制度的制定原则

人力资源管理人员建立内部申诉制度时，应当遵循以下基本原则。

① 申诉规则的制度化。申诉制度和程序必须要加以说明和明示，这对于保护员工及企业的合法权益具有重要作用。人力资源管理人员在制定申诉制度的过程中，应仔细聆听员工的意见，不能单方自行制定，否则将难以为员工所接受和遵守。

② 申诉机构的正式化。建立正式的申诉机构可以畅通员工的申诉渠道，便于人力资源管理人员了解员工的现状和心理，同时能够避免直属主管刻意隐瞒或扭曲事实，保证申诉处理的客观、公正。正式的申诉机构应由劳资双方代表共同组成。

③ 申诉范围的明确化。明确申诉范围能够准确判断申诉是否需要受理，是否有解决的实际意义，使员工明白什么样的问题可以申诉、什么样的问题不属于申诉的范畴，使申诉制度的运作方向更明确。

(3) 建立申诉制度的基本要求

企业人力资源管理人员建立申诉制度时，需要确保其满足如图 2—8 所示的基本要求。

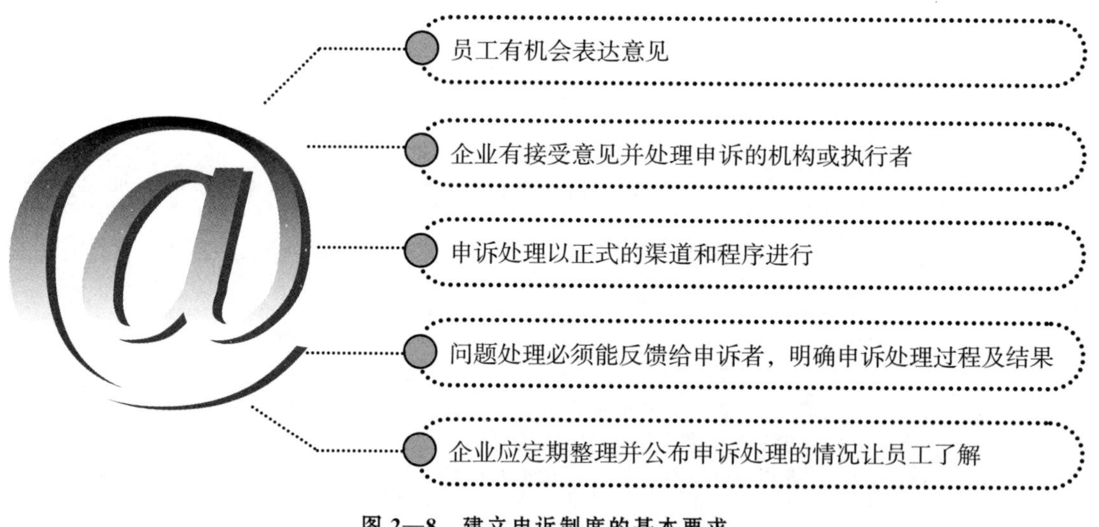

图 2—8 建立申诉制度的基本要求

2.3.2 员工申诉处理程序

不管企业内部是否有工会组织，员工申诉处理的主要程序可以归纳为申诉受理、查明事实、解决问题及申请仲裁四个阶段，各阶段的具体说明如表 2—8 所示。

表 2—8　　申诉处理的程序

程序	具体说明
申诉受理	◎ 申诉者与监督者、管理者商谈，管理者在接受申诉的过程中，要心平气和地对待申诉人，用客气、关怀的态度接纳申诉人，通过沟通找出问题产生的根源
查明事实	◎ 管理人员要查明争议事实，不得偏袒，在调查时要公平、公正，要对涉及的所有人员、事实进行调查 ◎ 调查方法有实地调查法，广泛面谈法，分析和检讨各项政策、规定和措施，检查员工资料，与有关人员研讨等
解决问题	◎ 管理者在了解事实后，要想办法解决员工申诉的问题，并向员工解释，消除员工误解 ◎ 一般而言，解决员工申诉的主要方法包括提供与抱怨发生有关的原因信息，对各事项迅速给出解释 ◎ 对苦恼的员工说明并保证事实绝非他所想象的那样恶劣，承认个人的人格尊严和价值 ◎ 必要时帮助员工解决私人所遭遇的各种困难，利用工作轮换来解决冲突等
申请仲裁	◎ 如果员工的不满不能在组织内部获得满意解决，则双方都可以诉诸第三方或公共权力机构来仲裁 ◎ 在我国，劳动争议仲裁委员会对争议进行裁决后，若双方当事人不服，可以在规定的期限内向人民法院提出诉讼

2.3.3　员工申诉制度范例

下面根据上述的制度建立原则和要求设计了员工申诉制度，供读者参考。

制度名称	员工申诉制度	编制部门	
		执行部门	

第 1 章　总　　则

第 1 条　目的

为了维护公司与员工的合法权益，及时发现和处理隐患问题，保障员工与公司管理层的沟通，提高员工工作的积极性，从而建立和谐的劳动关系，增强企业凝聚力，提高员工满意度，特制定本制度。

第 2 条　适用范围

本制度适用于公司所有在职员工。

第 2 章　申诉基本规定

第 3 条　申诉原则

员工应根据事实，按照本制度的规定进行申诉，如经查证表明申诉人有欺骗行为的，公司将依据相关规定进行处罚，申诉受理人应在保密的原则下，对申诉事件给予严肃认真对待，保证员工的正当利益不受侵害。

续表

第 4 条　申诉范围

员工在申诉范围内存在异议或者不满的，可进行申诉。申诉范围包括但不仅限于以下情形。

1. 对绩效考核及奖惩有异议的。

2. 对岗位、职等职级的调整有异议的。

3. 对招聘、培训方面有异议的。

4. 对薪酬、福利、考勤方面有异议的。

5. 对劳动合同的签订、续签、变更、解除、终止等方面有异议的。

6. 对用餐、用车等行政后勤方面有异议的。

7. 认为受到上级或同事不公平对待的。

8. 申诉人有证据证明自己权益受到侵犯的其他事项。

第 5 条　申诉时效

申诉时效为 10 日（法定节假日顺延），即申诉人应在申诉事件发生 10 日内申诉，因不可抗力而致逾期者，应向申诉处理委员会申明理由，申请延长申诉期限，但延长期限不得超过 10 日。

第 6 条　申诉受理人员

1. 公司成立申诉处理委员会对申诉的事项进行调查核实和处理。申诉处理委员会由申诉人直属主管、所在的部门经理及人事行政部相关成员组成。

2. 人事行政部相关人员主要包括员工关系助理、员工关系及薪酬福利专员、招聘培训专员、绩效专员及人事行政部经理及分管副总等人员。

第 7 条　申诉基本规定

1. 申诉人申诉时需填写人事行政部提供的《员工申诉书》，描述相关事项。

2. 申诉人在等待申诉事件处理期间应严格遵守公司相关规章制度，保证正常上班。

第 3 章　申诉处理规定

第 8 条　申诉处理基本规定

1. 申诉受理人均可在权限范围内对申诉事项进行解答，如果申诉人接受该答复即可终结申诉。

2. 如果申诉受理人无法对申诉做出解答，可按照本制度第 9 条的申诉处理程序进行处理。

3. 如果申诉提交到了人事行政部，人事行政部各模块专员将负责调查、取证、提出初步处理意见、参与研究、反馈答复意见等工作。

第 9 条　申诉处理流程

1. 申诉人应在申诉事项发生之日起 10 日内到人事行政部领取《员工申诉书》并尽快填写完毕交给申诉受理人，即自己的直属主管，申诉不得越流程作业。

2. 申诉受理人应在接收《员工申诉书》后详细分析申诉事项是否符合本制度申诉范围的要求。

（1）如不符合要求，应当场告知申诉人终止申诉并在《员工申诉书》上注明。

（2）如果申诉事项符合要求，申诉受理人应立即告知申诉人自己能否对申诉事项做出解答，如果不能做出解答则应明确告知申诉人，并在《员工申诉书》上写明由申诉处理程序的后一级进行解答。

3. 在申诉人的直线经理和部门经理两个层面上，二者均可直接对申诉事项进行调查、处理，申诉人对处理结果满意的即可终结申诉；如果申诉人对二者的处理结果均不满意可继续向人事行政部提出申诉，人事行政部各模块专员负责对申诉事项的调查、取证、反馈等工作。

4. 涉及多个模块的，各模块专员应齐心协力共同配合完成，若申诉人对处理结果不满意，可继续向人事行政部经理提交申诉，任何申诉处理人员均应在 10 日内对申诉事项做好调查、取证等工作并得出最终结论。

5. 如果申诉人对人事行政部经理给出的结论仍不满意的，可以在知道申诉结论之日起 10 日内提出再申诉，10 日内不提出再申诉即表示申诉人接受该结论。

6. 如果申诉人再申诉时，人事行政部分管副总将负责主导工作，申诉处理委员会所有成员应对本事件进行积极讨论，以最终结果为申诉事件的最终结论，申诉人应无条件遵守，不得再申诉。

续表

7. 涉及跨部门的申诉，由相关部门申诉受理人积极讨论，待达成共识后解决。 **第 4 章　附　　则** 第 10 条　本制度由人力资源部制定，其解释权归人力资源部所有。 第 11 条　本制度经总经理审批通过之后，自颁布之日起执行。					
编制日期		**审核日期**		**批准日期**	
修改标记		**修改处数**		**修改日期**	

第 3 章

工作过程中的员工劳动保护

3.1 员工劳动保护实施

3.1.1 建立员工劳动保护制度

劳动保护制度是指在生产过程中，为保护劳动者的安全和健康，改善劳动条件，防止职业病和工伤事故所采取的一系列措施。根据《中华人民共和国劳动法》规定，企业人力资源管理人员应建立员工劳动保护制度。第五十二条具体规定为："用人单位必须建立、健全劳动卫生制度，严格执行国家劳动安全卫生规程和标准，对劳动者进行劳动安全卫生教育，防止劳动过程中出现事故，减少职业危害。"下面对建立的员工劳动保护制度进行说明。

(1) 安全生产责任制度

企业为了对各级领导、各职能部门、有关工程技术人员和生产工人在生产中应负的安全责任进行规定，需要制定安全生产责任制度。《中华人民共和国安全生产法》第四条规定，把建立和健全安全生产责任制作为生产经营单位和企业安全管理必须实行的一项基本制度。

《中华人民共和国安全生产法》第四条具体规定："生产经营单位必须遵守本法和其他有关安全生产的法律法规，加强安全生产管理，建立、健全安全生产责任制和安全生产规章制度，改善安全生产条件，推进安全生产标准化建设，提高安全生产水平，确保安全生产。"

(2) 安全教育制度

为确保企业的安全，提高全员自我保护和保护他人的意识，在员工中应牢固树立"安全第一"的思想，使员工懂得安全的基本知识。

企业人力资源管理人员需要制定安全教育制度。为了制定安全教育制度，人力资源管理人员需要确定安全教育制度的类型，具体类型如表3—1所示。

表3—1　　安全教育制度的类型

教育类型	具体说明
入厂安全教育	新入厂人员都需要经过厂级、车间级（科级）、班组（工段）三级安全教育 新入厂人员主要包括新员工、临时工、外单位调入本厂人员
特殊教育	对于从事电气、锅炉、焊接、爆破等特殊工种的工人，必须进行专门的安全操作技术训练，经考试合格，取得特种作业证后，才能准许操作
日常安全教育	企业各级经理和各部门必须对员工开展经常性的安全教育，从而促使员工掌握新的安全知识和技能

(3) 安全作业证制度

为了规范危险性作业管理，预防事故发生，保护员工生命和财产安全，企业人力资源管理人员需要制定安全作业证制度。需要制定安全作业证制度的危险作业类型如图 3—1 所示。

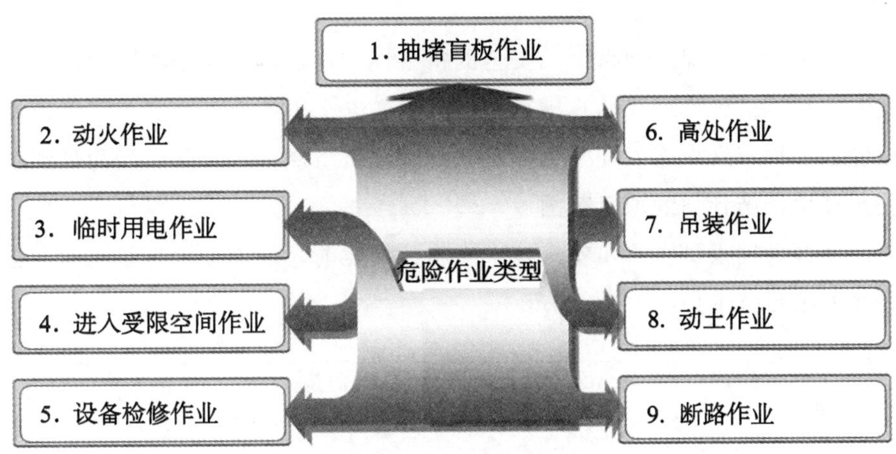

图 3—1　危险作业类型

(4) 安全事故管理制度

为加强生产安全事故的报告和调查处理，防止和减少生产安全事故，企业人力资源管理人员需根据《中华人民共和国安全生产法》和《生产安全事故报告和调查处理条例》等法律法规制定安全事故管理制度。安全事故管理主要包括事故报告、事故调查、事故分析处理等一系列管理工作。

(5) 职业健康管理制度

为了贯彻执行"预防为主、防治结合"的方针，保障员工在生产劳动过程中不受职业病危害因素的影响，预防职业病的发生，企业人力资源管理人员需根据职业健康管理相关规定制定职业健康管理制度，本制度主要包括以下内容。

① 员工招聘健康检查。职业健康管理制度需规定员工在招聘录用前进行健康检查，以确保新员工身体健康。新招录员工健康检查主要包括血、胸片、尿检、血压、内外科、五官科等项目的检查。

② 企业员工定期体检。虽然国家没有强制规定企业需要为所有员工定期体检，但是人力资源管理人员应尽可能在企业条件允许的情况下制定规定为员工进行定期体检。同时《中华人民共和国劳动法》第五十四条也规定："……对从事有职业危害作业的劳动者应当定期进行健康检查。"

(6) 安全考核管理制度

安全考核管理制度是对企业全体人员定期进行安全管理规章制度和安全措施执行情况的

检查。企业人力资源管理人员需要制定安全考核管理制度，以便根据安全工作考核的情况，对为安全工作做出贡献的人员给予表彰奖励，对忽视安全工作、造成损失的人员给予处罚。

3.1.2 落实安全技术措施计划

安全技术措施计划是保障项目施工安全的指令性文件，具有安全法规的作用，必须认真落实。落实安全技术措施计划要认真进行分部分项的安全生产技术交底，安全技术措施中的各种安全设置、防护应列入施工任务单，责任落实到班组或个人，并实行验收制度。

(1) 安全技术措施计划的项目范围

企业人力资源管理人员在落实安全技术措施计划之前，需要了解安全技术措施计划的项目范围，具体的项目范围如图 3—2 所示。

安全技术措施	指以防止工伤事故发生为目的的一切措施，如各种设备、设施以及安全防护装置、保险装置、信号装置和安全防爆设施等
工业卫生技术措施	指以改善作业条件、防止职业病为目的的一切措施，如防尘、防毒、防噪声、防射线以及防物理因素危害的措施
辅助房屋及设施	指有关劳动安全卫生方面所必需的房屋及一切设施，如为职工设置的淋浴、盥洗设施，消毒设备，更衣室、休息室、取暖室、妇女卫生室等
宣传教育设施	指安全宣传教育所需的设施、教材、仪器，以及举办安全技术培训班、展览会，设立教室等

图 3—2　安全技术措施计划的项目范围

(2) 编制安全技术措施计划的方法

企业人力资源管理人员需要配合专业的安全管理人员和相关部门人员制定安全技术措施计划。编制安全技术措施计划，应以国家公布的劳动保护立法和各项安全技术标准为依据，根据企业年度施工生产的任务，以及各项工程施工的特点确定安全技术措施项目，针对安全生产检查中发现的隐患，未能及时解决的问题以及对新工艺、新技术、新设备等制定所应采取的措施，做到不断改善劳动条件，防止工伤事故的发生。

(3) 编制安全技术措施计划的流程

① 确定措施计划编制时间。安全技术措施计划应同生产、技术、财务、供销等计划同时编制。

② 布置措施计划编制工作。企业人力资源管理人员应根据本单位具体情况向下属单位

或职能部门提出编制措施计划具体要求，并就有关工作进行布置。

③ 确定措施计划项目和内容。下属单位在认真调查和分析本单位存在的问题并征求员工意见的基础上，确定本单位的安全技术措施计划项目和主体内容，上报上级人力资源管理部门和安全生产管理部门。人力资源管理部门和安全生产管理部门对上报的措施计划进行审查、平衡、汇总后，确定措施计划项目，并上报审批。

④ 编制措施计划。安全技术措施计划项目经审批后，由安全管理部门和下属单位组织相关人员，编制具体的措施计划和方案，经讨论后，送上级领导审查。

⑤ 审批措施计划。企业人力资源管理人员应组织安全、技术、生产计划部门对上报安全技术措施计划进行联合会审后，上报单位有关领导审批。安全技术措施计划一般由总工程师审批。

⑥ 下达措施计划。各单位主要负责人根据总工程师的审批意见，召集有关部门和下属单位负责人审查、核定措施计划。审查、核定通过后，与生产计划同时下达贯彻执行。

(4) 执行安全技术措施计划方法

安全技术措施计划项目经审批后应正式下达。安全技术措施计划落实到各执行部门后，安全管理部门应定期对计划的完成情况进行监督检查，对已经完成的项目，应由验收部门负责组织验收。安全技术措施验收后，应及时补充、修订相关管理制度、操作规程，开展对相关人员的培训工作，建立相关的档案和记录。

对不能按期完成的项目，或没有达到预期效果的项目，必须认真分析原因，制定出相应的补救措施。经上级部门审批的项目，还应上报上级相关部门。

3.1.3　员工职业健康防护

职业健康问题主要表现为工作中因环境及接触有害因素引起人体生理机能的变化。员工出现职业健康问题较多的情况是患职业病。为了预防、控制和消除职业病危害，防治职业病，保护劳动者健康及其相关权益，企业人力资源管理人员可根据《中华人民共和国职业病防治法》对员工进行职业健康防护。

(1) 职业病前期预防

企业为了保证员工的健康，需要做好职业病的前期预防工作。

① 工作条件要求。企业人力资源管理人员首先需要保证企业的工作条件符合如图 3—3 所示的职业卫生要求。

② 职业病危害项目申报。企业工作场所存在职业病目录所列职业病的危害因素的，应当及时、如实向所在地安全生产监督管理部门申报危害项目，接受监督。职业病危害因素分类目录由国务院卫生行政部门会同国务院安全生产监督管理部门制定、调整并公布。职业病危害项目申报的具体办法由国务院安全生产监督管理部门制定。

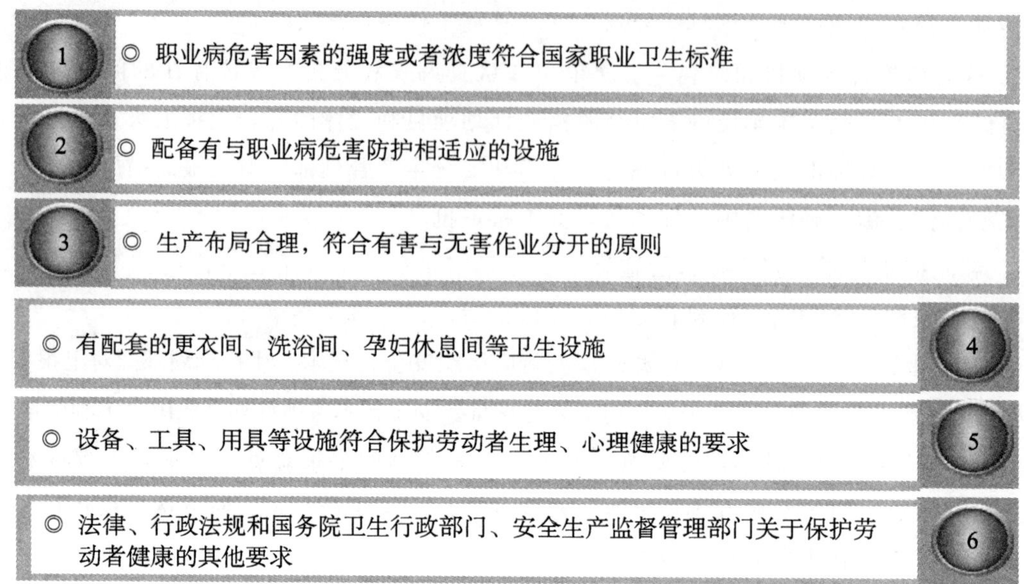

图 3—3 企业工作条件的职业卫生要求

③ 职业病危害评价。新建、扩建、改建建设项目和技术改造、技术引进项目可能产生职业病危害的，建设单位在可行性论证阶段应当向安全生产监督管理部门提交职业病危害预评价报告。职业病危害预评价报告，应当对建设项目可能产生的职业病危害因素及其对工作场所和劳动者健康的影响做出评价，确定危害类别和职业病防护措施。建设项目职业病危害分类管理办法由国务院安全生产监督管理部门制定。

(2) 劳动过程中的职业病防护

① 劳动合同建立。企业人力资源管理人员与员工订立劳动合同时，应当将工作过程中可能产生的职业病危害及其后果、职业病防护措施和待遇等如实告知劳动者，并在劳动合同中写明，不得隐瞒或者欺骗。

② 工作安排。企业人力资源管理人员在安排员工工作时，需要遵循如图 3—4 所示的规定。

③ 职业健康培训。企业人力资源管理人员应当组织对员工进行上岗前的职业卫生培训和在岗期间的定期职业卫生培训，普及职业卫生知识，督促劳动者遵守职业病防治法律法规、规章和操作规程，指导劳动者正确使用职业病防护设备和供个人使用的职业病防护用品。

(3) 职业健康检查

对从事接触职业病危害作业的员工，企业人力资源管理人员应当按照国务院安全生产监督管理部门、卫生行政部门的规定组织员工进行上岗前、在岗期间和离岗时的职业健康检查，并将检查结果书面告知员工。职业健康检查费用由企业承担。

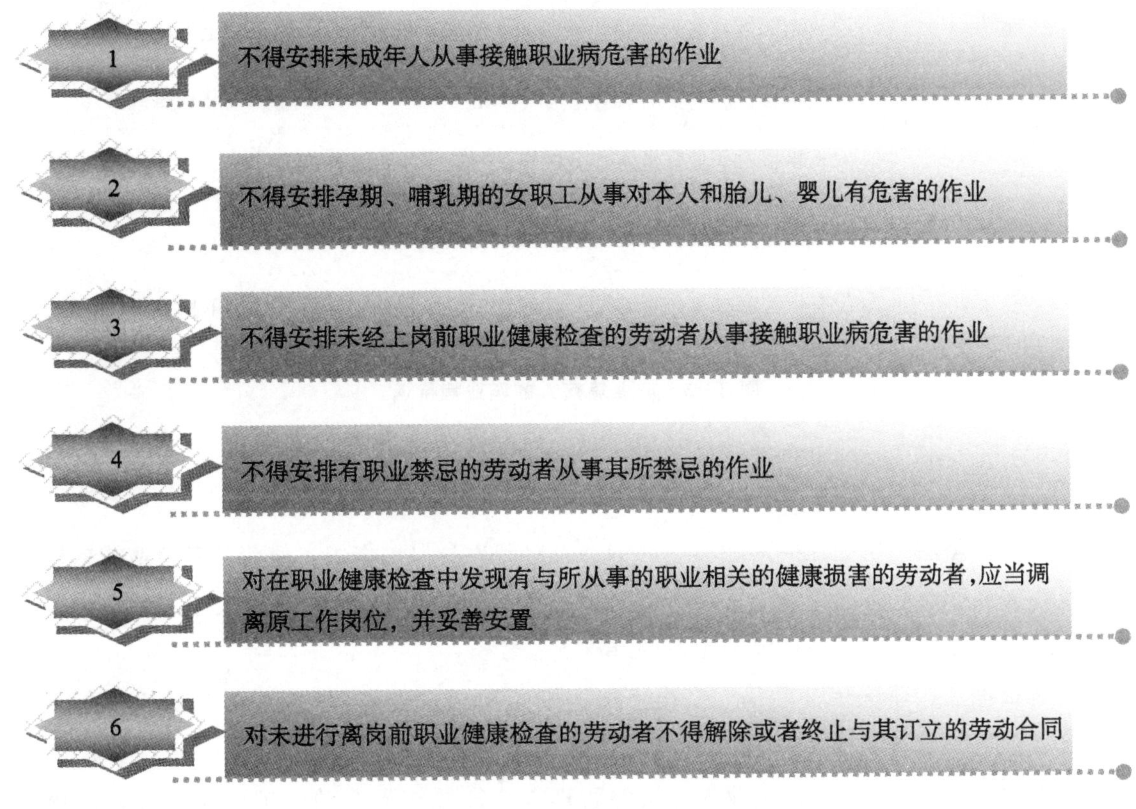

图 3—4　工作安排的基本规定

企业人力资源管理人员应当为劳动者建立职业健康监护档案，并按照规定的期限妥善保存。职业健康监护档案应当包括劳动者的职业史、职业病危害接触史、职业健康检查结果和职业病诊疗等有关个人健康资料。员工离开时，索取本人职业健康监护档案复印件，企业人力资源管理人员应当如实、无偿提供，并在所提供的复印件上签字盖章。

(4) 职业病诊断治疗

发生或者可能发生急性职业病危害事故时，企业人力资源管理人员应当立即组织采取应急救援和控制措施，并及时报告所在地安全生产监督管理部门和有关部门。

对遭受或者可能遭受急性职业病危害的劳动者，企业人力资源管理人员应当及时组织救治、进行健康检查和医学观察，所需费用由用人单位承担。

在员工进行职业病诊断、鉴定过程中，企业人力资源管理人员应当如实提供职业病诊断、鉴定所需的劳动者职业史和职业病危害接触史、工作场所职业病危害因素检测结果等资料。

对于确诊为职业病的员工，企业人力资源管理人员应当按照规定处理职业病病人的职业病待遇。具体的待遇如图 3—5 所示。

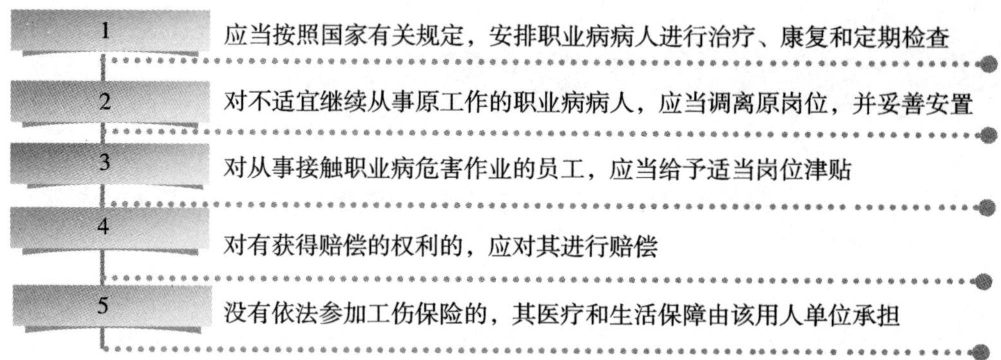

图 3—5　职业病病人的职业病待遇

3.1.4　劳动防护用品管理

劳动防护用品是指为在劳动过程中的劳动者起到人身保护作用，使劳动者免遭或减轻各种人身伤害或职业危害的用品。使用劳动防护用品，是保障从业人员人身安全与健康的重要措施，也是保障生产经营单位安全生产的基础。

同时根据《中华人民共和国安全生产法》第四十二条规定：“生产经营单位必须为从业人员提供符合国家标准或者行业标准的劳动防护用品，并监督、教育从业人员按照使用规则佩戴、使用。”因此，企业人力资源管理人员需要加强劳动防护用品管理，以规范劳动防护用品的配备和使用。

(1) 了解劳动防护用品类型

企业人力资源管理人员需要加强劳动防护用品管理，首先需要了解劳动防护用品的种类。劳动防护用品的种类很多，从劳动卫生学角度，通常按防护部位分类。表 3—2 对其进行详细说明。

表 3—2　劳动防护用品类型

类型	说明和举例
头部防护用品	◎ 为防御头部不受外来物体打击和其他因素危害配备的个人防护装备 ◎ 如一般防护帽、防尘帽、防水帽、安全帽、防寒帽、防静电帽、防高温帽、防电磁辐射帽、防昆虫帽等
呼吸器官防护用品	◎ 为防御有害气体、蒸气、粉尘、烟、雾从呼吸道吸入，或直接向使用者供氧或清净空气，保证尘、毒污染或缺氧环境中作业人员正常呼吸的防护用具 ◎ 如防尘口罩（面具）、防毒口罩（面具）等

续表

类型	说明和举例
眼面部防护用品	◎ 预防烟雾、尘粒、金属火花和飞屑、热、电磁辐射、激光、化学飞溅等伤害眼睛或面部的个人防护用品称为眼面部防护用品 ◎ 如焊接护目镜和面罩、炉窑护目镜和面罩以及防冲击眼护具等
听觉器官防护用品	◎ 能够防止过量的声能侵入外耳道，使人耳避免噪声的过度刺激，减少听力损失，预防由噪声对人身引起的不良影响的个体防护用品 ◎ 如耳塞、耳罩、防噪声头盔等
手部防护用品	◎ 保护手和手臂，供作业者劳动时戴用的手套（劳动防护手套） ◎ 如一般防护手套、防水手套、防寒手套、防毒手套、防静电手套、防高温手套、防 X 射线手套、防酸碱手套、防油手套、防振手套、防切割手套、绝缘手套等
足部防护用品	◎ 防止生产过程中有害物质和能量损伤劳动者足部的护具，通常人们称其为劳动防护鞋 ◎ 如防尘鞋、防水鞋、防寒鞋、防足趾鞋、防静电鞋、防高温鞋、防酸碱鞋、防油鞋、防烫脚鞋、防滑鞋、防刺穿鞋、电绝缘鞋、防振鞋等
躯干防护用品	◎ 即通常讲的防护服 ◎ 如一般防护服、防水服、防寒服、防砸背心、防毒服、阻燃服、防静电服、防高温服、防电磁辐射服、耐酸碱服、防油服、水上救生衣、防昆虫服、防风沙服等
护肤用品	◎ 用于防止皮肤（主要是面、手等外露部分）免受化学、物理等因素的危害 ◎ 如防毒、防腐、防射线、防油漆的护肤品等
防坠落用品	◎ 防止人体从高处坠落，通过绳带，将高处作业者的身体系接于固定物体上，或在作业场所的边沿下方张网，以防不慎坠落 ◎ 如安全带、安全网等

(2) 劳动防护用品选用

1989 年我国颁布了《劳动防护用品选用规则》（GB 11651—1989）国家标准，为选用劳动防护用品提供了依据。企业人力资源管理人员应当按照标准正确地选用优质的防护用品，这是保证劳动者安全与健康的前提。劳动防护用品选用的基本原则如下所示。

① 根据国家标准、行业标准或地方标准选用。

② 根据生产作业环境、劳动强度以及生产岗位接触有害因素的存在形式、性质、浓度（或强度）和防护用品的防护性能进行选用。

③ 穿戴要舒适方便，不影响工作。

(3) 劳动防护用品发放

2000 年，国家经贸委颁布了《劳动防护用品配备标准（试行）》（国经贸安全〔2000〕189 号），规定了国家工种分类目录中的 116 个典型工种的劳动防护用品配备标准。企业人力资源管理人员应当按照有关标准，按照不同工种、不同劳动条件发给职工个人劳动防护用品。

(4) 劳动防护用品使用

企业人力资源管理人员需要对员工使用劳动防护用品的情况进行监督检查，确保劳动防护用品得到正确的使用，使用劳动防护用品的一般要求如下所示。

① 劳动防护用品使用前应首先做一次外观检查。检查的目的是认定用品对有害因素防护效能的程度、用品外观有无缺陷或损坏、各部件组装是否严密、启动是否灵活等。

② 劳动防护用品的使用必须在其性能范围内，不得超极限使用，不得使用未经国家指定或经监测部门认可（国家标准）和检测还达不到标准的产品，不能随便代替，更不能以次充好。

③ 严格按照“使用说明书”正确使用劳动防护用品。

3.1.5 特殊作业环境下的劳动保护管理

特殊作业环境是指对员工身体健康危害严重的作业环境。企业人力资源管理人员需要加强对特殊作业环境下的劳动保护管理工作，以保证员工的身体健康，减少职业病的发生。

(1) 粉尘作业环境下的劳动防护

粉尘是指能悬浮于空气中的固体微粒。粉尘会对人造成很大的危害，特别是尘肺病尚无特异性治疗办法，因此预防粉尘危害，加强对粉尘作业的劳动防护管理十分重要。粉尘作业的劳动防护管理应采取三级防护原则，具体原则如表 3—3 所示。

表 3—3　粉尘作业环境下的劳动防护原则

防护原则等级	具体原则说明
一级预防	◎ 综合防尘，即改革生产工艺、生产设备，尽量将手工操作变为机械化、自动化和密闭化、遥控化操作；尽可能采用不含或含游离二氧化硅低的材料代替含游离二氧化硅高的材料；在工艺要求许可的条件下，尽可能采用湿法作业；使用个人防尘用品，做好个人防护 ◎ 定期检测，即对作业环境的粉尘浓度实施定期检测，使作业环境的粉尘浓度达到国家标准规定的允许范围之内

续表

防护原则等级	具体原则说明
一级预防	◎ 健康体检，即根据国家有关规定，对工人进行就业前的健康体检，对患有职业禁忌证者、未成年人、女职工，不得安排其从事禁忌范围的工作 ◎ 宣传教育，普及防尘的基本知识 ◎ 加强维护，对除尘系统必须加强维护和管理，使除尘系统处于完好、有效状态
二级预防	◎ 建立专人负责的防尘机构，制定防尘规划和各项规章制度 ◎ 对新从事粉尘作业的职工，必须进行健康检查；对在职的从事粉尘作业的职工，必须定期进行健康检查；发现不宜从事接触粉尘工作的职工，要及时调离
三级预防	◎ 对已确诊为尘肺病的职工，应及时调离原工作岗位，安排合理的治疗或疗养，患者的社会保险待遇应按国家有关规定办理

(2) 有毒作业环境下的劳动防护

凡少量进入人体后，与人体组织发生化学或物理化学作用，并在一定条件下破坏机体的正常生理机能，致使某些器官或组织发生暂时或永久性病变的化学物质称为化学毒物，简称毒物。在生产过程中使用或产生的毒物称为生产性毒物。

为了避免员工在有毒物质环境下作业造成职业中毒或者职业病，企业需要根据《使用有毒物品作业场所劳动保护条例》的规定做好有毒作业环境下的劳动防护工作。

① 有毒作业环境下的预防措施。预防职业中毒或职业病必须采取适当的防护措施，常用的防护措施如图 3—6 所示。

② 有毒作业环境下的个人防护用品。企业需要根据毒物的特性，选择和提供给员工有效的个人防护用品，确保对员工进行安全防护。有毒作业环境下的个人防护用品如下所示。

◆ 防护服装。包括防护服、鞋、帽、眼镜、手套等。为防止毒物经皮肤侵入员工身体或损伤员工身体，应选择有利于防毒、轻便、耐用、不影响体温调节的防护服装。同时人力资源管理人员应为防护服设置专用柜，以便于存放。禁止员工穿防护服去食堂、浴室、宿舍等。要求员工经常清洗防护服、保持卫生，必要时对防护服进行化学处理。

◆ 防毒口罩和防毒面具。企业人力资源管理人员应为员工准备防毒口罩和防毒面具。防毒口罩和防毒面具属呼吸防护器，种类很多，根据防护原理可分为过滤式和隔离式两大类。表 3—4 对其进行了详细说明。

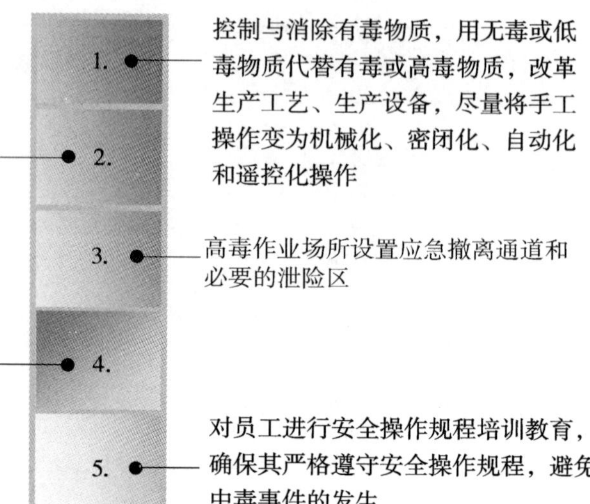

图 3—6　有毒作业环境下的预防措施

表 3—4　呼吸防护器类型

类型	具体说明
过滤式	◎ 将空气中的有害物质过滤净化，达到防护目的 ◎ 在作业场所空气中有害物质的浓度不很高的情况下，佩戴此类防护器
隔离式	◎ 佩戴者呼吸所需的空气（氧气）不直接从现场空气中吸取，而是由另外的供气系统供给 ◎ 这种防护器多用于空气中有害物质浓度较高的作业场所

③ 有毒物品作业场所的管理。企业使用的有毒物品作业场所，除应当符合职业病防治法规定的职业卫生要求外，还必须符合如图 3—7 所示的要求。

图 3—7　有毒物品作业场所的要求

在有毒物品作业场所应当设置黄色区域警示线、警示标识和中文警示说明。警示说明应当载明产生职业中毒危害的种类、后果、预防以及应急救治措施等内容。高毒作业场所应当设置红色区域警示线、警示标识和中文警示说明，并设置通信报警设备。

(3) 物理因素危害环境下的劳动防护

生产环境中影响工作人员身体健康的物理因素包括气象条件，如气温、电磁辐射、噪声和振动等。在物理因素危害环境下工作，对人体健康都有一定的危害，企业人力资源管理人员平时要加强预防和控制，具体的劳动防护措施如表 3—5 所示。

表 3—5　　物理因素危害环境下的劳动防护措施

作业环境	预防和控制措施
高温作业环境	◎ 车间温湿度应符合《工业企业设计卫生标准》，工艺要求湿度较高的车间，也应满足相关标准 ◎ 改进生产设备和作业方法，改善高温作业条件，合理布置热源，加强通风，降低车间温度 ◎ 进行合理的劳动组织管理，合理安排工作时间与休息时间 ◎ 加强宣传教育，认真遵守高温作业的各项管理制度 ◎ 对高温作业的员工做好就业前、入暑前的体检工作，对患有职业禁忌证的员工，不得安排其从事高温作业
低温作业环境	◎ 为作业人员提供防寒服、鞋、帽、手套等保暖用品 ◎ 要定期对作业工人进行体格检查，做好健康监护工作 ◎ 凡是年龄在 50 岁以上，且患有高血压、心脏病、胃肠功能障碍等疾病的职业禁忌人员，应及时调离低温、冷藏作业岗位 ◎ 要重视女职工的特殊保护，严禁安排“四期”内的女职工从事冷藏作业 ◎ 冬季要有防寒、采暖设施，露天作业要有防风棚、采暖等
噪声作业环境	◎ 采用工程控制技术措施，使噪声作业人员接触噪声声级符合要求 ◎ 根据实际情况合理设计劳动作息时间，并采取适宜的防护措施 ◎ 将产生噪声的车间与非噪声作业车间、高噪声车间与低噪声车间分开设置 ◎ 企业在选择生产设备时，需要选择噪声较低的设备 ◎ 在满足工艺流程要求的前提下，将高噪声设备相对集中，并采取相应的隔声、吸声、消声、减振等控制措施 ◎ 为减少噪声的传播，可设置隔声室，隔声室的天棚、墙体、门窗均应符合隔声、吸声的要求
振动作业环境	◎ 产生振动的车间，应在控制振动发生源的基础上，对厂房的建筑设计采取减轻振动影响的措施 ◎ 对产生强烈振动的车间应采取相应的减振措施，对振幅、功率大的设备应设计减振基础 ◎ 定期对员工进行体检，做好振动病的早期防治工作 ◎ 根据实际情况合理设计劳动作息时间，可安排员工轮流作业

3.2 特殊类型员工的劳动保护管理

3.2.1 女职工的劳动保护管理

为了减少和解决女职工在劳动中因生理特点造成的特殊困难，保护女职工健康，企业人力资源管理人员需要根据《女职工劳动保护特别规定》对其进行特别保护。

(1) 女职工工作安排

企业人力资源管理人员不得因女职工怀孕、生育、哺乳降低其工资、予以辞退、与其解除劳动或者聘用合同。

女职工在孕期不能适应原劳动的，企业人力资源管理人员应当根据医疗机构的证明，予以减轻劳动量或者安排其他能够适应的劳动。

对怀孕 7 个月以上的女职工，不得延长劳动时间或者安排夜班劳动，并应当在劳动时间内安排一定的休息时间。怀孕女职工在劳动时间内进行产前检查，所需时间计入劳动时间。

(2) 女职工产假管理

女职工生育享受 98 天产假，其中产前可以休假 15 天；难产的，增加产假 15 天；生育多胞胎的，每多生育 1 个婴儿，增加产假 15 天。

女职工怀孕未满 4 个月流产的，享受 15 天产假；怀孕满 4 个月流产的，享受 42 天产假。

(3) 女职工生育津贴管理

女职工产假期间的生育津贴，对已经参加生育保险的，按照用人单位上年度职工月平均工资的标准由生育保险基金支付；对未参加生育保险的，按照女职工产假前工资的标准由用人单位支付。

女职工生育或者流产的医疗费用，按照生育保险规定的项目和标准，对已经参加生育保险的，由生育保险基金支付；对未参加生育保险的，由用人单位支付。

(4) 女职工哺乳时间规定

对哺乳未满 1 周岁婴儿的女职工，用人单位不得延长劳动时间或者安排夜班劳动。

用人单位应当在每天的劳动时间内为哺乳期女职工安排 1 小时哺乳时间；女职工生育多胞胎的，每多哺乳 1 个婴儿每天增加 1 小时哺乳时间。

(5) 女职工服务设施设置

女职工比较多的用人单位应当根据女职工的需要，建立女职工卫生室、孕妇休息室、哺乳室等设施，妥善解决女职工在生理卫生、哺乳方面的困难。

(6) 女职工禁忌从事的劳动范围

女职工无论在日常工作中，还是在经期、孕期、哺乳期期间，企业人力资源管理人员都需要对其进行特别保护，不得安排其从事女职工禁忌从事的劳动范围内的劳动。具体的女职工禁忌从事的劳动范围如表 3—6 所示。

表 3—6　女职工禁忌从事的劳动范围

所处时期	禁忌从事的劳动范围
日常时期	◎ 矿山井下作业 ◎ 体力劳动强度分级标准中规定的第四级体力劳动强度的作业 ◎ 每小时负重六次以上、每次负重超过二十公斤的作业，或者间断负重、每次负重超过二十五公斤的作业
经期	◎ 冷水作业分级标准中规定的第二级、第三级、第四级冷水作业 ◎ 低温作业分级标准中规定的第二级、第三级、第四级低温作业 ◎ 体力劳动强度分级标准中规定的第三级、第四级体力劳动强度的作业 ◎ 高处作业分级标准中规定的第三级、第四级高处作业
孕期	◎ 作业场所空气中铅及其化合物、汞及其化合物、苯、镉、铍、砷、氰化物、氮氧化物、一氧化碳、二硫化碳、氯、己内酰胺、氯丁二烯、氯乙烯、环氧乙烷、苯胺、甲醛等有毒物质浓度超过国家职业卫生标准的作业 ◎ 从事抗癌药物、己烯雌酚生产，接触麻醉剂气体等的作业 ◎ 非密封源放射性物质的操作，核事故与放射事故的应急处置 ◎ 高处作业分级标准中规定的高处作业 ◎ 冷水作业分级标准中规定的冷水作业 ◎ 低温作业分级标准中规定的低温作业 ◎ 高温作业分级标准中规定的第三级、第四级的作业 ◎ 噪声作业分级标准中规定的第三级、第四级的作业 ◎ 体力劳动强度分级标准中规定的第三级、第四级体力劳动强度的作业 ◎ 在密闭空间、高压室作业或者潜水作业，伴有强烈振动的作业，或者需要频繁弯腰、攀高、下蹲的作业
哺乳期	◎ 孕期禁忌从事的劳动范围的第一项、第三项、第九项 ◎ 作业场所空气中锰、氟、溴、甲醇、有机磷化合物、有机氯化合物等有毒物质浓度超过国家职业卫生标准的作业

3.2.2 残疾员工的特殊保护管理

残疾人是指在心理、生理或人体结构上，因某种组织、功能丧失或者不正常而全部或者部分丧失以正常方式从事某种活动之能力的人。依照我国法律的规定，残疾人享有与其他人一样的各项权利，因此企业人力资源管理人员不得对残疾员工产生歧视心理。

(1) 残疾员工的招录

残疾人享有平等就业的权利，即每一个有劳动能力的残疾人，具有获得工作和参加劳动的权利。因此企业人力资源管理人员应当根据《残疾人就业条例》第八条规定，按照一定比例安排残疾人就业，并为其提供适当的工种、岗位，并且安排残疾人就业的比例不得低于本单位在职职工总数的1.5%，具体比例由所在的省、自治区、直辖市人民政府根据本地区的实际情况规定，跨地区招用残疾人的，也计入所安排的残疾人职工人数之内。

根据《残疾人就业条例》第九条规定："用人单位安排残疾人就业达不到其所在地省、自治区、直辖市人民政府规定比例的，应当缴纳残疾人就业保障金。"

(2) 残疾员工的报酬

获得劳动报酬是每一个劳动者应有的权利，残疾人劳动者也不例外。残疾人参加劳动，有权依照法律的规定及劳动合同的规定取得报酬。企业人力资源管理人员有义务依照法律的规定及劳动合同的规定向残疾人劳动者支付报酬。

同时根据《中华人民共和国残疾人保障法》第三十八条的规定，任何单位在劳动报酬方面不得歧视残疾人。因此企业人力资源管理人员在劳动报酬方面不得存在歧视残疾人的问题，要确保同工同酬，分配公平，保证残疾人和其他人一样获得相应的劳动报酬。

(3) 残疾员工的劳动安全保护

残疾人在参加劳动的过程中，享有获得劳动安全保护的权利，这是保护残疾人生命安全和身体健康的必然要求。劳动安全保护应当采取有效措施，创造相应的安全条件和劳动条件，防止工伤事故和职业病的发生，从而为从事劳动的残疾人提供必要的安全保护，以有效维护残疾人的切身利益。

由于残疾员工可能对劳动条件和安全条件有特殊的要求，因此根据《中华人民共和国残疾人保障法》第三十八条的规定，企业人力资源管理人员应当根据残疾员工的特点，为残疾员工提供适应其特点的劳动条件和劳动保护，并根据实际需要对劳动场所、劳动设备和生活设施进行改造。

(4) 残疾员工的职业技能培训

职业技能培训是劳动者增强就业能力和工作能力并提高自身素质的重要途径。根据《中华人民共和国劳动法》的有关规定，劳动者享有接受职业技能培训的权利，国家应该采取措施发展职业培训事业，用人单位应当建立职业培训制度。由于残疾员工的就业能力和工作能力往往受到不同程度的制约，职业技能培训对于残疾员工提高就业能力和工作能力具有特别重要的意义，因此企业人力资源管理人员应当根据《中华人民共和国残疾人保障法》第三十九条的规定，对残疾员工进行岗位技术培训，以提高其劳动技能和技术水平。

(5) 残疾员工的社会保险和福利

残疾人劳动者和其他劳动者一样，有享受社会保险和福利的权利。因此企业人力资源管理人员应当根据《中华人民共和国残疾人保障法》第四十七条的规定，按照国家有关规定参加养老保险、失业保险、工伤保险、生育保险、医疗保险等社会保险。

(6) 残疾员工的休息和休假

根据《中华人民共和国劳动法》的规定，劳动者享有休息和休假的权利。为了维护劳动者休息的权利，我国有关法律法规就劳动者的工作时间作出了规定。例如，《中华人民共和国劳动法》第三十六条规定："国家实行劳动者每日工作时间不超过八小时、平均每周工作时间不超过四十四小时的工时制度。"《国务院关于职工工作时间的规定》也规定："职工每日工作 8 小时、每周工作 40 小时。"

因此残疾员工也享有休息和休假的权利，企业人力资源管理人员应当按照有关劳动法律法规规定的工作时间安排残疾员工参加劳动，享受休息和休假。此外，为了更好地保证残疾员工休息和休假，企业应当适当设置适合残疾员工休息和休养的特殊设施，对其进行特殊照顾。

3.2.3　未成年员工的特殊保护管理

未成年员工是指年满 16 周岁未满 18 周岁的劳动者，也称青少年工人。未成年工的特殊保护是针对未成年工处于生长发育期的特点，以及接受义务教育的需要，采取的特殊劳动保护措施。

(1) 未成年员工的基本规定

根据《中华人民共和国未成年人保护法》第三十八条规定："任何组织或者个人不得招用未满十六周岁的未成年人，国家另有规定的除外。任何组织或者个人按照国家有关规定招用已满十六周岁未满十八周岁的未成年人的，应当执行国家在工种、劳动时间、劳动强度和保护措施等方面的规定，不得安排其从事过重、有毒、有害等危害未成年人身心健康的劳动或者危险作业。"因此企业人力资源管理人员需要严格按照规定执行。

(2) 未成年员工的特殊保护规定

为维护未成年工的合法权益，保护其在生产劳动中的健康，企业人力资源管理人员需根据《中华人民共和国劳动法》的有关规定对未成年工进行特别保护。

① 禁止从事的劳动。企业人力资源管理人员不得安排未成年工从事如图 3—8 所示范围的劳动。

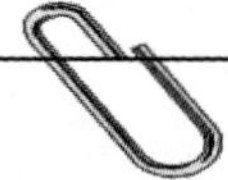

1）《生产性粉尘作业危害程度分级》国家标准中第一级以上的接尘作业；
2）《有毒作业分级》国家标准中第一级以上的有毒作业；
3）《高处作业分级》国家标准中第二级以上的高处作业；
4）《冷水作业分级》国家标准中第二级以上的冷水作业；
5）《高温作业分级》国家标准中第三级以上的高温作业；
6）《低温作业分级》国家标准中第三级以上的低温作业；
7）《体力劳动强度分级》国家标准中第四级体力劳动强度的作业；
8）矿山井下及矿山地面采石作业；
9）森林业中的伐木、流放及守林作业；
10）工作场所接触放射性物质的作业；
11）有易燃易爆、化学性烧伤和热烧伤等危险性大的作业；
12）地质勘探和资源勘探的野外作业；
13）潜水、涵洞、涵道作业和海拔三千米以上的高原作业（不包括世居高原者）；
14）连续负重每小时在六次以上并每次超过二十公斤，间断负重每次超过二十五公斤的作业；
15）使用凿岩机、捣固机、气镐、气铲、铆钉机、电锤的作业；
16）工作中需要长时间保持低头、弯腰、上举、下蹲等强迫体位和动作频率每分钟大于五十次的流水线作业；
17）锅炉司炉。

图 3—8　未成年工禁止从事的劳动范围

未成年工患有某种疾病或具有某些生理缺陷时，企业人力资源管理人员不得安排其从事某些范围内的劳动。患有疾病缺陷的未成年工禁止从事的劳动范围具体如表 3—7 所示。

表 3—7　患有疾病缺陷的未成年工禁止从事的劳动范围

疾病缺陷		禁止从事的劳动范围
心血管系统	1. 先天性心脏病 2. 克山病 3. 收缩期或舒张期二级以上心脏杂音	1.《高处作业分级》国家标准中第一级以上的高处作业 2.《低温作业分级》国家标准中第二级以上的低温作业
呼吸系统	1. 中度以上气管炎或支气管哮喘 2. 呼吸音明显减弱 3. 各类结核病 4. 体弱儿，呼吸道反复感染者	
消化系统	1. 各类肝炎 2. 肝、脾肿大 3. 胃、十二指肠溃疡 4. 各种消化道疝	

续表

<table>
<tr><th colspan="2">疾病缺陷</th><th>禁止从事的劳动范围</th></tr>
<tr><td>泌尿系统</td><td>1. 急、慢性肾炎
2. 泌尿系感染</td><td rowspan="5">3.《高温作业分级》国家标准中第二级以上的高温作业
4.《体力劳动强度分级》国家标准中第三级以上体力劳动强度的作业
5. 接触铅、苯、汞、甲醛、二硫化碳等易引起过敏反应的作业</td></tr>
<tr><td>内分泌系统</td><td>1. 甲状腺机能亢进
2. 中度以上糖尿病</td></tr>
<tr><td>精神神经系统</td><td>1. 智力明显低下
2. 精神忧郁或狂暴</td></tr>
<tr><td>肌肉、骨骼运动系统</td><td>1. 身高和体重低于同龄人标准
2. 一个及一个以上肢体存在明显功能障碍
3. 躯干 1/4 以上部位活动受限，包括强直或不能旋转</td></tr>
<tr><td>其他</td><td>1. 结核性胸膜炎
2. 各类重度关节炎
3. 血吸虫病
4. 严重贫血，其血色素每升低于九十五克（<9.5 g/dL）</td></tr>
</table>

② 定期检查。企业人力资源管理人员应定期安排未成年工进行健康检查，具体的检查时间如图 3—9 所示。.

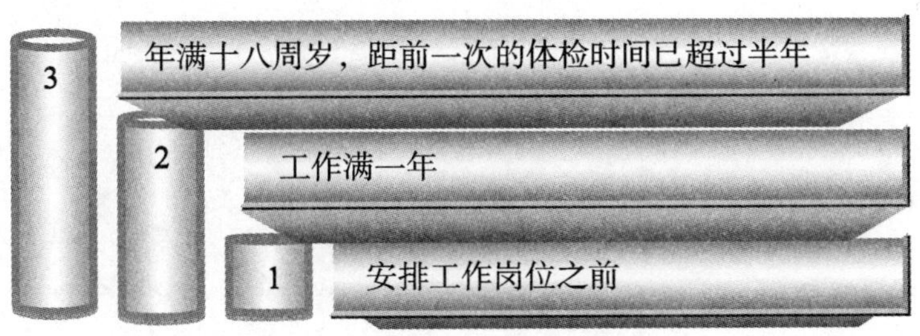

图 3—9　未成年工健康检查时间

未成年工的健康检查，应按《未成年工特殊保护规定》所附“未成年工健康检查表”列出的项目进行。企业人力资源管理人员应根据未成年工的健康检查结果安排其从事适合的劳动，对不能胜任原劳动岗位的，应根据医务部门的证明，予以减轻劳动量或安排其他劳动。

③ 未成年工登记。企业人力资源管理人员在招收使用未成年工时，除符合一般用工要求外，还须向所在地的县级以上劳动行政部门办理登记。劳动行政部门根据“未成年工健康

检查表”“未成年工登记表”，核发“未成年工登记证”。未成年工须持“未成年工登记证”上岗。

④ 职业安全卫生教育。未成年工上岗前，企业人力资源管理人员应组织对其进行有关的职业安全卫生教育、培训，确保其健康上岗。

第 4 章

员工在职期间的关系管理

4.1 参训员工关系管理

4.1.1 培训协议的签订

在当前的经济环境下，企业间“挖人”现象日益增多，员工受训后的跳槽率也相对较高，为了减少因员工受训后流失给企业造成的损失，也为了加强重要员工队伍的稳定性，企业人力资源管理人员可以与员工签订培训协议，约定服务期。

(1) 签订培训协议的范围

根据《中华人民共和国劳动合同法》第二十二条的规定：“用人单位为劳动者提供专项培训费用，对其进行专业技术培训的，可以与该劳动者订立协议，约定服务期。”从该条规定可知，《中华人民共和国劳动合同法》明确的可以签订培训协议约定服务期的培训，是专指“用人单位为劳动者提供专项培训费用”的“专业技术培训”。由此可知，签订培训协议需要满足两个条件。具体条件如图 4—1 所示。

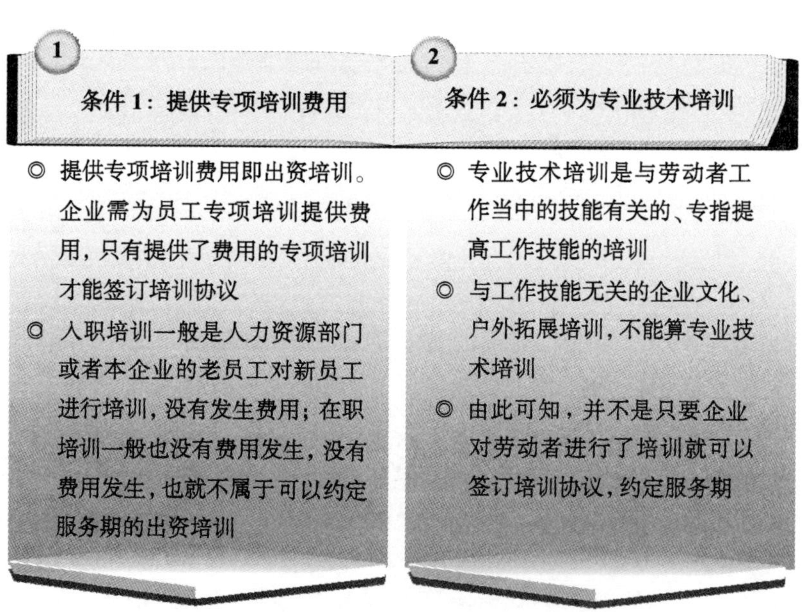

图 4—1 签订培训协议需要满足的两个条件

(2) 培训协议约定的内容

企业人力资源管理人员在确定了可以签订的培训协议的条件后，需要进一步确定培训协议应当约定的内容。一般来说，培训协议应当包含如图 4—2 所示的内容。

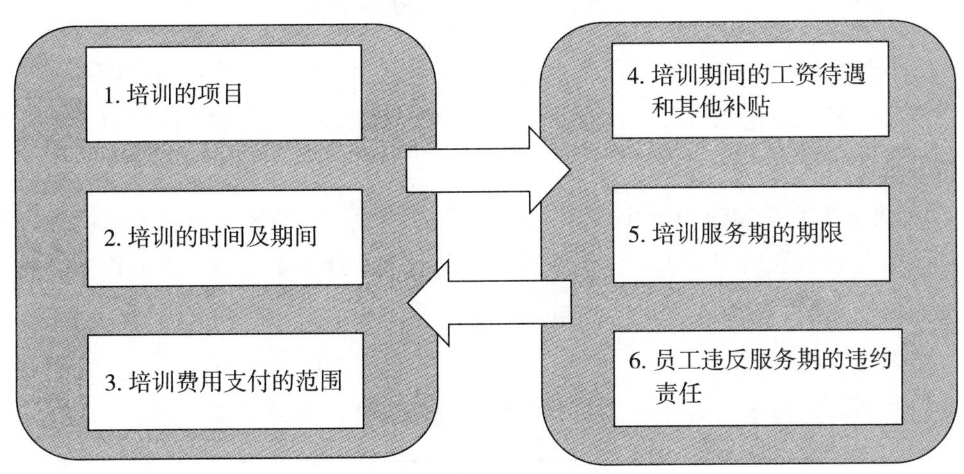

图 4—2　培训协议约定的内容

① 培训的项目。培训协议中的培训项目是专业技术培训，主要包括学历教育培训、参加专题讲座或交流会、赴国外参观或访问考察、到其他企业进行参观访问与交流等。

② 培训的时间及期间。《中华人民共和国劳动合同法》及其实施条例、相关法规规定并未对培训时间或培训期间作限制性的规定，故培训时间既可以在工作时间，也可以在休息时间；培训期间既可以在工作日，也可以在休息日。

③ 培训费用支付的范围。企业人力资源管理人员和员工在签订培训协议时，可直接在协议中约定培训费的种类和范围，并通过为员工报销费用的方式确认具体的金额。

根据《中华人民共和国劳动合同法实施条例》第十六条规定："劳动合同法第二十二条第二款规定的培训费用，包括用人单位为了对劳动者进行专业技术培训而支付的有凭证的培训费用、培训期间的差旅费用以及因培训产生的用于该劳动者的其他直接费用。"由此可知，培训费用主要包含有凭证的直接培训费用、培训期间的差旅费用及因培训产生且用于该员工的其他直接费用。企业需妥善保留好由员工签字确认的相关培训费用的支付凭证原件。

④ 培训期间的工资待遇和其他补贴。工资作为企业依据劳动合同支付给员工的约定报酬，并非因培训而发生，而系劳动合同约定而发生，因此不属于培训费用，不得在培训协议中约定。培训期间的生活补贴是因培训而发生，属于培训费用的一部分，可以在培训协议中约定为培训费用。

⑤ 培训服务期的期限。关于培训服务期的期限，鉴于《中华人民共和国劳动合同法》并未对培训服务期的长短做出限制，服务期的长短主要由企业人力资源管理人员和员工共同约定确定。通常企业与员工约定的服务期限应长于劳动合同期限，以掌握续签合同

主动权。

另外，服务期的起始时间可约定为自培训结束后开始，也可以约定为自培训时开始。自培训时开始可以避免在培训过程中出现员工自行中止培训、解除劳动合同等情形给企业造成的损失，对企业更加有力。

⑥ 员工违反服务期的违约责任。《中华人民共和国劳动合同法》明确规定，违约金的数额不得超过企业提供的培训费用。企业要求员工支付的违约金不得超过服务期尚未履行部分所应分摊的培训费用。

(3) 培训协议的范例

根据上述的培训协议内容，给出如下的培训协议范例，供读者参考。

文书名称	培训协议书	**受控状态**	
		编　　号	

甲方名称（单位）：　　　　乙方姓名（个人）：
法定代表人：　　　　身份证号码：
地址：　　　　家庭住址：
邮政编码：　　　　邮政编码：
联系方式：　　　　联系方式：

甲、乙双方根据《中华人民共和国劳动法》《中华人民共和国劳动合同法》《中华人民共和国劳动合同法实施条例》等相关法律法规的规定，在遵循平等自愿、协商一致、诚实信用的原则下，就甲方根据生产经营要求为乙方提供专业技术培训事项达成如下协议：

一、培训的内容、时间、地点

1. 培训项目的名称为______________________。
2. 培训项目的具体内容为____。
3. 提供培训的单位为______________________。培训地点为______________________。
4. 培训时间为自______年______月______日至______年______月______日，共计______天。如实际培训期长于或短于预定培训期，所发生的费用以实际培训期为准。

二、培训经费

甲方承担乙方接受此次培训的全部费用，费用实报实销，以最终实际支出费用为准。具体费用如下：

1. 培训费，预计人民币________元。
2. 培训期间的住宿费、伙食费、交通费，预计人民币________元。
3. 培训期间的生活津贴，预计人民币________元。
4. 其他合理费用，包括____________________，预计人民币________元。

三、乙方的义务

1. 乙方应勤奋努力，达到甲方及培训单位依个人进展要求的程度，并通过所有评定或考试。
2. 乙方应遵守甲方公司以及培训地的各项规章制度。
3. 乙方保证培训完毕后，按甲方要求的时间及时返回，并按照合同的各项规定继续为甲方服务。
4. 乙方应当学以致用，把获取的技术、知识充分应用在实际工作中，协助甲方完成生产经营任务。

四、乙方的服务期限

乙方接受培训结束后，需按照甲方要求及时回到工作岗位，继续为甲方服务，服务期限从乙方回到工作岗位正式重新开始工作之日起计算，服务期限为________年。

续表

五、违约责任 1. 在培训期间，乙方如无正当理由私自提前结束培训，或严重违反培训单位的管理制度或违反刑事法律或其他法律法规，导致不能完成培训课程的，乙方应赔偿甲方按本协议第二条规定已支付的各项培训经费，及对甲方造成的其他实际损失。 2. 违约金的计算标准为服务期尚未履行部分所应分摊的培训费用，具体计算方式为：违约金＝总培训费用÷本协议期限×未完成期限。 **六、其他** 1. 除非甲、乙双方另行达成书面协议，本协议在服务期期限届满后自动终止。 2. 乙方从培训中获得的任何技术、知识、信息，均应保密，未经甲方事先书面允许，不得公开、泄露或提供给他人，如乙方违反保密规定，必须赔偿由此引起的甲方一切经济损失。 3. 本协议自双方签字盖章之日起生效。本协议若有未尽事宜，双方可随时协商签订书面的补充协议，补充协议与本协议具有同等法律效力。本协议一式两份，双方各执一份，具有同等的法律效力。 甲方签章：　　　　　　　　　　　　　　　　乙方签章： 法定代表人或委托代理人（签字）： 日期：　　　　　　　　　　　　　　　　　　日期：

4.1.2　服务期与违约金

根据《中华人民共和国劳动合同法》第二十二条规定：“用人单位为劳动者提供专项培训费用，对其进行专业技术培训的，可以与该劳动者订立协议，约定服务期。

“劳动者违反服务期约定的，应当按照约定向用人单位支付违约金。违约金的数额不得超过用人单位提供的培训费用。用人单位要求劳动者支付的违约金不得超过服务期尚未履行部分所应分摊的培训费用。

“用人单位与劳动者约定服务期的，不影响按照正常的工资调整机制提高劳动者在服务期期间的劳动报酬。”

这是服务期与违约金的相关规定，下面对服务期与违约金的相关内容进行具体说明。

(1) 违反服务期支付违约金的情形

根据《中华人民共和国劳动合同法》第二十二条规定：“劳动者违反服务期约定的，应当按照约定向用人单位支付违约金。”那么具体需要支付违约金的情形主要包括以下三种。

① 服务期尚未届满，经员工提出双方协商一致解除劳动合同的。

② 服务期尚未届满，员工因个人原因单方解除劳动合同的。

③ 服务期尚未届满，企业因员工有如图 4—3 所示情形之一依法解除劳动合同的。

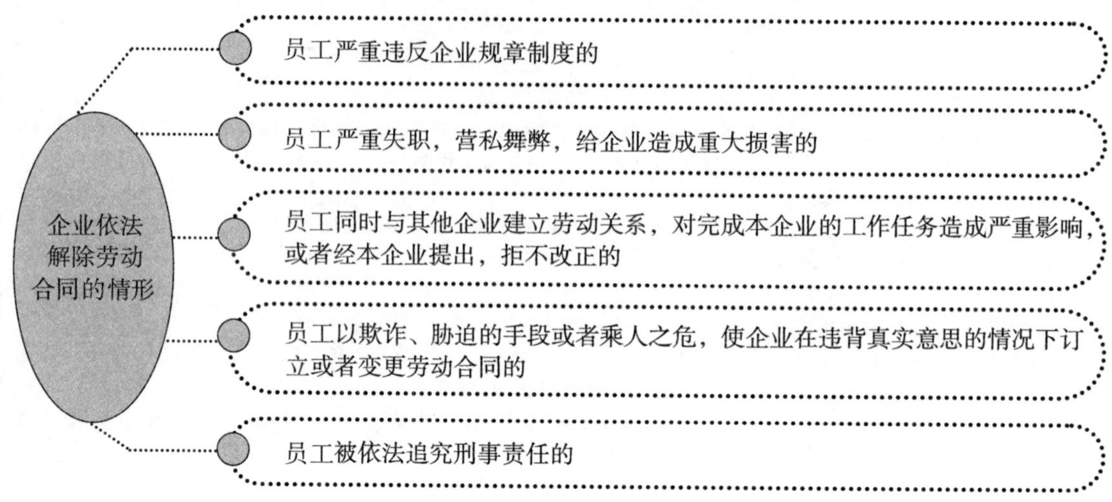

图 4—3　企业依法解除劳动合同的情形

（2）员工以企业存在违法行为为由解除劳动合同是否需要支付违约金？

人力资源管理人员需注意，在服务期内员工以企业存在违法行为为由解除劳动合同时，企业是不得要求员工支付违约金的。《中华人民共和国劳动合同法实施条例》第二十六条中对此进行了规定，具体规定为：“用人单位与劳动者约定了服务期，劳动者依照劳动合同法第三十八条的规定解除劳动合同的，不属于违反服务期的约定，用人单位不得要求劳动者支付违约金。”

员工以企业存在违法行为为由解除劳动合同的具体情形如图 4—4 所示。

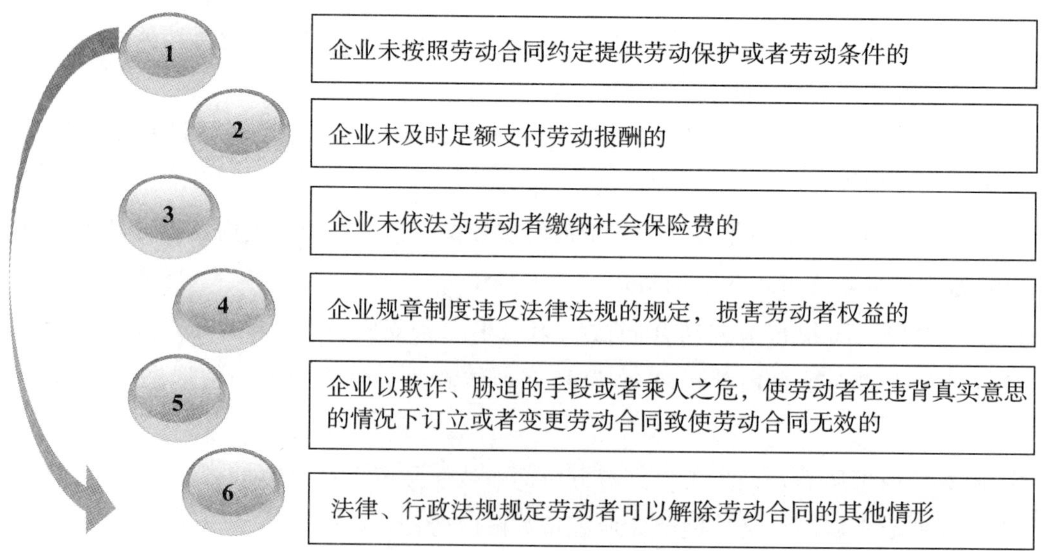

图 4—4　员工以企业存在违法行为为由解除劳动合同的情形

(3) 试用期内员工解除劳动合同是否需要支付违约金?

根据劳动部办公厅《关于试用期内解除劳动合同处理依据问题的复函》的规定，企业出资对员工进行各类技术培训，员工提出与企业解除劳动关系的，如果在试用期内，企业不得要求员工支付该项培训费用。因此试用期内员工提出解除劳动合同的，企业人力资源管理人员不得要求员工支付违约金。

(4) 员工以企业降低工资为由解除劳动合同是否需要支付违约金?

服务期长于劳动合同期限，劳动合同届满时，企业与员工应当按照公平、平等、诚信的原则续订劳动合同，企业不得单方面降低员工工资。如果劳动合同届满续订劳动合同时，企业降低员工的工资，员工不同意续订劳动合同的，在这种情形下，员工解除劳动合同不需要支付违约金。因为企业单方面降低员工工资的行为违反了诚实信用原则，员工因此不同意续订劳动合同，不属于违反服务期约定，因此无须向企业支付违约金。

(5) 服务期届满员工解除劳动合同是否需要支付违约金?

服务期短于劳动合同期限，服务期届满但是劳动合同期限尚未届满时，员工解除劳动合同，也不需要支付违约金或偿付培训费用。因为支付违约金是针对违反服务期约定而言的，既然服务期已经届满，员工此时提出解除劳动合同，就不需要支付违约金，也不需要偿付培训费用。

(6) 员工服务期间是否能够自由择业?

员工服务期间不能自由择业，但是作为员工自主择业的补偿，企业应该按照工资调整机制提高员工在服务期间的劳动报酬。但是，如果企业和员工能够按照原合同规定的条件续订劳动合同的，则不存在什么问题，双方当事人继续履行劳动合同即可。如果此时企业和员工不能达成一致，则需要分情况进行处理。

① 如果因为企业本身拒绝继续签订劳动合同，那么企业该行为视为放弃剩余服务期限。

② 如果因为员工拒绝继续订立劳动合同，则员工应该就违反服务期的规定向企业承担违约责任。

4.1.3　培训协议的落实

企业对员工开展专业技术培训可能存在一定的风险，如果培训员工的学习效果未达到企业的预期，或不能满足企业要求，会使企业的培训费用白白浪费；如果培训员工在培训后没有完成约定的服务期就主动辞职，企业也势必会蒙受经济损失。

为规避开展专业技术培训的风险，企业人力资源管理人员可采取如下办法落实培训协议。

(1) 做好培训需求分析

做好培训需求分析、合理制订员工培训计划是培训成功的关键。培训需求分析的过程包括组织分析、人员分析和任务分析。培训需求分析后，企业人力资源管理人员要根据需求分析的结果，制订出符合企业实际情况的外部培训计划。

（2）做好人力资源规划

人力资源管理人员应根据企业目前的人力资源状况，以及未来一段时间内的人力资源质量和数量方面的需要，做好引进、保持、提高、流出人力资源的预测和相关事项。企业正常的人员流动是不可避免的，因此企业在实施外部培训之前应做好人力资源规划，提前做好预测与规划，减少人员流失的损失。

（3）谨慎选择培训对象

企业应对参加外部培训人员的资格进行审核，谨慎选择培训对象，尽量选择与企业签订劳动合同的正式员工，并在企业连续就职多年，有长期在企业服务的意愿，以及根据企业的人才储备计划被列为企业储备人才的员工。

4.2 保密管理

4.2.1 设计保密协议条款

根据《中华人民共和国劳动合同法》第二十三条规定：“用人单位与劳动者可以在劳动合同中约定保守用人单位的商业秘密和与知识产权相关的保密事项。”为了确保保密协议的顺利签订，企业人力资源管理人员需要设计好相应的保密协议条款。

（1）明确保密范围和内容

企业人力资源管理人员在设计保密协议时，应当首先明确员工保密的范围和具体内容，以免对是否属于商业秘密及应否保密产生分歧。商业秘密的范围一般包括技术信息、经营信息和特殊约定的其他秘密。商业秘密的范畴从单纯的技术秘密扩大到经营秘密、特殊秘密等。

（2）明确保密期限

保密协议中应明确约定保密期限。虽然法律规定员工保守秘密的义务不因劳动合同的解除、终止而免除，但由于商业秘密存在过期、被公开或被淘汰的情况，因此企业人力资源管理人员最好还是约定保密义务的起止时间，以免引起不必要的纠纷。

（3）明确保密主体

企业人力资源管理人员应设计保密条款，要求相关人员保守企业的商业秘密。具体的保密主体如图4—5所示。

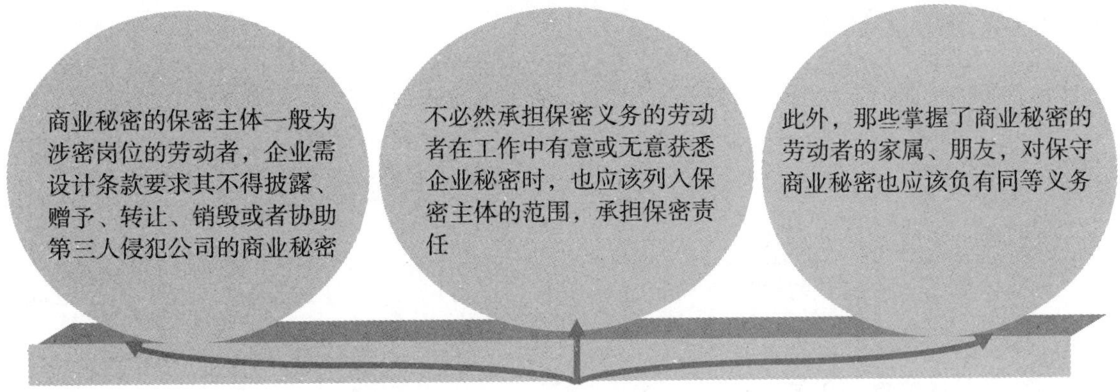

商业秘密的保密主体一般为涉密岗位的劳动者，企业需设计条款要求其不得披露、赠予、转让、销毁或者协助第三人侵犯公司的商业秘密

不必然承担保密义务的劳动者在工作中有意或无意获悉企业秘密时，也应该列入保密主体的范围，承担保密责任

此外，那些掌握了商业秘密的劳动者的家属、朋友，对保守商业秘密也应该负有同等义务

图 4—5　保密主体

(4) 明确双方的权利、义务

在保密协议中应涉及如何使用商业秘密、涉及商业秘密的职务成果的归属、涉密文件的保存与销毁方式等内容，有特殊条款的还应以列举方式进行约定。

此外，根据《中华人民共和国劳动合同法》的规定，保密协议中不得直接设定违约金，约定违约金存在被认定为无效的风险。但这并不意味着保密协议中不可约定违约责任，保密协议中可约定违反保密义务的赔偿内容以及计算赔偿数额的方式。

(5) 保密津贴

员工在职期间，不少企业会按月支付“保密津贴”，这主要是为了进一步提高员工的保密意识和保密的积极性。保密津贴应当在工资单上单独列支，注明费用名称。但是对于保密津贴的支付标准，我国现行法律并无明确规定，企业人力资源管理人员可视自身情况进行适当规定。

(6) 违约责任条款

保密协议的违约责任可以分为违约金和赔偿金两部分。违约金是出现违反保密协议情况时，保密员工应当就其违反保密协议的行为向企业支付违约金，而赔偿金是指因员工违约泄密给企业造成经济损失时，应对企业的实际损失和调查的合理费用予以赔偿。

(7) 确定争议解决机构

保密协议中可以约定争议解决机构，但争议解决机构必须确定、唯一，能既约定选择仲裁机构又约定选择法院，也不能既约定选择 A 地又约定选择 B 地的仲裁机构或法院，否则该条款无效。

每个企业需要保密的情形不尽相同，如何设计保密协议条款以更好地保护企业的权益还需具体情况具体分析。设计保密协议条款时最好咨询专业律师。

4.2.2 保密协议的签订

为了保守企业商业秘密，维护企业利益，企业人力资源管理人员要与员工在签订劳动合同的基础上，补充签订保密协议。企业人力资源管理人员在签订保密协议时，需要注意以下事项。

(1) 保密协议签订的形式

企业与员工既可在劳动合同中约定保密条款，也可以订立专门的保密协议。但无论选择何种方式，都应当采取法定的书面形式，并做到条款清晰、明确。

(2) 主要保密条款齐全

保密协议需要包括保密的内容、保密的人员范围、保密协议双方的权利和义务、保密协议的期限、保密津贴和违约责任等主要条款，确保保密协议条款完善齐全。

(3) 明确保密条款内容

不同的企业和同一企业的不同时期，所持的商业秘密是不一样的，在约定保密条款内容时，务必把需要保密的对象、范围、内容和期限等明确下来。

(4) 遵循公平原则

《中华人民共和国劳动法》第二十二条规定：“劳动合同当事人可以在劳动合同中约定保守用人单位商业秘密的有关事项。”这是劳动领域中订立保密协议的法律依据。《中华人民共和国合同法》第五条规定：“当事人应当遵循公平原则确定各方的权利和义务。”保密协议跟其他协议一样，首先必须遵循公平、平等的原则，才具有法律效力。

4.2.3 保密的管理程序

企业人力资源管理人员在日常工作中应重视秘密的规范管理，确保商业秘密的安全，从而有效地维护自身利益和市场竞争优势。

(1) 确定企业保密范围

根据《中华人民共和国反不正当竞争法》第十条第三款的规定，商业秘密是指不为公众所知悉、能为权利人带来经济利益、具有实用性并经权利人采取保密措施的技术信息和经营信息。企业人力资源管理人员在开展保密工作前，需要确定保密范围。企业具体的保密范围如表 4—1 所示。

(2) 确定保密等级

确定保密等级，就是把关系企业安全和利益，在一定时间内只限一定范围的人员知悉的每一具体秘密事项按照绝密、机密、秘密三个等级，依照规定程序确定下来，并通过相应的规章制度予以保护，从而达到维护企业安全和利益的目的。保密等级的划分标准如表 4—2 所示。

表 4—1　　保密范围

保密范围	具体说明
企业重大决策	企业战略与重大经营决策、企业内部重大变革及人员变动方案等
技术信息	包括但不限于：专有技术、产品配方、制作方法、企业标准规范、工程设计、工艺流程、技术图纸、技术指标、原始实验记录、技术报告、检测报告、样品、操作手册、设备状况、工程项目方案、生产过程中的技术资料等信息
经营成果	主要是具有经济价值的有关商业、管理等方面的方法、经验或其他信息 包括但不限于：战略规划、不公开的财务信息、产购销策略、定价政策、招投标中的标底及标书内容、客户名单等经营信息，以及内部文件、会议纪要、重大法律文书、不公开的来往函电及其他对本企业经营管理造成重大影响的资料文件等其他商业秘密信息

表 4—2　　保密等级划分标准

等级	划分标准	举例
绝密	泄露会使企业的安全和利益遭受特别严重损害的信息	如在企业经营发展中，直接影响企业权益的重要决策文件
机密	一旦泄露就会使企业的安全和利益遭受严重损害的信息	如企业的规划、财务报表、统计资料、重要会议记录、经营情况等
秘密	一旦泄露会使企业的安全和利益受到一般的危害和损失	如企业人事档案、合同、协议、职员工资性收入、尚未进入市场或尚未公开的各类信息

(3) 开展保密工作

企业人力资源管理人员在开展保密工作的过程中，需要针对文件物品、会议、员工等几个方面进行保密管理工作，具体的保密措施如下所示。

① 属于企业秘密的文件、资料和其他物品的制作、收发、传递、使用、复制、摘抄、保存和销毁，需由专人执行，采用计算机存取、处理、传递的企业秘密由计算机部门负责保密。

② 员工因工作疏忽遗失文件资料或载有企业秘密的计算机磁盘、音像制品的，应立即向人力资源部门及主管领导报告，并迅速采取清查、补救措施，对隐瞒不报者，企业将视其泄露程度的情节轻重，分别给予批评教育、行政处罚和经济处罚。

③ 属于企业保密内容的会议和其他活动，主办部门应采取如图 4—6 所示的保密措施。

选择具备保密条件的会议场所
根据工作需要，限定参加会议人员范围
依照保密规定使用会议设备和管理会议文件
确定会议内容是否传达，及传达范围

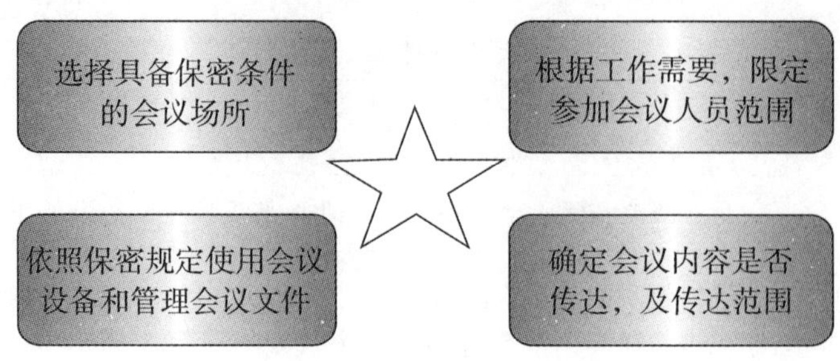

图 4—6　企业会议保密措施

④ 外来人员的保密管理。对于外来人员，企业人力资源管理人员也需要采取一定的措施进行保护，避免企业商业秘密的泄露。具体的措施如图 4—7 所示。

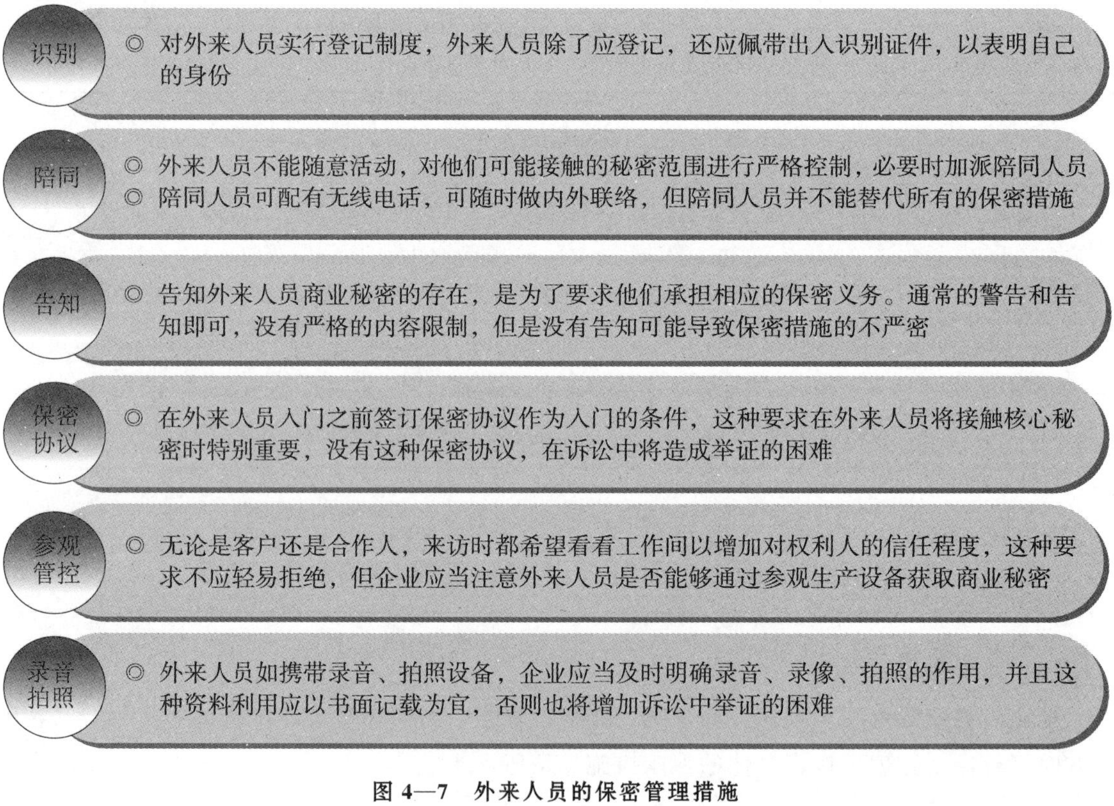

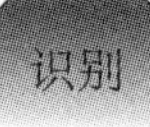

识别
◎ 对外来人员实行登记制度，外来人员除了应登记，还应佩带出入识别证件，以表明自己的身份
陪同
◎ 外来人员不能随意活动，对他们可能接触的秘密范围进行严格控制，必要时加派陪同人员
◎ 陪同人员可配有无线电话，可随时做内外联络，但陪同人员并不能替代所有的保密措施
告知
◎ 告知外来人员商业秘密的存在，是为了要求他们承担相应的保密义务。通常的警告和告知即可，没有严格的内容限制，但是没有告知可能导致保密措施的不严密
保密协议
◎ 在外来人员入门之前签订保密协议作为入门的条件，这种要求在外来人员将接触核心秘密时特别重要，没有这种保密协议，在诉讼中将造成举证的困难
参观管控
◎ 无论是客户还是合作人，来访时都希望看看工作间以增加对权利人的信任程度，这种要求不应轻易拒绝，但企业应当注意外来人员是否能够通过参观生产设备获取商业秘密
录音拍照
◎ 外来人员如携带录音、拍照设备，企业应当及时明确录音、录像、拍照的作用，并且这种资料利用应以书面记载为宜，否则也将增加诉讼中举证的困难

图 4—7　外来人员的保密管理措施

4.2.4　脱密期员工的管理

脱密是指以前接触企业商业秘密的人员不再接触商业秘密。脱密期是指企业可以约定掌握商业秘密的人员在离职之前必须提前通知企业，并为企业再工作一定期限，该期限期满，员工才可以正式离职。在这段时期之内，企业可以把员工调至不需保密的部门工作，以确保

员工不再接触新的商业秘密，因此保密期也可以称为提前通知期。

“脱密期管理”是指在一定期限内，从就业、出境等方面对离岗离职涉密人员采取限制措施。“离岗”是指离开涉密工作岗位，仍在本机关、本单位工作的情形。“离职”是指辞职、辞退、解聘、调离、退休等离开本机关、本单位的情形。

根据《中华人民共和国保密法》第三十八条规定：“涉密人员离岗离职实行脱密期管理。涉密人员在脱密期内，应当按照规定履行保密义务，不得违反规定就业，不得以任何方式泄露国家秘密。”

（1）脱密期的规定

《劳动部关于企业职工流动若干问题的通知》（劳部发〔1996〕355 号）中对脱密期作了详细规定，具体规定为：“二、用人单位与掌握商业秘密的职工在劳动合同中约定保守商业秘密有关事项时，可以约定在劳动合同终止前或该职工提出解除劳动合同后的一定时间内（不超过六个月），调整其工作岗位，变更劳动合同中相关内容。”由此可知涉密人员的脱密期最长不超过六个月。

（2）脱密期管理要求

对于处于脱密期的员工，企业人力资源管理人员可按照脱密期管理要求对其进行管理。具体要求如图 4—8 所示。

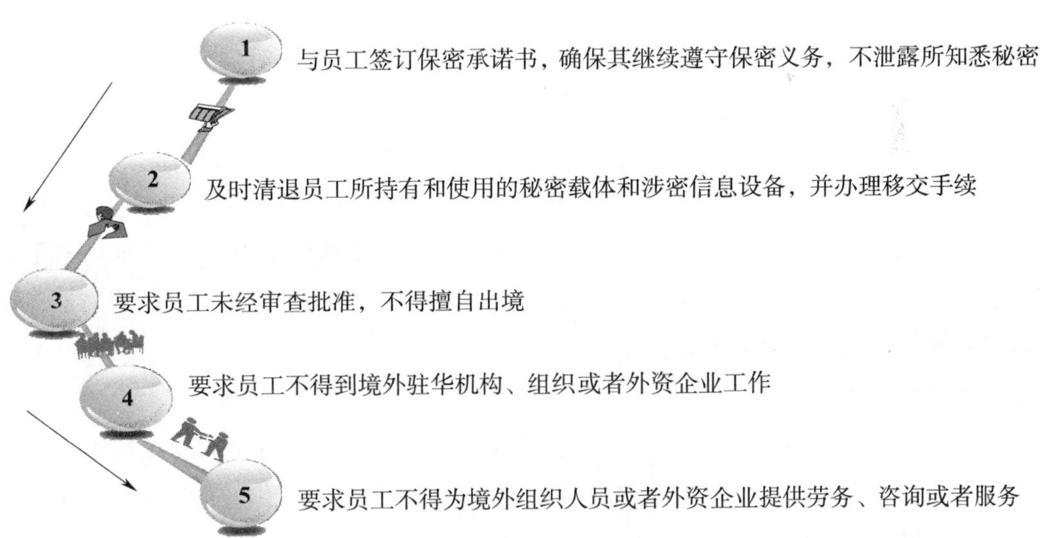

图 4—8　脱密期管理要求

（3）离岗脱密的工资待遇

《劳动部关于企业职工流动若干问题的通知》中允许企业在脱密期内与员工协商变更劳动合同的相关内容，但是其工作待遇应该协商达成一致。如果企业没有与员工进行协商，没有就脱密期内的待遇达成任何一致，则企业可以根据其内部有效的规章制度执行。但是企业不应在脱密期内任意降低员工的工资，即使将员工调到工资水平较低的工作岗位上也不能。因为脱密期是合同期的一部分，企业与员工在合同期内的待遇已约定在劳动合同中，除非双方另有约定，或作出变更，否则不得任意更改。

(4) 竞业限制后不能再设脱密期

根据《上海市劳动合同条例》第十六条的规定："对负有保守用人单位商业秘密义务的劳动者，劳动合同当事人可以在劳动合同或者保密协议中约定竞业限制条款，并约定在终止或者解除劳动合同后，给予劳动者经济补偿。"同时，该条第二款又规定："劳动合同双方当事人约定竞业限制的，不得再约定解除劳动合同的提前通知期。"《上海市劳动合同条例》明确规定，企业与员工既然已经约定了竞业限制的条款，就不能再设定解除劳动合同的提前通知期，反之亦然。竞业限制和提前通知期两者只能取一，不能同时适用。

4.3 竞业限制管理

4.3.1 竞业限制与保密管理的区别

企业人力资源管理人员在对员工进行保密管理时，常常与竞业限制相混淆，下面对其进行区分说明。

(1) 概念区别

① 保密管理，是约定员工对企业的商业秘密和与知识产权相关的保密事项负保密义务。

② 竞业限制，是指在解除或终止劳动合同后，负有竞业限制义务员工不得到与本单位生产或者经营同类产品、从事同类业务的有竞争关系的其他用人单位工作，或者自己开业生产或者经营同类产品、从事同类业务。

(2) 约定的义务人不同

① 保密管理约定的保密义务人，为由于职务或工作原因而知悉企业商业秘密和与知识产权相关的保密事项的员工，一般情况下，企业只应当要求涉密岗位的员工承担保密义务。

② 竞业限制约定的义务人，为企业的高级管理人员、高级技术人员和其他负有保密义务的人员。承担竞业限制义务应当以负有保密义务为前提，而负有保密义务应当以知悉企业的商业秘密或与知识产权相关的保密事项并且有合同约定为前提。

(3) 支付费用不同

① 对于承担保密义务的员工，企业应当给予相应的补偿，如在职期间的保密津贴。

② 对于承担竞业限制义务的员工，企业应当支付经济补偿，但有如下限制：第一，只能在劳动合同解除或终止后支付；第二，应当在竞业限制期内按月支付。

(4) 侧重点不同

保密管理侧重于要求员工不得泄露企业的商业秘密或与知识产权相关的保密事项；竞业限制不仅仅限制员工泄密，更侧重于要求员工不得到竞争单位任职或自营竞争业务。

(5) 法律责任不同

员工违反约定保密义务的违约责任仅为赔偿损失，而违反竞业限制的违约责任则有违约金和赔偿损失。

(6) 期限不同

《中华人民共和国劳动合同法》第二十三条并没有对保密义务的期限进行限制；但第二十四条对竞业限制的期限进行了限制，竞业限制期限自解除或终止劳动合同后不超过两年。

4.3.2 如何设计竞业限制协议条款

根据《中华人民共和国劳动合同法》第二十三条规定：“对负有保密义务的劳动者，用人单位可以在劳动合同或者保密协议中与劳动者约定竞业限制条款……”下面对竞业限制协议条款进行了说明。

(1) 竞业限制的人员

《中华人民共和国劳动合同法》第二十四条第一款规定：“竞业限制的人员限于企业的高级管理人员、高级技术人员和其他负有保密义务的人员。”这意味着并非所有的员工都需要签订竞业限制协议，企业人力资源管理人员需要考虑到成本等问题，因为进行竞业限制就必须得支付补偿金，那些根本不可能接触到商业秘密和知识产权信息的人员，例如保安、清洁工、司机等员工，就没有必要进行竞业限制。至于哪些员工需要进行竞业限制，应该根据企业的实际情况来确定。

(2) 竞业限制的地域范围

竞业限制协议限制了员工的就业权，因此不能任意扩大竞业限制的范围，原则上竞业限制的地域范围应当以能够与企业形成实际竞争关系的地域为限。

(3) 竞业限制的期限

《中华人民共和国劳动合同法》第二十四条第二款规定：“在解除或者终止劳动合同后，前款规定的人员到与本单位生产或者经营同类产品、从事同类业务的有竞争关系的其他用人单位，或者自己开业生产或者经营同类产品、从事同类业务的竞业限制期限，不得超过二年。”

因此，竞业限制的期限虽然可以由员工和企业约定，但不得超过劳动合同解除或者终止之后两年，否则超过部分无效。

员工在此约定的时间内，应履行竞业限制的义务。那么企业是否可以随时终止竞业限制协议？从劳动合同法规定来看，竞业限制是企业的一项权利，而权利是可以放弃的，所以，企业人力资源管理人员在签订竞业限制协议时，可以明确约定单位有权随时单方面放弃全部或部分竞业限制期限，自放弃竞业限制期限之日起企业不再支付竞业限制经济补偿金。

(4) 竞业限制的从业范围

根据《中华人民共和国劳动合同法》第二十四条规定，竞业限制的从业范围可以分为如下两类。

① 不得参与同类企业，即劳动者不得“到与本单位生产或者经营同类产品、从事同类业务的有竞争关系的其他用人单位”。

② 不得自己开设同类企业，即劳动者不得“自己开业生产或者经营同类产品、从事同类业务……竞业限制期限”。

(5) 竞业限制的补偿

竞业限制限制了员工的劳动权利。由于受到协议的限制，员工的就业范围大幅缩小，因此对其进行补偿成为必要。

竞业限制是对员工择业权利进行限制，但不会导致劳动能力丧失，按年工资的100%补偿没有合理依据，企业也难以承受。因此在实际约定竞业限制的补偿时，双方一般约定依据员工工资收入水平的一定比例进行支付。

(6) 竞业限制的违约金

《中华人民共和国劳动合同法》第二十三条规定：“劳动者违反竞业限制约定的，应当按照约定向企业支付违约金。”因此，违反竞业限制的违约金是单方面的违约金，仅限于员工向企业支付，而企业违反竞业限制约定的，体现为不按时支付竞业限制经济补偿金，而不承担支付违约金的义务。违反竞业限制义务而产生的违约金的具体数额由企业与员工进行约定，法律法规对该数额并没有明确规定。

(7) 竞业限制的违约责任

一般而言，员工如果违约，无权要求企业支付竞业限制经济补偿金，已经发放的补偿金应予以返还。对于企业而言，员工没有履行竞业限制义务，企业无须再承担发放竞业限制经济补偿金的义务。

如果员工与企业约定了违约金的，员工必须向企业支付违约金。员工违反竞业限制义务，除了要承担民事责任之外，还有可能承担刑事责任。

《中华人民共和国刑法》规定：“违反约定或者违反权利人有关保守商业秘密的要求，披露、使用或者允许他人使用其所掌握的商业秘密，给商业秘密的权利人造成重大损失的，处三年以下有期徒刑或者拘役，并处或者单处罚金；造成特别严重后果的，处三年以上七年以下有期徒刑，并处罚金。”

(8) 竞业限制协议范例

竞业限制的约定可以放在劳动合同中，作为劳动合同的一部分，也可以单独拟定竞业限制协议，作为劳动合同的附件。下面是一份竞业限制协议的范例，供读者参考。

竞业限制协议

甲方（用人单位）：	乙方（劳动者）：
法人代表：	身份证号：
地址：	住址：
电话：	电话：

乙方已同甲方签订劳动合同，且为甲方员工，因工作需要，接触到甲方的商业秘密，为保护甲方的商业秘密及合法权益，确保乙方在职期间和离职后不与甲方竞业，甲、乙双方根据《中华人民共和国劳动合同法》等法律法规，在遵循平等自愿、协商一致、诚实信用的原则下，就乙方对甲方承担的竞业限制义务及甲方因乙方承担竞业限制义务而对乙方的补偿等相关事项达成如下协议。

一、合同服务期内的保密义务

1. 乙方在甲方任职期间，必须遵守甲方制定的任何成文或不成文的保密规章，履行与其工作岗位相应的保密责任。

2. 未经甲方书面同意，乙方不得以泄露、公布、发布、出版、传授、转让或者其他任何方式使任何第三方（包括不该知悉该项秘密的甲方的其他职员）知悉属于甲方或者虽属于他人但甲方承诺有保密义务的技术秘密或者其他商业秘密信息，也不得在履行职务之外使用这些秘密信息。

3. 未经甲方书面同意，乙方不得接受与甲方存在竞争或合作关系的第三方及甲方客户或潜在客户的聘用（包括兼职），更不得直接或间接将甲方的业务推荐或介绍给其他企业。

二、乙方离职后的竞业限制义务

1. 不论乙方因何种原因从甲方离职，乙方应立即向甲方移交所有自己掌握的，包含有职务开放中商业秘密的所有文件、记录、信息、资料、器具、数据、笔记、报告、计划、目录、来往信函、说明、图纸、蓝图及纲要（包括但不限于上述内容之任何形式之复制品），并办妥有关手续。所有记录均为甲方绝对的财产，乙方将保证有关信息不外泄，不得以任何形式留存甲方有关商业秘密信息，也不得以任何方法再现、复制或传递给任何人，更不得利用前述信息谋取利益。

2. 不论乙方因何种原因从甲方离职，离职后两年内不得在与甲方从事的行业相同或相近的企业，以及与甲方有竞争关系的企业内工作。

3. 不论乙方因何种原因从甲方离职，离职后两年内不得自办与甲方有竞争关系的企业或者从事与甲方商业秘密有关的产品的生产。

4. 在从甲方离职后两年内，乙方不得直接或间接地通过任何手段为自己、他人或任何实体的利益或与他人或实体联合，以拉拢、引诱、招用或鼓动之手段使甲方其他成员离职或挖走甲方其他成员。

5. 从乙方离职后开始计算竞业限制期限起，甲方应按竞业限制期限向乙方支付一定数额的竞业限制补偿金。补偿金的标准为每月人民币______元。补偿金从____年____月开始，按月支付，由甲方于每月的____日通过银行支付至乙方。如乙方拒绝领取，甲方可以将补偿金向有关方提存。竞业限制期满，甲方即停止补偿金的支付。

6. 乙方应于每月 20 日前告知甲方其现在的住所地址、联系方式及工作情况，甲方可以随时去乙方的住所处核实情况，乙方应当予以积极配合。

三、违约责任

1. 乙方不履行规定义务的，应当承担违约责任，违约金需一次性向甲方支付，违约金额为乙方离开甲方上年度的薪酬总额的 3 倍。同时，乙方的违约行为给甲方造成损害的，乙方应当赔偿甲方的损失，并且乙方所获得的收益应当全部归还甲方。

2. 甲方不履行支付规定的竞业限制补偿金义务的，乙方有权终止本竞业限制的约束。

四、争议解决

1. 因履行本协议发生的劳动争议，双方应以协商为主进行解决，如果无法协商解决，争议一方或双方有权向甲方所在地的劳动争议仲裁委员会申请仲裁。

2. 任何一方不服仲裁的，可向甲方所在地的人民法院提出诉讼。

如乙方与第三方构成共同侵权的，甲方可直接向本合同签订地和合同履行所在地人民法院起诉，本合同签订地和合同履行地为________________。

五、其他

1. 本协议提及的技术秘密，包括但不限于：技术方案、工程设计、产品设计、制造方法、产品材料构成、工艺流程、技术指标、计算机软件、数据库、研究开发记录、技术报告、检测报告、实验数据、试验结果、图纸、样品、样机、模型、模具、操作手册、技术文档、相关的函电等。

2. 本协议提及的商业秘密，包括但不限于：客户名单、行销计划、采购资料、定价政策、财务资料、进货渠道等。

3. 本协议未尽事宜，或与今后国家有关规定相悖的，按有关规定执行。

4. 本协议一式两份，甲、乙双方各持一份，具有同等法律效力。

甲方：（盖章）　　　　　　　　　　乙方：（签字）

法定代表人：（签字）

年　月　日　　　　　　　　　　年　月　日

4.3.3 竞业限制补偿费用的认定

《中华人民共和国劳动合同法》第二十三条对竞业限制补偿费用进行了规定，具体规定为：“对负有保密义务的劳动者，用人单位可以在劳动合同或者保密协议中与劳动者约定竞业限制条款，并约定在解除或者终止劳动合同后，在竞业限制期限内按月给予劳动者经济补偿。劳动者违反竞业限制约定的，应当按照约定向用人单位支付违约金。”

根据上述规定，竞业限制补偿金的支付既有法律强制性规定，也存在约定为主、法定为辅的内容。下面对员工竞业限制补偿金的发放时间、发放标准等进行解释和说明。

(1) 竞业限制补偿金的发放时间

在发放员工的竞业限制补偿金时，企业人力资源管理人员需要注意以下的时间点。

① 竞业限制补偿金必须在解除或终止劳动合同后支付，不能约定竞业限制补偿金包含在员工在职期间的工资中。

② 竞业限制补偿金必须在竞业限制期限内支付，支付周期为每月一次，提前支付、按季度支付等约定均不合法。

(2) 竞业限制补偿金的发放标准和发放形式

国家关于劳动方面的法律法规并没有明确规定竞业限制的补偿标准和发放方式，企业人力资源管理人员可以和员工约定经济补偿金的发放标准和发放形式，若无约定或约定不明就适用司法解释和各地的其他相关规定。具体规定如下所示。

北京：《北京市高院关于劳动争议案件法律适用问题研讨会会议纪要》第三十九条规定："用人单位与劳动者在劳动合同或保密协议中约定了竞业限制条款，但未就补偿费的给付或具体给付标准进行约定，不应据此认定竞业限制条款无效，双方可以通过协商予以补救，经协商不能达成一致的，可按照双方劳动关系终止前最后一个年度劳动者工资的20%～60%支付补偿费。用人单位明确表示不支付补偿费的，竞业限制条款对劳动者不具有约束力。"

《中关村科技园条例》第四十四条："知悉或者可能知悉商业秘密的员工应当履行竞业限制合同的约定，在离开企业一定期限内不得自营或者为他人经营与原企业有竞争的业务。企业应当依照竞业限制合同的约定，向负有竞业限制义务的原员工按年度支付一定的补偿费，补偿数额不得少于该员工在企业最后一年年收入的二分之一。"

上海：《关于适用〈劳动合同法〉若干问题的意见》第十三条当事人对竞业限制条款约定不清的处理规定："劳动合同当事人仅约定劳动者应当履行竞业限制义务，但未约定是否向劳动者支付补偿金，或者虽约定向劳动者支付补偿金但未明确约定具体支付标准的，基于当事人就竞业限制有一致的意思表示，可以认为竞业限制条款对双方仍有约束力。补偿金数额不明的，双方可以继续就补偿金的标准进行协商；协商不能达成一致的，用人单位应当按照劳动者此前正常工资的20%～50%支付。协商不能达成一致的，限制期最长不得超过两年。"

江苏：《江苏省劳动合同条例》第十七条规定："用人单位与负有保守商业秘密义务的劳动者，可以在劳动合同或者保密协议中约定竞业限制条款，并应当同时约定在解除或者终止劳动合同后，给予劳动者经济补偿。其中，年经济补偿额不得低于该劳动者离开用人单位前十二个月从该用人单位获得的报酬总额的三分之一。用人单位未按照约定给予劳动者经济补偿的，约定的竞业限制条款对劳动者不具有约束力。"

浙江：《浙江省技术秘密保护办法》第十五条规定：“竞业限制补偿费的标准由权利人与相关人员协商确定。没有确定的，年度补偿费按合同终止前最后一个年度该相关人员从权利人处所获得报酬总额的三分之二计算。”

深圳：《深圳经济特区企业技术秘密保护条例》第二十四条规定：“竞业限制协议约定的补偿费，按月计算不得少于该员工离开企业前最后十二个月月平均工资的二分之一。约定补偿费少于上述标准或者没有约定补偿费的，补偿费按照该员工离开企业前最后十二个月月平均工资的二分之一计算。”

苏州：苏州市中级人民法院《苏州市劳动争议仲裁委员会劳动争议研讨会纪要（一）》第五条第一款第二项规定：“用人单位应当在劳动者履行完必要手续前，与劳动者协商经济补偿的标准；协商不成的，用人单位应当按不低于劳动者前十二个月平均工资三分之一的标准按月给予经济补偿。”

宁波：《宁波市企业技术秘密保护条例》第十七条规定：“在竞业限制期间，企业应当按照竞业限制协议中的约定，向被竞业限制人员支付一定的补偿费。年补偿费不得低于该员工离职前一年从该企业获得的年报酬总额的二分之一。”

(3) 解除竞业限制协议的补偿

根据《最高人民法院关于审理劳动争议案件适用法律若干问题的解释（四）》第九条规定：“在竞业限制期限内，用人单位请求解除竞业限制协议时，人民法院应予支持。在解除竞业限制协议时，劳动者请求用人单位额外支付劳动者三个月的竞业限制经济补偿的，人民法院应予支持。”员工违反竞业限制约定，向企业支付违约金后，企业可以要求员工按照约定继续履行竞业限制义务。

4.4 员工冲突管理

4.4.1 员工冲突类型分析

冲突是行为主体之间，由于目的、手段分歧等而导致的行为对立状态。在企业的经营过程中，员工之间的冲突是不可避免的，它的发生是企业内某些关系不协调的结果。企业人力资源管理人员为预防和妥善处理员工冲突，首先需要了解和分析员工冲突类型。

(1) 根据冲突性质划分

冲突按性质分可分为两大类：一类是建设性冲突或良性冲突，另一类为破坏性冲突或恶性冲突。一般来说，凡双方目的一致而手段或途径不同的冲突，大多属于建设性冲突。这类冲突对组织绩效具有积极意义。破坏性冲突往往是由于双方目的不一致而造成的，这类冲突会损害企业绩效。两类冲突的具体特点如下所示。

① 建设性冲突具有以下特点：激发团队成员的才干与能力，带动创新和改变，团队成员可学习有效解决和避免冲突的办法，并在过程中反映组织存在的问题，对建设性冲突的合理处理，将带来团队的整合和全体员工的齐心协力。

② 破坏性冲突具有以下特点：在团队中制造相互之间的对立态度，导致正确信息失真，扭曲事实真相，损害团队成员的身心健康，消耗组织的时间与能量，并可能使员工和团队都为此付出极大的情绪上和经济上的代价。

(2) 根据冲突内容划分

根据冲突的内容不同，可以把员工冲突简单地分为如表 4—3 所示的三种类型。

表 4—3　　根据冲突内容划分的冲突类型

冲突类型	具体说明
目标冲突	当员工所希望获得的终极状态互不相容时，就会产生目标冲突 目标冲突是最常见的冲突类型，由于涉及冲突双方的利益问题，该类型的冲突最难处理
认识冲突	当员工的认识（建议、意见和想法等）与他人或组织的认识产生矛盾时，会产生认识冲突 处理方式是在不严重影响团体利益的情况下求同存异、相互包容
情感冲突	当员工在情感或情绪上无法与他人或组织相一致时，会产生情感冲突 需要冲突双方（或借助第三者）进行充分的沟通，使相互之间取得信任，从而解决情感冲突

(3) 杜布林的冲突分类

行为学家杜布林将冲突分为两个维度，一个维度是从冲突的利弊性进行研究，将冲突分为有益的和有害的；另一个维度是从冲突的实体出发，将冲突分为实质的和个人的，实质的是指涉及技术上或行政上的因素的冲突，个人的是指涉及个人情感、态度、个性的因素的冲突。具体的冲突分类如图 4—9 所示。

类型 1：有益的—实质的。这种冲突是具体的事务性的冲突，冲突本身有利于冲突各方的利益，比如关于如何改善工作条件的讨论。

类型 2：有害的—实质的。这种冲突是具体的事务性的冲突，冲突本身有害于冲突各方的利益，比如企业与员工关于待遇的争论。

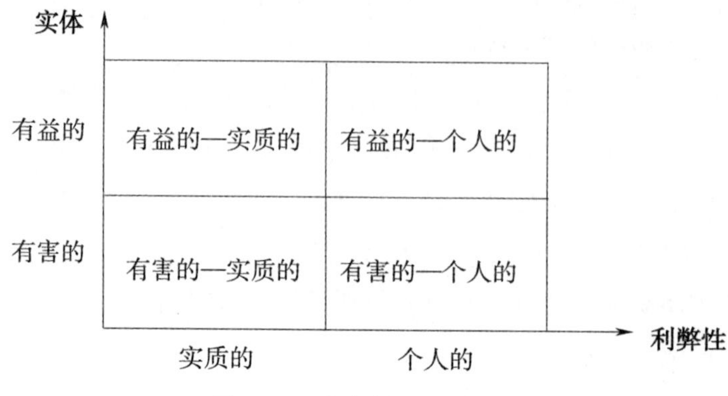

图 4—9　杜布林的冲突分类

类型 3：有益的—个人的。这种冲突是个人情感的冲突，冲突本身有利于冲突各方的利益。

类型 4：有害的—个人的。这种冲突是个人情感的冲突，冲突本身有害于冲突各方的利益。

需要说明的是，一件冲突所归属的类型不是一成不变的，它可能会随着环境的变化或事件的变化而进行转化。

4.4.2　员工冲突原因分析

为了有效地解决和避免员工冲突，企业人力资源管理人员需要分析员工冲突的原因。

(1) 根据杜布林冲突系统模型分析的原因

根据著名行为学家杜布林冲突系统模型来分析冲突问题，可将冲突的起因分为八种，具体原因如表 4—4 所示。

表 4—4　　根据杜布林冲突系统模型分析的原因

冲突类型	具体说明
人的个性	个性的差异会造成冲突各方对相同问题的不同理解，如果这种理解的差异无法调和，就势必会造成冲突 不同个性的人对待问题的处理方式也不同，这些不一致性也会造成冲突
有限资源的争夺	资源永远是有限的，冲突各方为了各自的利益，对有限资源的争夺也会导致冲突 在企业内部，企业的财力、物力和人力都是有限的，不同部门对这些资源的争夺会导致部门之间的冲突

续表

冲突类型	具体说明
价值观和利益的冲突	不同的价值观和利益的不一致性也是冲突的根源 价值观是一个人长期实践形成的，在一个短期的阶段是无法改变的，所以价值观的冲突也是长期存在的 利益的冲突可以体现为直接利益冲突和间接利益冲突。比如待遇不公等就是直接利益冲突，而培训机会、发展机会等问题的冲突则体现为间接利益的冲突
角色冲突	企业的角色定位不准或员工本人没有认清自己的角色定位也会引起冲突 在企业中，角色冲突根源在于企业角色定位不准。企业没有进行有效的工作分析，对岗位职责等文件照抄照搬其他企业的模式，不符合本企业的实际，势必会导致企业的角色定位不准
追逐权力	有些人权力欲旺盛。特别是某些管理者热衷于追逐权力，不能安分守己地去干好本职工作，而是喜欢越职、越级去处理事情，这样会造成员工的多头领导和企业的管理无序。在这种情况下出现冲突在所难免
职责规定不清	由于各部门的职责不同，因此每个职务的职责不清就会造成冲突。职责不清一方面体现在某些工作没有人做，另一方面体现在工作内容交叉
组织出现变化	当企业的经营方向、人员结构、管理模式发生变化时，原有的平衡状态就会被打破，自然就会引起新的冲突。经过一番冲突之后，企业又会达到新的平衡
组织风气不佳	企业的价值观混乱，没有严格的管理规章，企业中的管理者和员工都在为各自的利益而忙碌。在这种风气下，也容易引起冲突

(2) 员工之间冲突的原因

员工之间冲突产生的原因较多，但最主要的还是信息不共享、价值观不同、认识不统一和员工自我意识这四种，图 4—10 对这四种原因进行了说明。企业人力资源管理人员需要分析员工冲突产生的原因，以便进行妥善解决。

(3) 组织之间冲突的原因

组织冲突是指企业内部团队与员工、团队与团队之间的冲突。组织冲突主要有岗位职责冲突、业务部门与职能部门的冲突等。

① 岗位职责冲突。部门岗位职责不清容易产生组织冲突，岗位职责不清主要包括如下所示的两个方面。

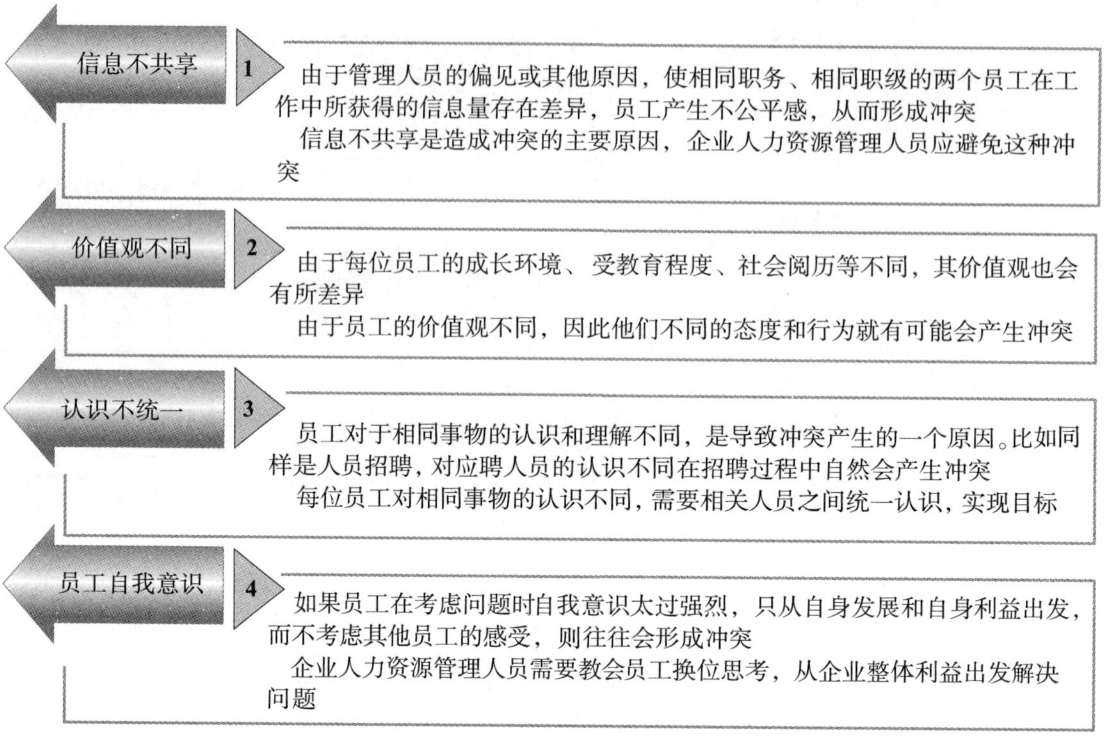

1 信息不共享	由于管理人员的偏见或其他原因，使相同职务、相同职级的两个员工在工作中所获得的信息量存在差异，员工产生不公平感，从而形成冲突 信息不共享是造成冲突的主要原因，企业人力资源管理人员应避免这种冲突
2 价值观不同	由于每位员工的成长环境、受教育程度、社会阅历等不同，其价值观也会有所差异 由于员工的价值观不同，因此他们不同的态度和行为就有可能会产生冲突
3 认识不统一	员工对于相同事物的认识和理解不同，是导致冲突产生的一个原因。比如同样是人员招聘，对应聘人员的认识不同在招聘过程中自然会产生冲突 每位员工对相同事物的认识不同，需要相关人员之间统一认识，实现目标
4 员工自我意识	如果员工在考虑问题时自我意识太过强烈，只从自身发展和自身利益出发，而不考虑其他员工的感受，则往往会形成冲突 企业人力资源管理人员需要教会员工换位思考，从企业整体利益出发解决问题

图 4—10　员工之间冲突产生的原因

岗位职责本身不清。如果企业没有进行过工作分析，或者企业发生了较大变化，都会表现为岗位职责不清。岗位职责本身不清会导致对员工的工作不能进行准确分工，从而产生冲突。

没有按岗位职责工作。企业虽然有明确而适用的岗位职责，但由于岗位职责的贯彻力度不够，使员工没有按照岗位职责的要求进行工作，也会产生冲突。在此种情况下，岗位职责的贯彻管理者负有很大责任，如果管理者不严格按照岗位职责来分配工作，员工即便希望按照岗位职责工作，也会无所适从。

② 业务部门与职能部门的冲突。业务部门是直接给企业带来利润的部门，如技术部、制造部、生产部、市场部等都可以是业务部门；职能部门是为业务部门服务的部门，如行政部、人事部、财务部等。由于职能部门既是管理部门，又是服务部门，并且是面向企业各个部门的服务部门，而业务部门很少与其他部门打交道，并且工作性质和任务也有很大不同，所以生产部门与职能部门产生冲突也有其必然性。比如为维护企业的财务状况，财务部门严格了企业的财务报销制度，而市场部由于出差和应酬费用很大，自然会受到财务部的控制。但市场部认为，它们花钱是正常的，因为它们需要与客户建立起关系，这样市场部就会与财务部产生冲突。

4.4.3　员工冲突解决方法

在工作中，员工之间难免发生一些不愉快的事情，产生一些碰撞与摩擦，引起冲突。如果不能有效地解决这种冲突，会加深员工之间的误会，使员工的关系陷入困境，甚至导致最终决裂。为了有效地解决员工之间的冲突，企业人力资源管理人员需要掌握解决员工冲突的方法，具体方法如下所示。

(1) 员工冲突解决方法说明

解决员工冲突通常可以采用协商法、上级仲裁法、拖延法、和平共处法、转移目标法及教育法六种方法，具体方法的说明如图 4—11 所示。

协商法

◎ 是一种常见的解决冲突的方法，也是最好的解决方法。当冲突双方势均力敌，并且理由合理时，适合采用此种方法

◎ 管理者分别了解冲突双方的意见、观点和理由，然后组织一次三方会谈，让双方充分地了解对方的想法，通过有效的沟通最终达成一致

◎ 当冲突双方敌视情况严重，并且冲突的一方明显的不合情理，这时应采用上级仲裁法，由上级直接进行仲裁比较合适

◎ 双方的冲突不是十分严重，并且是基于认识的冲突，这些冲突如果对工作没有太大的影响，采取拖延法效果较好。随着时间的推移和环境的变化，冲突可能会自然而然地消失

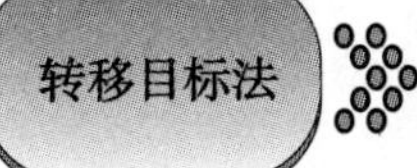

◎ 对于价值观或宗教信仰的冲突，易采用和平共处法。冲突双方求同存异，学会承认和接受对方的价值观和信仰，这样才能共同发展

◎ 当员工自身产生冲突时，采取转移目标法更为有效。比如让员工将注意力集中在某个兴趣点上，淡忘那些不愉快的事情等

教育法

◎ 如果员工是因为一些不切实际的想法而产生自身冲突的，管理者可以帮助员工认清自身的现实情况，教育员工用正确的方法来看待问题、认识问题，从而帮助员工缓解冲突

图 4—11　员工冲突解决方法说明

(2) 托马斯冲突解决方法

托马斯认为，处理冲突的模式是两维的，一维是武断程度，另一维是合作程度。这两维相互作用共同产生五种处理方法，如表 4—5 所示。

表 4—5　　托马斯的五种冲突解决方法

方法	适用情况
强制法	反对那些采取不正当竞争行为的员工的时候 面对非常重要的问题，必须采取特殊行为的时候 必须采取快捷、果断行为的紧急状况时 涉及严重违反企业规章制度，需要进行严肃处理的时候
回避法	当问题似乎是其他问题的附带问题时 当你感觉没有希望满足自己的需求时 使人们冷静下来并回收观点 当收集信息比制定一个直接的决策更重要时 当问题很琐碎或有更重要的问题需要解决的时候 当潜在的损失超过解决的益处时 当别人可以更有效地处理这一冲突时
妥协法	在势均力敌的双方各自坚持他们的目标时 对复杂的问题达成暂时的和解时 在合作或抗争不成功的情况下作为一种候补 当目标很集中但又不值得使用独断的方式去努力使其瓦解或实现的时候 在时间紧迫的情况下达成权宜的解决办法
克制法	当和谐及稳定特别重要时 当不及对方及输掉的时候，为了使损失最小 使员工从错误中学习以提高今后的工作质量 当结局对对方比对自己更重要时 为以后的争端建立社会信誉
合作法	解决有关冲突方面的感情问题 用不同的观点把人们的思想结合起来 通过达成一种共识而获得信任 当冲突双方都认为妥协对各方的目标实现均非常重要时 可采取合作法寻找一种完整的解决方法

(3) 组织冲突解决方法

解决组织冲突的方法有很多，但归纳起来主要有三种，包括职权法、隔离法和缓冲法。

① 职权法。职权法是运用职权控制来解决冲突的方法。当组织发生冲突时，管理人员可以运用自己的职权来对冲突进行裁决，从而解决冲突。典型的例子是，当各部门在争夺企业有限的资源时。

② 隔离法。当一个部门需要其他部门合作时，通常不是直接去向该部门提出请求，而

是向自己的直接上级进行汇报，由自己的上级向对方的上级进行协调，由对方的上级向该部门进行安排，这种隔离的方式减少了部门之间的冲突，但缺点是不适合现代企业快速反应的需要，并且缺少团队的主动协作精神。

③ 缓冲法。缓冲法具体可以分为以储备作缓冲、以联络员作缓冲、以协调部门作缓冲三种形式。各种处理形式的具体说明如表 4—6 所示。

表 4—6　缓冲法的处理形式

方法	具体说明
以储备作缓冲	在两个关联部门之间进行一些储备，从而减少部门之间的冲突。比如，行政部门负责企业办公用品的采购，如果行政部门对物品有所储备，当其他部门需要领取办公用品时可以及时领到，自然就会减少它们之间的冲突
以联络员作缓冲	各部门的经理往往充当着联络员的角色，负责处理本部门和其他部门的协助和协调问题
以协调部门作缓冲	对于比较大的企业，可设置专门的协调部门负责对部门间的冲突进行协调

4.4.4　员工冲突化解技巧

化解冲突是为了缓和企业内部的工作气氛，疏通关系，创造良好的工作环境。下面对员工冲突化解的技巧进行说明。

(1) 员工冲突化解原则

企业人力资源管理人员在化解员工冲突时，需要遵循以下原则。

① 用正确的态度去对待冲突。不是所有的冲突都是坏事，有的冲突使自己对员工增加了解、加深了感情，有的冲突使自己对问题看得更深、更全面。

② 换位思考地去化解冲突。站在别人的角度去考虑同一问题，只有这样才能理解员工，化解冲突。

③ 采取适当的方法去化解冲突。不要忽视冲突的存在，不用等待的态度去希望冲突自动消失，尝试用不同的方式去解决不同的问题。

④ 向问题进攻，不向人进攻。企业人力资源管理人员在化解员工冲突时，对事不对人，就事论事，不掺杂个人感情和偏见，不感情用事。

⑤ 不要采取强制办法化解冲突。不要强词夺理地和员工争论，不装腔作势去压人，否则，即使员工表面上同意了，但他们也不是心服口服。

⑥ 尊重员工。即使员工犯了不可饶恕的错误需要被开除，也要给予他同样的尊重。

（2）不同冲突的化解技巧

因不同原因产生的冲突，其化解方式也是不同的，表4—7列出了部分冲突的化解技巧。

表4—7　　不同原因冲突的化解技巧

冲突	化解技巧
由于沟通问题引发的冲突	由于沟通问题引发的冲突，可以采取以下办法予以化解 ◎ 和员工直接沟通，这样有助于防止矛盾的进一步激化，有利于管理者的管理工作 ◎ 培养员工的沟通能力，有时因为员工缺乏必要的沟通技巧以至于将矛盾激化，因此企业可以为员工开展必要的沟通能力培训
由于压力而引起的冲突	◎ 对于主管而言，缓解员工压力的方法大体可分为宣泄、沟通、引导三种，宣泄是指通过合适的途径将压力疏散
由于认识不同引发的冲突	◎ 由于认识不同而引发的冲突可以采用换位思考、尝试接受他人的看法等办法来化解
由于职责不清引发的冲突	◎ 由于职责不清引发的冲突可以通过进行工作分析，规范、明确各岗位的工作职责，完善职责划分的方法予以化解

4.4.5　员工冲突预防措施

（1）搭建解决冲突的平台

员工必须要有一个可以畅所欲言的平台，使其宣泄，犹如洪水出现时，必须要有一个出口供其分流一样，因此企业人力资源管理人员需要搭建解决冲突的平台，以便冲突处于可控状态。

（2）建立持续沟通的机制

沟通是组织管理的重要环节，是增加团队熟悉程度、促进统一认知的基本手段，尤其是对于新组建的团队来说，在人员设置、职责分工明确之后，必须将组织内部沟通作为日常化的任务来进行，如通过会议、阶段总结、业务分析等一些正式沟通强化职责、职务和分工的明确性，通过业务聊天、人员聚会、外出旅游等一些非正式沟通加深了解，熟悉团队成员的生活背景、个性、经历、处事原则，甚至个体禁忌等。

（3）创建包容的组织文化

企业人力资源管理人员需要不遗余力地协助企业创建起一种包容的企业文化，那么员工之间的冲突就会尽可能地避免。包容的企业文化就是理智、客观、大度、宽容、理解和尊重，还有倾听和学习。

(4) 采取适当预防冲突的策略

企业人力资源管理人员需要采取适当预防冲突的策略，常见的策略如图 4—12 所示。

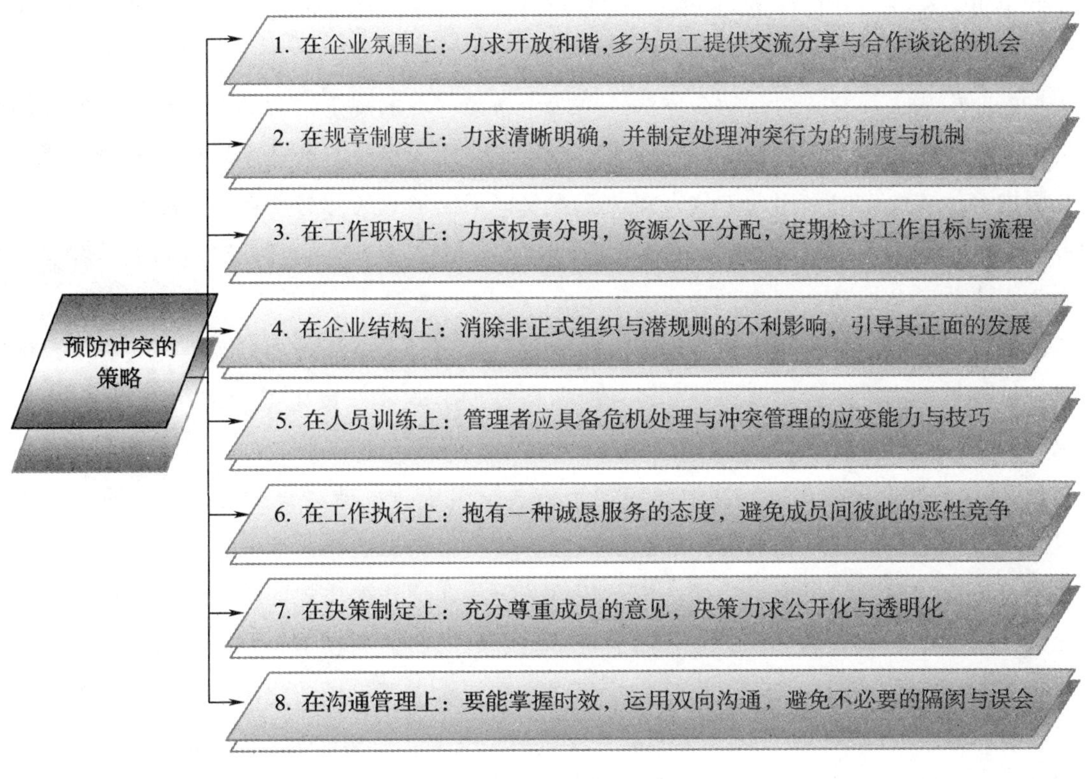

图 4—12　预防冲突的策略

4.5　劳动合同变更管理

4.5.1　劳动合同变更条件

劳动合同的变更，是指劳动合同依法订立后，在合同尚未履行或者尚未履行完毕之前，企业和员工在平等自愿、协商一致的基础上，就已订立的劳动合同条款进行修改、补充或废止部分内容的法律行为。

法律规定，劳动合同依法订立后，双方当事人必须全面履行合同规定的义务，任何一方不得擅自变更劳动合同。劳动合同的变更可能由于双方协商或者不可抗拒的原因产生。下面对劳动合同变更条件进行说明。

(1) 客观情况发生重大变化时

根据《中华人民共和国劳动法》第二十六条第三款规定，劳动合同订立时所依据的客观情况发生重大变化，致使原劳动合同无法履行时，经当事人协商不能就变更劳动合同达成协议的，用人单位可以解除劳动合同，但应当提前三十日以书面形式通知劳动者本人。

根据《中华人民共和国劳动合同法》第四十条第三款的规定，劳动合同订立时所依据的客观情况发生重大变化，致使劳动合同无法履行，经用人单位与劳动者协商，未能就变更劳动合同内容达成协议的，用人单位在提前三十日以书面形式通知劳动者本人或者额外支付劳动者一个月工资后，可以解除劳动合同。由此可以确定，劳动合同订立时所依据的客观情况发生重大变化，是劳动合同变更的一个重要事由。

根据上述法律法规可知，当客观情况发生重大变化时，企业人力资源管理人员可以依据法律规定变更合同，所谓“劳动合同订立时所依据的客观情况发生重大变化”，主要是如下情况。

① 订立劳动合同所依据的法律法规已经修改或者废止。劳动合同的签订和履行必须以不得违反法律法规的规定为前提。如果合同签订时所依据的法律法规发生修改或者废止，合同如果不变更，就可能出现与法律法规不相符甚至是违反法律法规的情况，导致合同因违法而无效。因此，根据法律法规的变化而变更劳动合同的相关内容是必要而且是必须的。

② 企业方面的原因。经企业上级主管部门批准或者根据市场变化决定转产、调整生产任务或者生产经营项目等。企业的生产经营不是一成不变的，而是根据上级主管部门批准或者根据市场变化可能会经常调整自己的经营策略和产品结构，这就不可避免地发生转产、调整生产任务或者生产经营项目的情况。在这种情况下，有些工种、产品生产岗位就可能因此而撤销，或者为其他新的工种、岗位所替代，原劳动合同就可能因签订条件的改变而发生变更。

《关于贯彻执行〈中华人民共和国劳动法〉若干问题的意见》第三十七条规定：“用人单位发生分立或合并后，分立或合并后的用人单位可依据其实际情况与原用人单位的员工遵循平等自愿、协商一致的原则变更、解除或重新签订劳动合同。在此种情况下的重新签订劳动合同视为原劳动合同的变更。”如企业属于这种分立或合并的情况，可以依据规定变更合同。

③ 员工方面的原因。如员工的身体健康状况发生变化、劳动能力部分丧失、所在岗位与其职业技能不相适应、职业技能提高了一定等级等，造成原劳动合同不能履行或者如果继续履行原劳动合同规定的义务对员工明显不公平。

④ 客观方面的原因。这种客观原因的出现使得当事人原来在劳动合同中约定的权利义务的履行成为不必要或者不可能。这时应当允许当事人对劳动合同有关内容进行变更。客观方面主要有如图 4—13 所示的原因。

◎ 由于不可抗力的发生，使得原劳动合同的履行成为不可能或者失去意义。不可抗力是指当事人所不能预见、不能避免并不能克服的客观情况，如自然灾害、意外事故、战争等

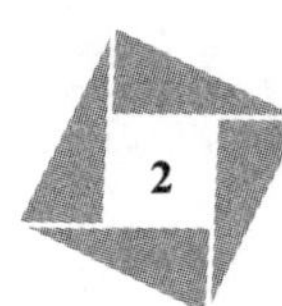

◎ 由于物价大幅度上升等客观经济情况变化致使劳动合同的履行会花费太大代价而失去经济上的价值。这是民法的情势变更原则在劳动合同履行中的运用

图 4—13　客观方面的主要原因

(2) 协商变更劳动合同

《中华人民共和国劳动合同法》第三十五条规定："用人单位与劳动者协商一致，可以变更劳动合同约定的内容。"因此根据本条的规定，在一般情况下，只要企业与员工协商一致，即可变更劳动合同约定的内容。企业人力资源管理人员在协商办理变更劳动合同时，需要注意以下事项。

① 在变更过程中必须遵循与订立劳动合同时同样的原则，即遵循合法、公平、平等自愿、协商一致、诚实信用的原则。

② 对于变更劳动合同，企业和员工之间应当采取自愿协商的方式，不允许合同的一方当事人未经协商单方变更劳动合同。

③ 未经对方同意任意改变合同内容的，在法律上是无效行为，变更后的内容对另一方没有约束力，而且这种擅自改变合同的做法也是一种违约行为。

④ 劳动合同的变更只是对原劳动合同的部分内容作修改、补充或者删减，而不是对合同内容的全部变更。

⑤ 对劳动合同所要变更的部分内容，双方通过协商后，必须达成一致的意见。如果在协商过程中，有任何一方不同意所要变更的内容，则就该部分内容的合同变更就不能成立，原有的合同就依然具有法律效力。

4.5.2　劳动合同变更程序

企业人力资源管理人员在与员工进行劳动合同变更时，需要遵循一定的程序进行，具体的变更程序如下所示。

(1) 提出变更的要求

企业或员工提出变更劳动合同的要求，说明变更合同的理由、变更的内容以及变更的条件，请求对方在一定期限内给予答复。也就是说，提出变更劳动合同的主体可以是企业，也可以是员工，无论哪一方要求变更劳动合同，都应当及时向对方提出变更劳动合同的要求，说明变更劳动合同的理由、内容、条件等。

(2) 对变更作出承诺

合同另一方接到对方的变更请求后，应当及时进行答复，明确告知对方同意或是不同意变更。

(3) 订立书面变更协议

当事人双方就变更劳动合同的内容经过平等协商，取得一致意见后，签订书面变更协议，协议载明变更的具体内容，经双方签字盖章后生效。变更后的劳动合同文本由企业和员工各执一份。

4.5.3 劳动合同变更协议

根据《中华人民共和国劳动合同法》第三十五条的规定："用人单位与劳动者协商一致，可以变更劳动合同约定的内容。变更劳动合同，应当采用书面形式。变更后的劳动合同文本由用人单位和劳动者各执一份。"因此，企业人力资源管理人员与员工协商变更劳动合同时，需要签订书面的劳动合同变更协议。如员工职位被调整，且职位上的变化会引起工作内容的变化，因此属于劳动合同内容的变更，企业人力资源管理人员应当与员工协商一致后变更劳动合同。

下面给出一份劳动合同变更协议，供读者参考。

变更劳动合同协议书

____________________________（甲方）与____________________（乙方）经协商，双方同意对_______年_______月_______日签订的《劳动合同》的部分条款进行变更，变更情况如下：

原条款为：____。

变更后条款为：____。

劳动合同的其他条款仍然有效，双方应继续履行。

甲方（盖章）：　　　　　　　　　　乙方（签名或盖章）：

法定代表人或委托代理人（签名）：　　身份证号：

年　　月　　日　　　　　　　　　　年　　月　　日

《中华人民共和国劳动合同法》第三十三条规定："用人单位变更名称、法定代表人、主要负责人或者投资人等事项，不影响劳动合同的履行。"第三十四条规定："用人单位发生合并或者分立等情况，原劳动合同继续有效，劳动合同由承继其权利和义务的用人单位继续履行。"因此，企业人力资源管理人员在前述两种情况下可以不变更劳动合同内容，继续按照原合同履行。

那么变更劳动合同未采用书面形式确立的，企业将承担怎样的风险呢？根据《最高人民法院关于审理劳动争议案件适用法律若干问题的解释（四）》第十一条规定，变更劳动合同未采用书面形式，但已经实际履行了口头变更的劳动合同超过一个月，且变更后的劳动合同内容不违反法律、行政法规、国家政策以及公序良俗，当事人以未采用书面形式为由主张劳动合同变更无效的，人民法院不予支持。由此可知，企业如未书面确定要想变更的劳动合同有效，只要充分举证证明双方默认并实际履行了新的劳动合同内容，就可以被认定为双方已经就合同变更达成了一致，合同变更结果有效。

第 5 章

员工沟通与员工参与管理

5.1 员工沟通管理

5.1.1 员工沟通基本技巧

企业人力资源管理人员在与员工进行沟通的过程中，需要掌握适当的技巧，以便传递恰当的信息，确保沟通顺畅。

（1）员工沟通的原则

沟通的每个环节、每个阶段都存在着干扰有效沟通的噪声，因此，在沟通过程中，企业人力资源管理人员应遵循一定的原则。具体原则如表5—1所示。

表5—1　　员工沟通的原则

原则	具体介绍
事先规划	◎ 沟通需要事先规划，不同的阶段、不同的场景，沟通的重点是不同的 ◎ 在遵循一定管理流程的基础上有一些灵活性，在诸多沟通方式中选择最有效、最适于沟通场景的沟通方式
因人而异	◎ 必须充分考虑员工的心理特征、知识背景等状况，依此调整自己的谈话方式、措辞或仪态
运用反馈	◎ 企业人力资源管理人员在沟通过程中积极使用反馈这一手段，可减少问题的发生 ◎ 具体可通过提问以及鼓励员工积极反馈而获得回馈信息，也可通过仔细观察员工的反应或行动来间接获取反馈信息
调整心态	◎ 员工的情绪对沟通的过程有着巨大影响，过于兴奋、失望等情绪易造成对信息的误解及过激的反应 ◎ 企业人力资源管理人员在沟通前应主动调整心态至恢复平静
沟通检查	◎ 检查沟通的进行情况，以便及时对员工在沟通过程中存在的问题进行解决

（2）有效的表达

在沟通的过程中，语言表达至关重要。一方面，语言表达向对方传递了相应的信息；另一方面，语言表达需要引起对方的反应。若表达不清，意思不明，则不能传递恰当的信息。表 5—2 对不良表达与有效表达的要点进行了说明。

表 5—2　　不良表达与有效表达的表现对比

不良表达的表现	有效表达的表现
准备不充分 表达不充分 不注意听众 时间和地点选择不恰当 错误的身体语言 自己对所表达的内容不感兴趣 ……	选择一个恰当的时间、地点 考虑听众的情绪 表达准确、简明、完整 使用听众熟悉的语言进行表达 语言与形态语言表达一致 在表达过程中，检查对方是否明白了表达的内容 营造相互信任的气氛 ……

(3) 倾听的技巧

企业人力资源管理人员在沟通过程中，通过倾听可以了解员工传达的信息，同时感受员工的情感或情绪。有效倾听的技巧如图 5—1 所示。

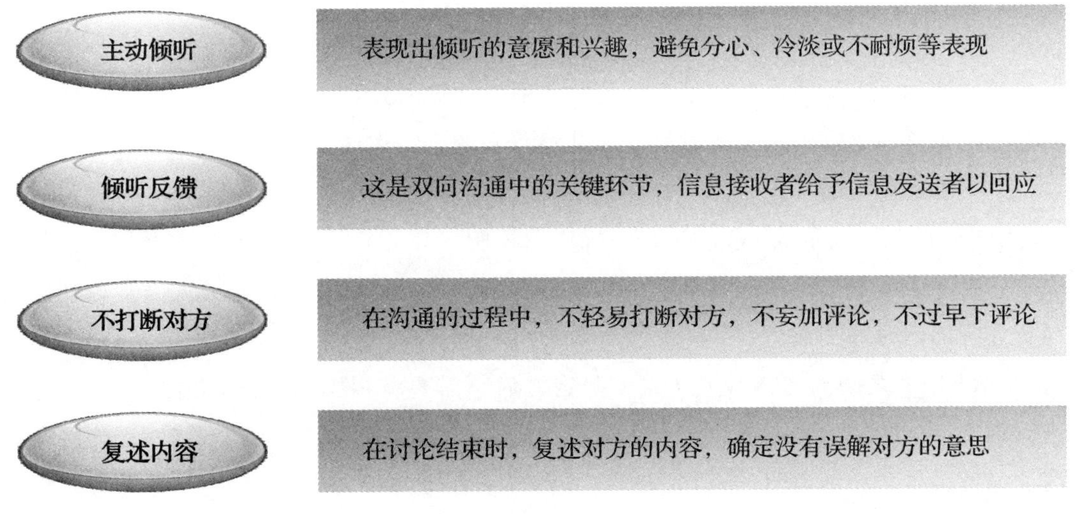

图 5—1　有效倾听的技巧

(4) 提问的技巧

企业人力资源管理人员在与员工进行交流的过程中，适当地提问有助于增进双方的沟通。开放式提问与封闭式提问是常见的两种提问方式，具体示例如表 5—3 所示。

表 5—3　　开放式提问与封闭式提问的示例

开放式提问	封闭式提问
会议是如何结束的？ 你喜欢你工作的哪些方面？ 你有什么问题？ ……	会议结束了吗？ 你喜欢你的工作吗？ 你还有问题吗？ ……

（5）反馈技巧

反馈是有效沟通所追求的结果，反馈的技巧相当重要，企业人力资源管理人员在与员工沟通的过程中，需要掌握如下的反馈技巧。

① 针对员工的问题进行反馈，听清楚员工的信息，理解员工的意思后进行反馈。

② 反馈要具体明确，表达不具体、不清楚，无助于解决问题，而且也容易伤和气。

③ 反馈要正面，具有建设性，这样能起到事半功倍的效果，也能给员工留下深刻印象。

④ 将反馈的问题集中在员工可以改进的方面，这样沟通起来会更加有效。

5.1.2　招聘环节的员工沟通

招聘环节的员工沟通主要包括招聘前的沟通、面试通知环节的沟通、面试实施环节的沟通。企业人力资源管理人员需要做好这三个过程中的员工沟通。

（1）招聘前的沟通

① 与企业部门之间的沟通。要做好每年的招聘工作，企业人力资源管理人员应在年前完成次年企业人才需求计划的制订。为了制订合理的人才需求计划，企业人力资源管理人员应与企业各部门做好沟通。

② 与求职者之间的沟通。人才需求确定之后，需要将招聘信息发布出去，以便与求职者进行沟通。招聘信息的沟通渠道有企业网站宣传、招聘海报宣传等。图 5—2 对招聘信息的沟通渠道进行了详细说明。

（2）面试通知环节的沟通

企业人力资源管理人员在筛选完员工简历，电话通知候选人进行面试时，一般都会与求职者沟通一下，以便预约合适的面试时间和初步筛选合适的人员。通过电话预约时的电话沟通，能够及时将不合适的人剔除出去，提高面试的效率。

企业人力资源管理人员预约面试时，还需要注意以下事项。

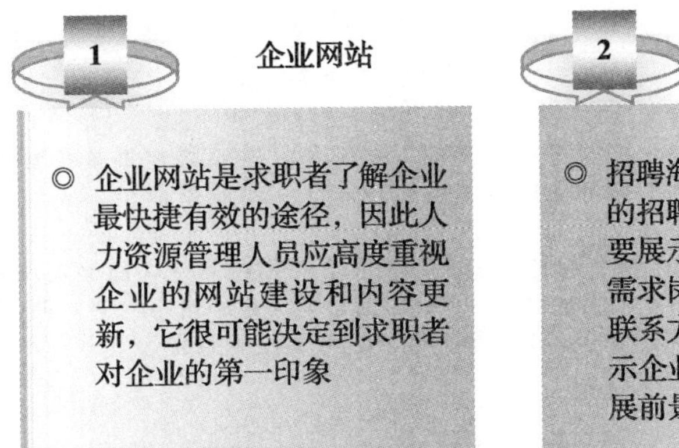

图 5—2　招聘信息的沟通渠道

① 告知对方企业的全称。不要使用企业的简称，这样会让求职者认为你对企业的认可程度不高。

② 很多求职者会通过多种渠道发送简历，同时会应聘很多家企业，企业人力资源管理人员应给求职者一个简单的提示，提示一下简历发送的时间、渠道和应聘职位，这能表现出人力资源管理人员的细心，对求职者的认可、尊重和理解。

③ 详细告知求职者面试的地址和乘车路线。很多时候求职者对当地的交通并不是很熟悉，企业人力资源管理人员不妨多给求职者提供一些交通路线以供参考。

(3) 面试实施环节的沟通

在招聘面试环节，企业人力资源管理人员可采取结构化面试、无领导小组讨论、事件面试、情景模式面试等方式进行沟通。表 5—4 对结构化面试和无领导小组讨论两种常见的沟通方式进行了详细说明。

表 5—4　面试实施环节的沟通方式

沟通方式	具体说明
结构化面试	◎ 结构化面试是面试前就面试所涉及的内容、试题评分标准、评分方法、分数使用等一系列问题进行系统的结构化设计的面试方式 ◎ 通过结构化面试既能考察面试人员可培养的潜能，又能考察面试人员将来与企业文化的契合度，是一种较好的面试沟通方式 ◎ 此方法对企业面试人员的要求比较高，人力资源管理人员在面试前应做好充分的准备工作

续表

沟通方式	具体说明
无领导 小组讨论	◎ 无领导小组讨论是由求职者组成一个临时工作小组，讨论给定的问题，并做出决策。由于这个小组是临时拼凑的，并不指定谁是负责人，目的就在于考察求职者的表现，尤其是看谁会从中脱颖而出，成为自发的领导者 ◎ 通过无领导小组讨论能够发现具有领导潜质的人才，能够发现具有团队配合精神的人才，能够发现口才好、表达能力强、富有沟通协调能力的人才，这对于要经常沟通、经常参加项目汇报的企业来说，是一种很好的面试沟通方式

无论采取哪种面试沟通方式，企业面试的目的只有一个，那就是通过面试招募到符合企业招聘岗位条件、认同企业文化、具有培养潜质并且愿意与企业一起成长和发展的人员，这是企业招聘的出发点和落脚点。

5.1.3 试用期间的员工沟通

在试用期，企业人力资源管理人员要组织部门负责人对新员工进行沟通，以便于企业客观地了解新员工对企业及工作的认知心态和工作胜任能力，并减少新员工的不稳定情绪，帮助新员工平稳地度过磨合期。

(1) 试用期间员工沟通要点

在实际工作中，针对试用期中的新员工也需要随时进行沟通，具体的沟通要点如下所示。

① 试用期间最好一个月做一次正式的沟通。假设员工的试用期为三个月，正式沟通的次数应以三次为好。

② 对于员工在工作过程中出现偏差或问题，其直接上级或管理人员要起到“随时提醒”的作用。

③ 对于试用期犯错误的员工，企业应该给予新员工一次能改正的机会，避免对员工造成误伤。

④ 沟通时需要选择合适的地点，避免在公共区域，单位里的会议室是最佳的选择，沟通前应事先订好会议室，免得谈话被打断。

⑤ 最好由直接上级和新员工直接对话，这样更具有实效性和针对性。谈话的内容要从“知识、技能、态度、需提高”四个角度考虑，最好用考核表来做备忘记录。

⑥ 新员工沟通的评语，要本着“公平、公正”的原则来确定，对于“要提高”的部分，

管理人员一定要明确指出，而不能有半点儿的含糊。

(2) 试用期转正沟通要点

通过与员工的转正面谈沟通，可以适当反馈员工试用期的工作表现，让员工对自己表现好的方面和有待提升的方面都有一个全面的认识，以便在以后的工作中不断改进。图 5—3 对试用期转正沟通的时间、人员、内容和要点进行了说明。

试用期转正沟通要点

沟通时间：试用期结束前一周
沟通人员：按级别确定直接上级及人力资源管理人员
沟通内容：员工试用期表现、提升建议、试用期转正意见等
沟通要点：（1）根据员工表现对员工提出意见和建议，减少不必要的偏见与误差，向员工传达其试用期转正的意见
（2）对于可以如期转正的，应指出其工作中的不足和今后改进建议和希望
（3）对于辞退和延长转正的，应分析原因并提出今后改进建议，同时对所取得的成绩给予肯定
（4）如果值得培养却心态不好的，可以进行心灵辅导，以达到让员工思想与企业愿景一致

图 5—3　试用期转正沟通要点

5.1.4　员工工作异动的沟通

员工工作异动范围主要包括员工平调（内外）、借调、待岗、晋升、降职及其他工作变动。员工工作异动沟通的目的在于使员工明确工作异动的原因和目的，以使员工能够顺利地融入到新岗位中。

(1) 沟通内容

企业人力资源管理人员在与员工进行工作异动的沟通时，需要明确员工工作异动沟通内容。员工工作异动沟通内容的重点包括工作变动的原因、依据、目的；是属于临时变动还是长期变动，如果是临时变动，还要告知什么时候或什么条件下结束；从什么时候开始执行；变动后的工作地点、内容、责任等，要把其当作新岗位的新员工对待。

(2) 沟通注意事项

企业人力资源管理人员在与员工进行工作异动的沟通时，需要特别注意的情况为：

① 员工岗位向下调整时，对于被降职的员工，一定要提前沟通，不能直接一纸调令。

② 要注意沟通时的态度和语气，不能与员工发生争执，要详细说明调整的原因。

③ 如果员工不能接受，一定要事先准备好与原因相对应的证据，或者新安排的依据；提前做好员工不接受的处理方案。

④ 当工作地点发生变动时，一般工作地点的改变在同一城市内时比较好处理，但对于异地变动的情况，就需要更多地沟通。此时，应由人力资源部或者员工的直接上级出面，对该员工详细解说变动的原因，变动后的工资待遇和相应的补助，企业所考虑到会对家庭和生活带来的困难以及解决的措施。特别是对于不能解决的困难，在沟通时要鼓励员工以积极的心态来面对，避免将情绪带入新工作中。

5.1.5 员工绩效定期沟通

在绩效考核的整个过程中，企业人力资源管理人员需要与员工进行定期沟通，通过沟通可以发现员工存在的问题及改进的办法，促使员工提高对绩效沟通的认识，并理解绩效管理的目的和重要性。绩效考核工作分为三个阶段，因此其定期沟通也分为三个阶段进行，下面对绩效考核各阶段的沟通进行详细说明。

(1) 计划制订阶段

企业人力资源管理人员在进行绩效考核计划制订阶段的沟通时，需要按照如下要求进行。

首先，企业人力资源管理人员必须提前准备好相应的资料，以使员工对企业的信息有更多的了解，具体的资料如图 5—4 所示。

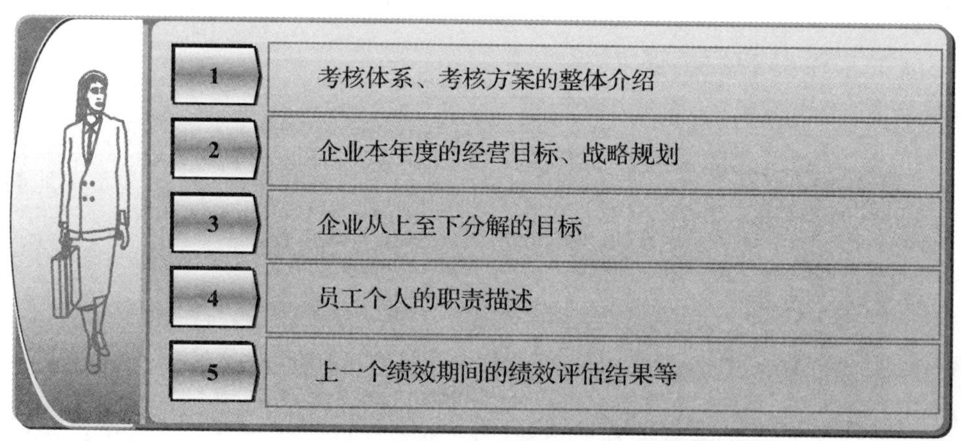

图 5—4 绩效考核计划制订阶段沟通前准备的资料

其次，在绩效考核计划制订阶段，企业人力资源管理人员要与员工保持双向的沟通，不要一味下达指标，而应多听员工的想法和建议，以便就员工的目标及应采取的行动计划达成一致，如有争议，要对有争议的部分进行协商。

最后，企业人力资源管理人员需要确定并公布计划阶段沟通的结果，讲解考核指标和标准、考核结果的应用范围，最好通过一对一面谈的形式，保证与员工进行充分的交流。

(2) 考核实施阶段

在考核过程中，企业人力资源管理人员要保持与员工进行持续有效的沟通，并且及时给予员工肯定和提醒，使沟通起到监督和督促的作用。

(3) 考核反馈阶段

企业人力资源管理人员在进行绩效考核反馈阶段的沟通时，主要采取如表 5—5 所示的两种方法进行。

表 5—5　　绩效考核反馈阶段沟通方法

沟通方法	适用情况	注意事项
正面反馈沟通	通常适用于员工考核成绩优秀、表现良好的时候	◎ 通过赞扬开场，对员工的贡献表示肯定，鼓励员工再接再厉 ◎ 但要注意赞扬要适可而止，不要让员工过于骄傲，或者对所获得的奖励产生过高的期待
负面反馈沟通	通常适用于员工考核成绩不佳、表现不尽如人意的时候	◎ 沟通时不要用指责或者批评的语气，而要围绕寻找原因以及怎样提升绩效、改进不足来展开 ◎ 对于员工表现好的方面也要适当表示肯定，不要全盘否定

企业人力资源管理人员进行绩效考核反馈阶段沟通的过程中，还需要注意以下事项。

① 绩效考核反馈阶段沟通要选择适宜的时间，最好安排在绩效考核后一周左右。如果太迟，则失去了时效性；如果太早，则缺乏充分的准备。要提前通知员工，让员工有一定时间准备。

② 在宣布结果前，以开场白调节沟通气氛，不要让员工过于紧张，可以就考核周期内的绩效表现进行回顾，让员工对结果有心理准备。

③ 绩效考核反馈沟通最好采取面对面的反馈方式，适当地把考核结果传达给员工。在沟通的最后，要通过双方协商，共同制定下一步目标和计划，进入下一个考核周期循环。

5.1.6 离职员工面谈沟通

员工离职有两种情况，一种是员工主动离职，另一种是企业解雇员工。企业人力资源管理人员应区别对待。下面对这两种情况下的沟通面谈进行详细说明。

(1) 员工主动离职的面谈沟通

在员工主动离职的情况下，企业人力资源管理人员应做好如下的面谈沟通工作。

① 了解离职的原因。不要以责怪的语气对待员工，而应该坦诚相待，引导员工说出自己真实的想法，包括在职时不敢讲的负面看法。

② 留住骨干员工。对企业里一些骨干员工的离职，要及时面谈沟通，对于可以避免员工离职的或有必要挽留的，应尽可能地挽留，且需要特别注意沟通时的态度，一定要有诚意。留住骨干员工的具体办法如图 5—5 所示。

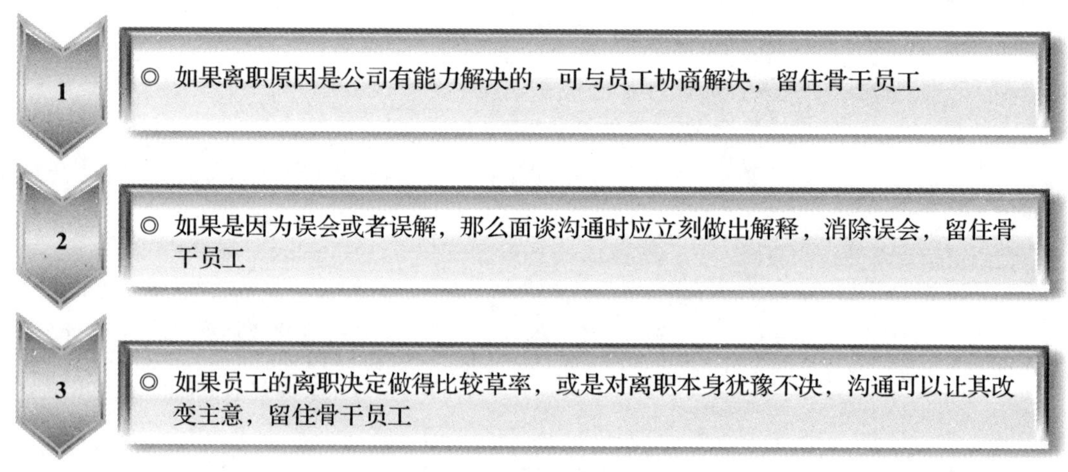

图 5—5 留住骨干员工的办法

③ 传达正面信息。如果真的无法挽留或者没有必要挽留，那么企业人力资源管理人员一定要注意“好聚好散”。在沟通时需传达企业的正面信息，树立正面形象，让员工即使离职，也不会向市场和行业内散布坏的口碑。而且很多时候，离职员工还可能为企业带来很多长远的利益，比如新的客户和市场机会，业务上的联系或者合作，甚至重新回到企业继续效力。故沟通时要放眼长远利益，随时注意企业形象。

④ 吸取经验教训。企业人力资源管理人员通过与离职员工面谈沟通，要仔细分析离职群体，了解离职员工的特点和相似点。这样，在进行招聘的时候，就能够根据这些总结出来的经验来指导招聘行为，较快筛选那些有不稳定倾向的求职者。

⑤ 记录离职后去向。企业人力资源管理人员在沟通时，要询问员工离职后去向、联系

方式等，以便能在需要时取得联系。如果发现员工隐瞒或者说谎，最好不要逼问和拆穿，可以通过别的方式间接了解。在面谈的过程中，倾听的同时首先要肯定离职员工的优点，其次指出不足，并提出改进建议。

(2) 企业解雇员工的面谈沟通

对于企业主动解雇员工的，企业人力资源管理人员与员工进行沟通面谈时应特别注意，因为如果操作不当，很可能给企业带来风险。具体的注意事项如表 5—6 所示。

表 5—6　　企业解雇员工时面谈沟通的注意事项

注意事项	具体说明
要有获得支持的理由	◎ 不论以什么理由来解雇员工，一定要事先准备好支持观点的材料，比如绩效考核报告、违纪记录、岗位设置调整、企业组织机构变革等 ◎ 尽量让理由充分，不要让员工有"被冤枉"或者你在找借口的感觉
不要过多提到员工表现	◎ 要对员工对企业的贡献表示肯定，但不要过多谈及员工很优秀，因为这样反而让员工感到愤怒 ◎ 更不能过多指责员工表现不好的地方，这容易使员工产生挫败感
面谈沟通要有隐秘性	◎ 被解雇不是什么光彩的事情，不要在公开场合提及此事，也不要到处宣扬，应选择隐秘性好的沟通环境，给员工留有"面子"
诚心地提出善意的建议	◎ 企业人力资源管理人员应诚心地对离职员工提出一些职业发展建议和指点，让其感受到你的友善

5.2　员工参与管理

员工参与管理是指企业中的普通员工通过一定的组织形式，直接或间接地参与企业管理和决策的行为。员工参与企业管理，可在一定程度上提高企业员工的工作积极性及工作满意度，提高生产效率及企业利润，建立和谐的劳动关系。因此，该方法在很多国家得到了广泛应用，其具体实施形式也不断推陈出新。

但是，企业人力资源管理人员必须认识到参与管理并非适用于任何企业，也并非适用于任何情况。在企业员工实际解决管理问题的知识技能普遍不高或企业需要迅速做出决策情况下，企业应慎重选择员工参与管理的形式，保持适当的权力集中。

（1）影响员工参与管理的关键因素

企业人力资源管理人员应了解影响员工参与管理的关键因素，具体如图 5—6 所示。在员工参与管理的过程中，这四个因素同时发生作用，因此应同样给予重视。

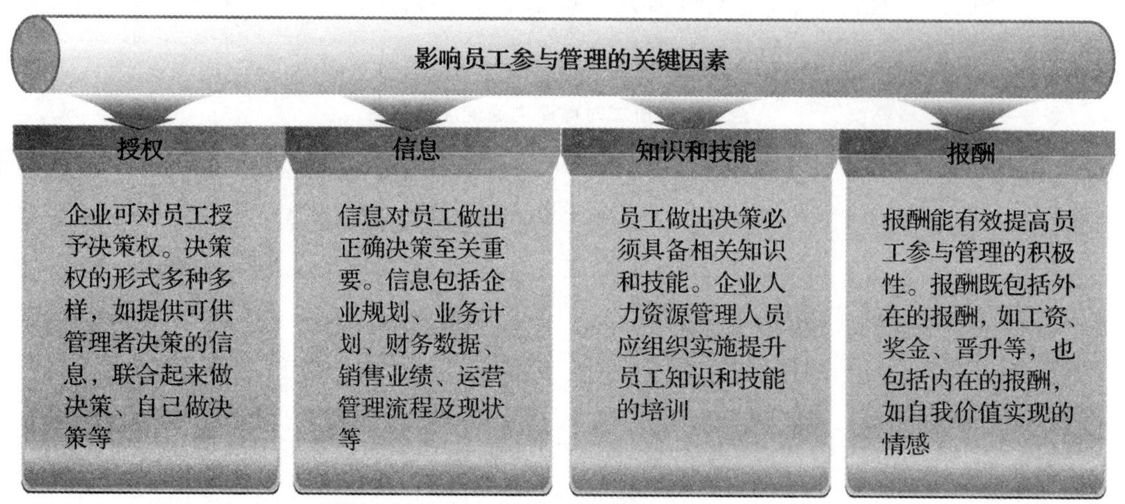

图 5—6　影响员工参与管理的关键因素

（2）提高员工参与管理的具体措施

① 设计科学合理的组织目标，使员工有明确的工作目标，强化工作积极性及介入感。

② 创造良好的沟通氛围，建立顺畅的上下级、部门间的沟通渠道，使参与无障碍。

③ 完善企业的规章制度，如章程、职工代表大会制度、集体合同制度、薪酬制度等。

④ 提高员工主人翁精神，关心员工，培养员工的归属感。

⑤ 结合企业自身特点，采取灵活多样的参与管理形式，如员工持股计划、分享决策权、职工代表大会制度、开放式办公等。

5.2.1　分享决策权

对于一个企业来说，谁有权力做出何种决定，这对其生产经营有着深刻的影响。当今时代信息瞬息万变，一旦因决策的延误性而错失良机，企业不仅可能失去唾手可得的利益，甚至会将好机会拱手让给竞争对手。而且如果管理层对下属的工作了解不多、经验不足，其做出的决策有时会不够全面，甚至有时是错误的。因此，企业应学会分享决策权。

所谓分享决策权即指下级在很大程度上分享其直接监管者的决策权。分享决策权可使最了解工作的员工参与决策，从而提高决策的正确率、及时率，提高其归属感、工作积极性及主动性；同时，员工参与决策还可以增加对决策的承诺，一般参与决策的员工在决策实施过程中不会反对、阻挠这项决策，从而确保决策的有效贯彻实施。

为优化决策的制定速度和执行效果，企业人力资源管理人员可在遵守下列实施要点的基础上实行决策权的分享。

(1) 确定哪些权力可以分享

企业人力资源管理人员应对本企业各个部门的决策权进行检查，查看某些决策是否失灵，对于失灵的决策要评估是否可以向下级分享，以便确定可以分享的权力。一般来说，决策权分享的标准有三项，如图 5—7 所示。

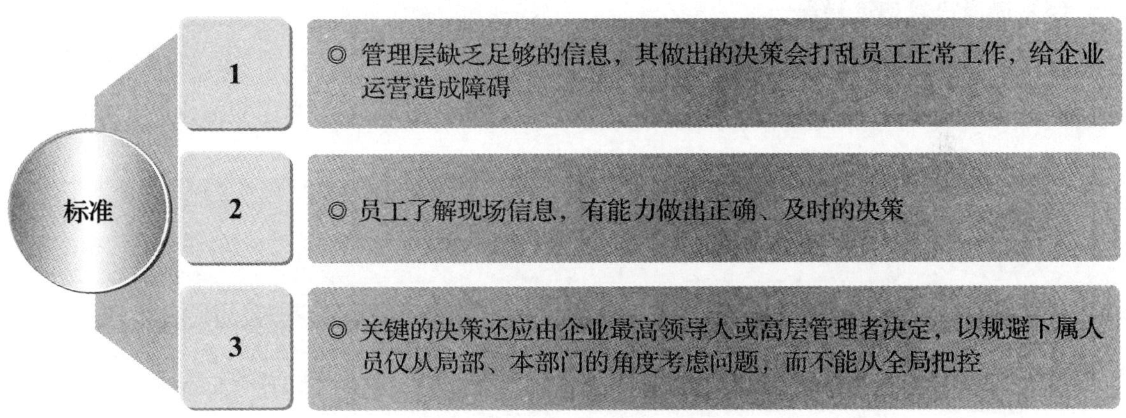

图 5—7　决策权分享的标准

(2) 规范决策权的授予程序

为确保决策权的授予适度、明确、规范，企业人力资源管理人员应先制定决策权的授予程序，并监督、指导各个部门落实。决策权的授予程序如图 5—8 所示。

图 5—8　决策权的授予程序

(3) 营造分享决策的良好氛围

企业人力资源管理人员在企业范围内营造良好的分享决策氛围，对做出及时、准确决策的员工给予鼓励和奖励，让员工感受到自己有所掌控、拥有真正的决策权，以此激发员工投入更多的精力和心思在工作上。

(4) 放权时要做到毫不含糊

权责不清会导致重复工作、决策冲突甚至有的工作无人问津。因此，企业人力资源管理人员应明确各层管理者及员工的决策权限，并对不清楚的部分组织有关人员进行沟通、解释，确保相关人员都了解并能贯彻落实。

(5) 提高决策的准确率

好的决策会产生好的效果，但不好的决策则会给企业带来损失。因此，如何提高员工决策的准确率，也是企业人力资源管理人员的工作重点。具体的工作要点如图 5—9 所示。

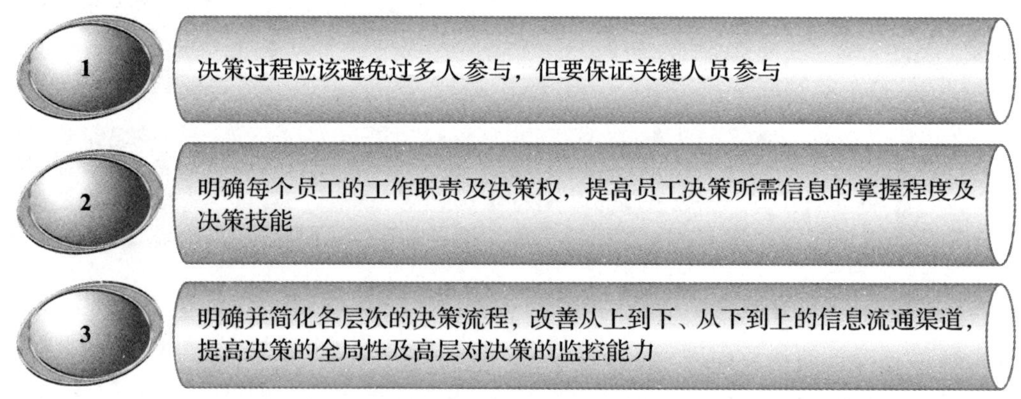

图 5—9　提高决策准确率的工作要点

5.2.2　员工代表参与

员工代表参与是指全体员工不能直接参与决策，而是委派一部分员工作为代表进行参与。在西方大多数国家都通过立法的形式要求企业实行员工代表参与。实行员工代表参与可将员工的地位同企业、股东的利益放在平等的水平上，从而鼓励每个员工参与管理。

关于员工代表参与，企业人力资源管理人员可酌情采用，并注意以下两大要点。

(1) 员工代表参与的方式

员工代表参与最常采用的方式主要是工作委员会和董事会代表。其中工作委员会是由企业任命或选举出的一些员工代表组成，当企业做出重大决策时，必须与之商讨。而董事会代表是指进入董事会并代表员工利益的员工代表。

(2) 员工代表参与的管理技巧

为确保代表参与的有效性，提高员工参与管理的积极性，企业人力资源管理人员应掌握以下技巧。

① 企业人力资源管理人员应做好代表的选择工作，确保员工代表既能代表员工利益，取得员工支持，又能为企业提出有建设性的意见。具体表现在选择员工代表时可以将思想进步、文化素质高、技术能力强、热爱企业、群众基础好、来自基层等作为标准。

② 在做一些涉及员工权益、利益的决策前，企业人力资源管理人员应与员工代表进行认真商议，充分考虑员工代表的意见，提高员工代表参与管理的积极性。

③ 对员工代表反馈的舆情，企业人力资源管理人员要予以重视，并视情况开展调查与处理，调查处理过程中应邀请员工代表全程参与。

5.2.3 职工代表大会

职工代表大会是企业实行民主管理的基本形式，它是由全体职工选举的职工代表组成的。职工代表大会代表全体职工行使民主管理权力，表达全体职工的意志，体现大多数职工的利益。职工代表大会与企业民主管理的其他形式比较，具有代表性强、职责明确、组织健全、工作范围广泛、易操作、有法律法规可依等特点，能够全面体现企业民主管理的基本要求，为广大员工所熟悉和接受。

为了切实加强企业的民主管理，构建和谐稳定的劳动关系，促进员工和企业共同发展，根据《中华人民共和国劳动法》《中华人民共和国工会法》等法律法规的规定，企业人力资源管理人员应在了解相关知识的基础上，建立、健全职工代表大会制度，并做好有关事项的申报审议等工作。

(1) 了解职工代表、职工代表大会、工会的相关知识

职工代表是由职工民主选举产生的。按照法律规定享有政治权利的企业职工，均可当选为职工代表。具体职工代表选举时一般以分公司、分院（校）、部门、班组、科室等为选区，选举结束后应公布选举结果。

职工代表大会是职工行使民主管理权力的机构，实行民主集中制。职工代表大会至少每半年召开一次。每次会议必须有 2/3 以上的职工代表参加。遇有重大事项，经企业领导、企业工会或 1/3 以上职工代表的提议，可召开临时会议。职工代表大会进行选举和做出决议，必须经全体职工代表过半数通过。

企业工会组织是职工代表大会的工作机构，负责职工代表大会的日常工作，组织员工参与本企业的民主决策、民主管理和民主监督。

(2) 建立、健全职工代表大会制度

企业人力资源管理人员应建立、健全职工代表大会（或职工大会）制度和其他民主管理制度，保障与发挥工会组织和职工代表在审议企业重大决策、监督行政领导、维护职工合法权益等方面的权力和作用，支持职工参加本企业管理活动。

(3) 依法上报职工代表大会审议

法律法规规定应当提交职工大会或者职工代表大会审议、通过、决定的事项，企业人力资源管理人员应当依法办理。对于已建立职工代表大会的企业，当其在制定、修改或者决定有关劳动报酬、工作时间、休息休假、劳动安全卫生、保险福利、职工培训、劳动纪律以及劳动定额管理等直接涉及员工切身利益的规章制度或者重大事项时，人力资源管理人员应当上报职工代表大会讨论，提出方案和意见与工会平等协商确定。在规章制度和重大事项决定实施过程中，工会认为不适当的，企业人力资源管理人员应当通过协商予以修改完善。

5.2.4 员工持股计划

员工持股计划属于长期激励的一种，是通过让员工持有本企业股票和期权而使其获得激励的一种长期绩效奖励计划。员工通过购买企业部分股票或股权而拥有企业的部分产权，成为企业的股东，因此获得相应的管理权。

实施员工持股计划可以将员工利益和企业利益联系在一起，最大化员工的主人翁感，促进其积极参与到企业管理中来。鉴于员工持股计划的这种促进员工参与管理，保留人才及促进企业发展的作用，员工持股计划被很多国家的企业使用，我国企业实施员工持股计划的也不少。

(1) 评估员工持股计划

员工持股计划涉及企业利润分配、企业制度等方方面面的内容，影响员工切身利益，因此实施起来并不容易。考虑到不同企业所处内外部环境及所面临的问题不一样，企业人力资源管理人员应先对企业是否适宜实行员工持股计划进行评估，评估结束报上级审批，审批通过后方可着手设计“员工持股计划实施方案”并组织落实。企业人力资源管理人员应在分析企业现状、员工持股计划的特点，评估实施员工持股计划的利弊，若利大于弊而企业又迫切需要一种方式来提升员工参与度，激励员工，提升士气，那么员工持股计划不失为一种好的方式。

(2) 设计员工持股计划实施方案

企业人力资源管理人员应结合国内政策环境及企业环境为企业量身定做员工持股计划，确保员工持股计划的科学性，达到员工持股计划实施的目的。设计员工持股计划实施方案，企业人力资源管理人员应掌握以下内容。

① 员工持股计划实施方案设计原则。在设计员工持股计划实施方案时，企业人力资源管理人员应遵循参与原则、有限原则、共享原则、自愿原则、“三公”原则及有偿原则这六大原则，如表 5—7 所示。

表 5—7　　员工持股计划实施方案设计的六大原则

设计原则	原则说明
参与原则	尽量给予每个正式员工参与的机会，员工持股面越广，激励作用越明显，同时也可避免持股员工与非持股员工之间的群体对立
有限原则	单个员工持股份额过高，易导致广大员工的不满及企业经营的不稳定，因此，应限制员工持股的最高、最低限额，对员工持股的转让也要严格限制
共享原则	风险共担、利益共享，规定员工不得随意抽回
自愿原则	坚持员工自愿认购股权的原则，不得以任何形式强迫员工入股
“三公”原则	员工持股计划实施过程中要坚持公开、公平、公正的原则
有偿原则	员工持股价格要与市价接轨，既要避免过度溢价使激励效果减弱，也要避免过度折价造成资产流失；同时应按照同股同利的原则，按时将红利分发到员工手中

② 员工持股计划实施方案设计要件。设计员工持股计划实施方案时，企业人力资源管理人员应对以下 12 个要件予以重点考虑，并选择具体途径，如表 5—8 所示。

表 5—8　　员工持股计划实施方案要件及选择途径

序号	主要内容	选择途径
1	股份来源	如增量发行、存量转换
2	资金来源	如员工直接出资、员工工资抵扣、企业资助、银行贷款
3	授予对象	如全员持股、管理与业务骨干持股、经营层持股
4	授予条件	如年龄条件、工龄条件、其他条件
5	持股额度	高管认购额度、管理与业务骨干认购额度、普通员工认购额度
6	载体选择	如个人、持股会、持股公司、综合公司
7	形态选择	如福利型、风险型、集约型

续表

序号	主要内容	选择途径
8	工具选择	如实股、虚股、增值权等
9	股权管理	如转让、回购、收益分配等
10	付款方式	如一次付款、分期付款
11	定价方式	如平价出售、折扣出售
12	计划终止	如终止条件、终止后的管理

5.2.5 质量改善小组

质量改善小组（Quality Improvement Team，QIT），是由企业中不同领域的三个或更多的人组成，致力于改善企业质量的活动。它是以质量为核心，通过持续的改进过程，综合众人的智慧与技能来实现提高质量水平的活动小组。

企业人力资源管理人员既可作为质量改善小组的组织者，组织成立质量改善小组，也可作为质量改善小组活动的监督者监督指导其活动，有时也会作为质量改善小组的成员参与质量改善小组活动。因此，企业人力资源管理人员应了解及掌握质量改善小组的相关内容。

(1) 质量改善小组的成员

企业人力资源管理人员应配合企业领导及有关部门确定 QIT 活动办法、要领、规定，确定活动目标，然后组织成立质量改善小组。质量改善小组的成员一般包括高级工程师、高级管理人员、管理人员、工程师、生产组长、技术人员、一线操作人员、销售人员等。

(2) 质量改善小组活动基本实施步骤

质量改善小组成员定期会面，针对可能发生或已经发生的问题进行讨论，探讨问题的原因，运用改善手法共同研究分析，提出解决建议并实施解决。基本实施步骤如图 5—10 所示。

(3) 质量改善小组活动常用工具

QIT 的七种工具——分层法、检查表、柏拉图、要因图、散布图、直方图、控制图——具体说明如表 5—9 所示。

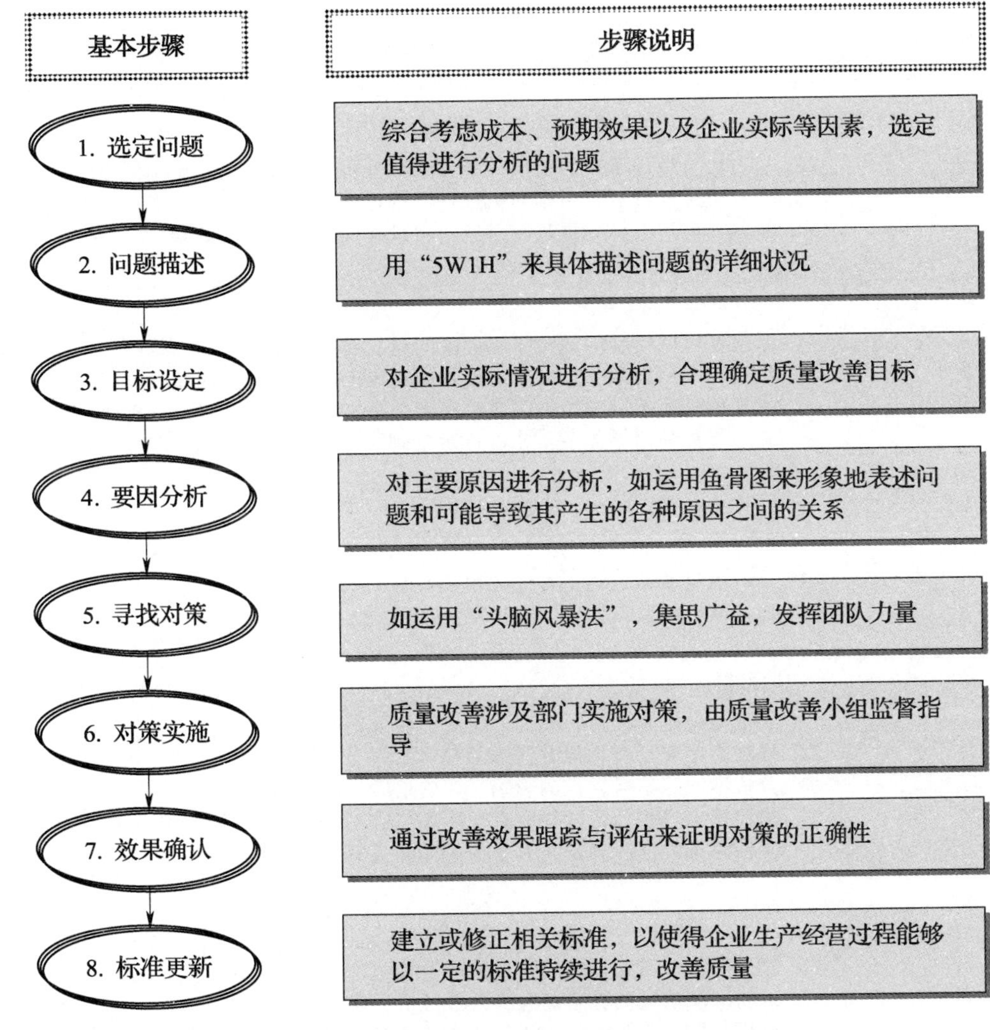

图 5—10　质量改善小组活动的基本实施步骤

表 5—9　QIT 的七种常用工具

七种工具	具体适用条件
分层法	1. 从不同的角度发现质量问题，将杂乱无章的数据归为有意义的类别，达到一目了然的目的，弥补靠经验、直觉判定的不足 2. 与其他方法结合使用，如控制图、直方图等，以便更好地控制质量
检查表	1. 整理原始数据，了解质量问题出现的次数，掌握产品缺陷数的分布情况 2. 分析数据，从而找出产生质量问题的主要原因，进而掌握产品质量

续表

七种工具	具体适用条件
柏拉图	1. 分析不良品的数量，掌握最关键的不良因素 2. 该方法只适用于计数值统计条件下，分析关键的少数及有用的多数 3. 发生质量问题后，用排列图进行分析，以确定改善的目标 4. 将改良前后的排列图进行对比，用以确认问题改善的效果
要因图	1. 寻找关键的质量问题，寻找质量问题的关键原因 2. 根据找出的因果关系，制定改善的对策，以消除产生问题的原因 3. 表示质量改善期望结果与对策间的关系，以确认改善目标是否达成 4. 理顺混乱的因果关系，分析日常管理工作中的问题，帮助企业进行决策，明晰战略重点
散布图	1. 分析两组数据之间是否存在相关关系 2. 确认两组相关数据之间的预期关系
直方图	1. 直观地传达有关过程情况的信息，用来判断生产工序质量的稳定性 2. 推断工序质量符合规定标准的程度 3. 分析不同因素对质量的影响，并确定质量改进的重点 4. 为计算工序能力指数提供有关数据 5. 验证测量方法和算法是否有偏差，并且判断数据真伪
控制图	1. 监控系统性因素造成的质量波动，预防不合格品发生 2. 判明工序质量的稳定性和工艺过程的稳定程度 3. 分析、控制工艺过程的质量状态，及时发现和消除工艺的失控现象

5.2.6 合理化建议活动

除了分享决策权、员工持股计划、职工代表大会等以外，合理化建议活动也是一种行之有效的激发员工参与企业管理的方法。合理化建议活动是围绕进行合理化建议而开展的一项群众性活动，企业人力资源管理人员是这一活动的组织者、参与者及实施者。

开展合理化建议活动之前，企业人力资源管理人员应该先了解合理化建议。所谓合理化建议是指包括所有以改进现行企业运行和管理体制，提高产品质量，简化工艺程序，节约成本和工作时间，提高生产安全、环境保护、劳动保护、生产效率，增加企业效益等为目的的具体建议。合理化建议不仅仅指出目前存在的问题与不足，还应提出相应的解决方案。

开展合理化建议时，企业人力资源管理人员有时会碰到诸多问题，如员工不愿意提建议、不敢提建议、不知道采取何种途径提建议等。面对上述问题，企业可采取下列措施。

(1) 建议管理层大力支持员工提建议

企业管理层对合理化建议活动是否支持及支持程度决定了员工对合理化建议活动的响应程度。具体来说，企业人力资源管理人员可以建议企业管理层采取以下措施支持员工提出合理化建议。

① 向员工提供合理化建议方法培训，从而提高员工的创新能力和技术水平，使员工能更科学地发现问题和提出建议。

② 给员工提供表达观点和建议的机会，使员工感觉到受重视，体验到个人在企业中的价值。

③ 通过各种途径、媒体宣传提出合理化建议的优秀员工及其事迹，从正面引导及激发员工参与到合理化建议活动中来。

(2) 营造良好的沟通和言论氛围

企业人力资源管理人员应在企业内部营造良好的沟通和言论氛围，让员工获得安全感，勇于发言、乐于发言，知无不言，言无不尽。同时企业人力资源管理人员也可以通过奖励措施、带头提建议等来制造一种争先恐后提建议的企业氛围。

(3) 建立完善的合理化建议规章制度

企业人力资源管理人员应通过建立完善的合理化建议规章制度，将合理化建议的采集、整理、反馈、落实、奖励、监督等环节形成制度规范，使员工对合理化建议活动的开展范围、规范、奖励措施等有清晰的认识，从而促进合理化建议活动的制度化、规范化、长期化。完善的合理化建议规章制度体系主要包括如图5—11所示的内容。

(4) 积极开展合理化建议活动宣传

企业人力资源管理人员应在实施企业合理化建议活动前，在企业内部利用各种宣传载体进行宣传，进一步提升合理化建议活动的员工参与度。常见的宣传载体及媒体有企业网站、企业宣传栏、企业公告栏、企业邮箱、企业内部会议等。

在合理化建议宣传阶段，企业人力资源管理人员可制定“合理化建议方案征集活动的通知”并予以下发，确保企业员工都知晓该信息，了解合理化建议提出的要求，在全企业范围内带动出一种踊跃报名、踊跃参与的气氛。

图5—12是一份“合理化建议方案征集活动的通知”的大纲，供读者参考。

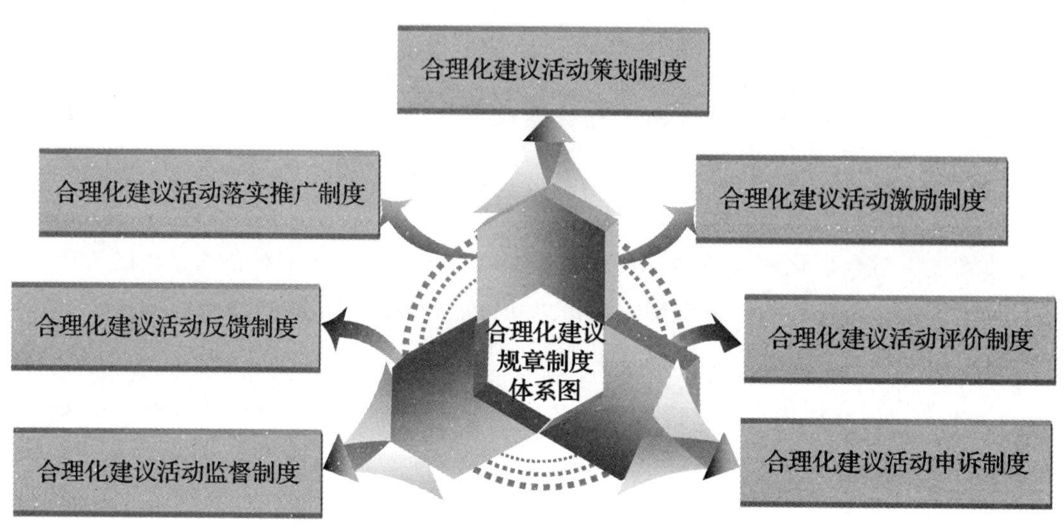

图 5—11　合理化建议规章制度体系图

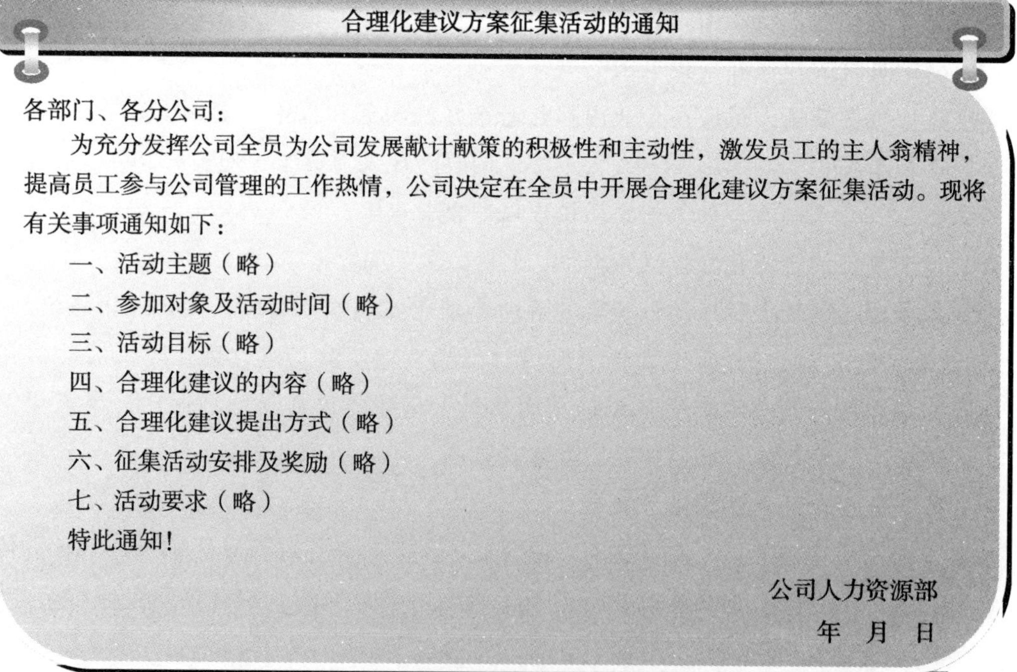

合理化建议方案征集活动的通知

各部门、各分公司：

为充分发挥公司全员为公司发展献计献策的积极性和主动性，激发员工的主人翁精神，提高员工参与公司管理的工作热情，公司决定在全员中开展合理化建议方案征集活动。现将有关事项通知如下：

一、活动主题（略）

二、参加对象及活动时间（略）

三、活动目标（略）

四、合理化建议的内容（略）

五、合理化建议提出方式（略）

六、征集活动安排及奖励（略）

七、活动要求（略）

特此通知！

公司人力资源部

年　月　日

图 5—12　“合理化建议方案征集活动的通知”大纲

（5）做好合理化建议活动的实施与反馈工作

为确保合理化建议活动的效果，提升员工参与企业管理的热情，找出合理化建议并付诸实施，企业人力资源管理人员应做好以下工作。

① 组织成立评审组，由评审组对提交的合理化建议进行评审，找准符合企业发展要求的新思路、新方法。

② 根据评审结果确定合理化建议奖励名录，开展形式多样的颁奖活动。

③ 无论员工的建议是否合理，均应及时反馈，防止因不反馈而挫伤员工积极性，使活动流于形式的情形发生。为确保每一个建议都得到反馈，在设计建议表单时，企业人力资源管理人员可考虑将建议内容、评估意见和结果跟踪三大块内容设置在内，且一式三份，一份留给建议人，一份给评审组，一份本部门保存作为年终考核的依据。

④ 不断总结每次合理化建议活动的经验教训，形成合理化建议长效机制。

5.3　员工满意度管理

5.3.1　员工满意度调查

员工满意度调查是企业员工关系管理的基本工具，它通常以问卷调查等形式收集员工对企业管理各个方面满意程度的信息，然后通过后续统计和分析，了解企业在员工关系管理中存在的问题或不足，进而有针对性地进行化解和改善。

企业人力资源管理人员通过员工满意度调查可以培养员工对企业的认同感、归属感，激发员工参与组织管理与变革，不断增强员工对企业的向心力和凝聚力，保证企业工作效率和最佳经济效应，反映企业真实经营管理情况，为企业管理者提供客观的决策依据。

为确保员工满意度调查有序开展，保证调查结果准确、科学，企业人力资源管理人员应对以下内容予以了解及重点掌握。

(1) 员工满意度调查方法

员工满意度调查的最常用方法主要有访谈调查法、问卷调查法和观察记录法。企业人力资源管理人员可适当地选择合适的方法进行员工满意度调查，具体的满意度调查方法说明如图 5—13 所示。

(2) 员工满意度调查问卷编制

员工满意度调查问卷的编制是员工满意度调查的关键环节，一份完美的调查问卷能对员工满意度调查工作起到事半功倍的效果。企业人力资源管理人员在设计员工满意度调查问卷时，不仅要注意内容方面涵盖企业所要了解的全部内容，在设计问卷问题时，还要注意如图 5—14 所示的要点。

图 5—13　员工满意度调查方法

◎ 问题内容设置要简洁明了、规范、便于员工回答，且保持中性，避免诱导性

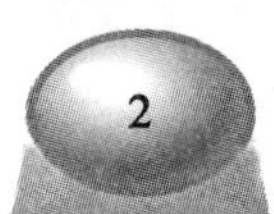

◎ 问题格式设置不能局限于某一种形式，而应涵盖封闭式、半封闭式及开放式问题三种形式，并且要注意给员工留有足够的作答空间，以全面了解企业现存的各种问题和员工的各种真实想法

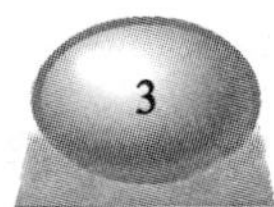

◎ 问题回答方式设置可参考是非选择、多项选择、对比选择、排序选择、程度选择、自由回答等

图 5—14　员工满意度调查问卷问题设置要点

以下是一份员工满意度调查问卷的示例，供企业人力资源管理人员参考。

文书名称	员工满意度调查问卷	编　　号	
		受控状态	

您好！感谢您在 2015 年为公司发展做出的贡献！

新年伊始，公司现对 2015 年员工满意度进行调查。此次调查的主要目的是倾听员工心声，了解员工对公司管理、工作环境、薪酬发展等各方面的看法或意见，以便公司管理层能针对问题或不足之处进行整改。

您的见解和意见对于公司未来发展至关重要，请您认真填写问卷，并根据自己的实际想法将每题最符合您想法的选项的字母写在题后的括号里（本问卷除标明为多选外，其余均为单选。本问卷不记名填写，所有回答将严格保密）。

本问卷共有 44 道问题，您也可以根据自身需要补充说明未列出的问题。感谢您的积极支持和参与！

一、基本信息

1. 性别？（　　）
   A. 男　　B. 女
2. 年龄？（　　）
   A. 18～30 岁　　B. 31～40 岁　　C. 41～50 岁　　D. 50 岁以上
3. 在本公司的工作时间是？（　　）
   A. 6 个月以下　　B. 6 个月～1 年
   C. 1～3 年　　D. 4～10 年
   E. 10 年以上
4. 本人的最高学历是？（　　）
   A. 大专　　B. 本科
   C. 硕士　　D. 博士
   E. 其他
5. 现在公司的职位级别是？（　　）
   A. 一般员工　　B. 基层管理人员
   C. 中层管理人员　　D. 高层管理人员

二、经营管理方面

6. 当您工作出色时上级是否对您表示赞赏？（　　）
   A. 几乎从不　　B. 极少
   C. 有时　　D. 经常
   E. 总是
7. 生活中，您的上级是否对您给予了额外的关心和帮助？（　　）
   A. 完全没有　　B. 极少　　C. 有时　　D. 经常
8. 对上级的各项工作决策，您是否认同？（　　）
   A. 从不　　B. 偶尔　　C. 经常　　D. 总是
9. 直接上级是否对您的工作提出了明确的要求？（　　）
   A. 很模糊　　B. 不明确　　C. 比较明确　　D. 非常明确
10. 您的上级是否会主动和您沟通，了解您工作中的困难和思想状况？（　　）
    A. 完全没有　　B. 极少　　C. 有时　　D. 经常
11. 您一般通过何种方式向上级汇报工作情况？（　　）
    A. 从不汇报　　B. 随意口头汇报
    C. 不定期书面汇报　　D. 定期口头汇报
    E. 定期书面汇报

续表

12. 您是否有机会向上级畅谈您的感受和看法？（　　）
    A. 几乎没有　　B. 极少
    C. 有时　　D. 经常
    E. 总是
13. 您在工作中遇到困难时，上级是否会提供有力的支持和协助？（　　）
    A. 从不　　B. 很少
    C. 有时　　D. 经常
    E. 总是
14. 是否出现有多个领导向您分配任务的情况？（　　）
    A. 经常　　B. 有时
    C. 极少　　D. 完全没有
15. 时间是否因不必要的重复工作而浪费？（　　）
    A. 非常普遍　　B. 经常
    C. 有时　　D. 很少
    E. 几乎没有
16. 您是否同意“公司纪律公正合理”这一说法？（　　）
    A. 强烈反对　　B. 不同意
    C. 中立　　D. 同意
    E. 非常赞同
17. 您是否同意“员工被平等地对待”这一说法？（　　）
    A. 强烈反对　　B. 不同意
    C. 中立　　D. 同意
    E. 非常赞同
18. 您觉得公司的组织管理和办事流程是否符合“合理、高效、方便”的描述？（　　）
    A. 完全不符合　　B. 不大符合
    C. 较符合　　D. 非常符合
19. 为了工作，您所需要的资源和供给情况如何？（　　）
    A. 几乎总是不能及时供应　　B. 经常不能及时供应
    C. 有时能够及时供应　　D. 经常能及时供应
    E. 几乎总是能够及时供应
20. 在您工作需要其他部门协助时，相关部门配合状况如何？（　　）
    A. 非常差　　B. 一般
    C. 比较好　　D. 很好
21. 您对所在团队是否满意？（　　）
    A. 非常不满意　　B. 不满意
    C. 比较满意　　D. 满意
    E. 非常满意
22. 您对公司文化和同事关系的状况是否满意？（　　）
    A. 非常不满意　　B. 不满意
    C. 比较满意　　D. 满意
    E. 非常满意
23. 您与同事之间的沟通与交流状况如何？（　　）
    A. 极度难沟通　　B. 难沟通
    C. 不确定　　D. 基本畅顺有效
    E. 非常畅顺有效

续表

24. 您是否同意“当发生问题时能够找到有效的沟通手段”?( )
A. 强烈反对 B. 不同意
C. 中立 D. 同意
E. 非常赞同
25. 下列哪类情形在您的部门比较多见(多选,但不超过3项)?( )
A. 时间观念差 B. 重口号形式,不关注效率结果
C. 领导承诺的多,兑现的少 D. 职能部门服务差
E. 经常不知道向谁汇报工作 F. 经常领导交办任务后,对结果不管不问
G. 其他

三、工作环境方面

26. 您觉得公司的工作环境是否良好?( )
A. 很差 B. 较差
C. 一般 D. 较好
E. 非常好
27. 您感觉工作环境舒适吗?( )
A. 极度不舒适 B. 不舒适
C. 不确定 D. 基本舒适
E. 非常舒适

四、自身工作方面

28. 您对于目前从事的工作是否有成就感?( )
A. 完全没有 B. 可能有 C. 有一些 D. 非常多
29. 您对您的工作内容和工作职责是否了解?( )
A. 很模糊 B. 不了解 C. 比较了解 D. 非常了解
30. 您的工作是否被合理公正地分配?( )
A. 从不 B. 偶尔 C. 经常 D. 总是
31. 您在工作前是否会制订工作计划,此计划对实际工作是否有用?( )
A. 从不计划 B. 偶尔计划但没多大用
C. 经常计划并有用 D. 总是计划并有用
32. 您对分配给您的工作量持何种态度?( )
A. 非常不满意 B. 不满意
C. 一般 D. 满意
E. 很满意
33. 您对工作强度的感受如何?( )
A. 很紧迫 B. 较紧迫
C. 一般 D. 较轻松
E. 很轻松
34. 您对公司未来的信心如何?( )
A. 一点没有 B. 基本没有
C. 一般 D. 很大
E. 非常大
35. 您认为目前的工作如何?( )
A. 不太适合,希望换一个岗位
B. 不是我理想的工作,但我能够做
C. 好,是我喜欢的工作,但我的能力有所欠缺
D. 很合适,并且有信心、有能力做好

续表

36. 目前的工作压力主要来源于哪些方面（多选，但不超过 3 项）？（　　）
    A. 工作量太大　　B. 工作精细化程度很高
    C. 工作内容或职责变换太快　　D. 与其他同事或领导沟通不畅
    E. 工作效果难以控制　　F. 工作内容单一枯燥
    G. 工作环境和条件较差　　H. 其他

五、薪酬与发展方面

37. 您觉得您的收入同您的工作付出是否相符合？（　　）
    A. 完全不符合　　B. 不大符合
    C. 较符合　　D. 非常符合
38. 您认为您得到的薪酬相对于其他公司同岗位来说如何？（　　）
    A. 很低　　B. 较低
    C. 一般　　D. 较高
    E. 很高
39. 公司的加薪情况是否让您满意？（　　）
    A. 非常不满意　　B. 不满意
    C. 比较满意　　D. 满意
    E. 非常满意
40. 您是否了解公司的员工薪酬制度？（　　）
    A. 完全不知道　　B. 不大了解
    C. 较了解　　D. 非常了解
41. 您是否有机会学到新的东西？（　　）
    A. 完全没有　　B. 极少
    C. 有时　　D. 经常
42. 您的职业倾向是什么？（　　）
    A. 没想过　　B. 希望可以调整
    C. 希望换个更适合的方向　　D. 希望在目前这个方向一直干下去
43. 您希望得到何种方式的培训来提升自己的工作能力（多选，但不超过 3 项）？（　　）
    A. 增加理论知识或操作技能授课　　B. 部门内工作岗位轮换
    C. 不同部门间调动　　D. 开展学历进修
    E. 外派培训　　F. 其他
44. 您认为以下哪种方式最能够更好地提高您的积极性和创造性？（多选，但不超过 3 项）？（　　）
    A. 及时对工作给予评价和奖励　　B. 提高工资收入
    C. 改善福利　　D. 给予挑战性的工作
    E. 给予更多培训机会　　F. 给予职位晋升机会
    G. 领导认可　　H. 其他

六、合理化建议

请描述您对公司的其他建议或意见。

1. ____________________
2. ____________________
3. ____________________

编制人员		审核人员		审批人员	
编制时间		审核时间		审批时间	

(3) 员工满意度调查程序

为了做好员工满意度调查工作，确保员工满意度调查结果和实施过程的有效性，企业人力资源管理人员应该将员工满意度调查工作分八步进行，并注意每步操作的严格性、规范性。员工满意度调查的实施程序如图 5—15 所示。

程序	操作说明
1. 明确员工满意度调查的必要性	◎ 分析企业处于什么阶段，是否有必要进行员工满意度调查 ◎ 在分析员工满意度调查必要性的基础上，确定调查目的
2. 制订员工满意度调查工作计划	◎ 根据员工满意度调查的必要性和目的，制订可行的员工满意度调查工作计划，明确通过满意度调查企业可获得的收益，使企业领导意识到满意度调查的必要性
3. 明确员工满意度调查内容	◎ 分析企业经营管理中出现的问题，确定调查内容 ◎ 员工满意度调查的内容一般包括薪酬方面、晋升与发展方面、员工工作方面、企业管理方面、企业工作环境方面等
4. 确定员工满意度调查方法	◎ 从方便性、易用性和可信度等角度考虑，确认采用哪种调查方法，如互联网问卷或纸张问卷等；为提高回复率，也可选择混合的方法
5. 编制员工满意度调查问卷	◎ 根据已确定的调查内容及方法组织编制员工满意度调查问卷，调查问卷编制结束后应全面检查问卷内容的全面性、逻辑性、格式等，并及时报相关领导审核 ◎ 调查问卷经审核通过后，应进行小范围的测试，以便做出调整
6. 员工满意度调查培训宣传	◎ 为了获得企业员工及管理层的重视与支持、理解，应对员工满意度调查工作进行积极的解释、正确的引导
7. 员工满意度调查实施	◎ 组织员工实施调查，指导员工填写或作答，并及时收回问卷
8. 员工满意度调查结果反馈与应用	◎ 对调查问卷进行统计分析，形成调查结果书面报告并向领导汇报 ◎ 对现存问题拟定合理的问题解决办法或措施，并组织实施，以实现提高员工满意度的目的

图 5—15　员工满意度调查的实施程序

5.3.2 员工满意度分析与评价

员工满意度调查结束后，企业人力资源管理人员应对调查所得的资料信息进行分析与评价，从而得出员工满意度水平，进而有针对性地制定员工满意度提升方案，提升员工满意度。

(1) 员工满意度分析

为确保评价员工满意度调查信息具有针对性、时效性、科学性及可用性，在进行员工满意度评价前，企业人力资源管理人员应先对调查信息进行分析，将有效信息与无效信息进行区分，剔除部分错误、偏离主题、重复或无用的信息。员工满意度调查信息分析的工作要点如下。

① 信息信度分析。信息信度即信息可靠性，是指采用同一方法对同一对象进行调查时，调查结果的稳定性和一致性，可用于衡量调查所得的实得信息与真实信息的相差程度。信息信度分析主要有重复检验法、交错法、折半法三种方法，如表5—10所示。

表5—10　　信息信度分析的方法

信度分析方法	方法说明
重复检验法	采用同样的问卷对同一人群在尽可能相同的情况下先后测试两次，用两次测量结果间的相关性或差异的显著性评价信息信度的高低
交错法	在不同时间对同一群体用两个不同形式的等价问卷进行测量，通过结果相关性评价信度
折半法	交错法中两份问卷合成一份问卷（通常要求这两份问卷的问题数目相等），每一份作为一部分，然后考察这两个部分的测量结果之间的相关性

② 信息效度分析。信息效度是指正确测量所要测量的变量的程度。检验员工满意度调查效度的主要指标有内容效度、准则效度、结构效度，具体内容如图5—11所示。

表5—11　　信息效度分析的指标

效度分析指标	指标说明
内容效度	◎ 内容效度是指测量内容与测量目标之间是否切合，旨在系统地检查测量内容的适当性
准则效度	◎ 准则效度是指调查所得到的数据和其他被选择的变量（准则变量）的值相比是否有意义。根据时间跨度的不同，准则效度可分为同时效度和预测效度

续表

效度分析指标	指标说明
结构效度	◎ 结构效度是指一个测验实际测到所要测量的理论结构和特质的程度 ◎ 要确定一份问卷的结构信度，则问卷不仅应与测量相同特质或构想等理论上有关的变量有高的相关，也应与测量不同特质或构想等理论上有关的变量有低的相关 ◎ 结构效度评价方法实施步骤为首先提出结构假设，然后对结构假设进行验证

（2）员工满意度评价

在对员工满意度调查信息进行分析、甄别后，企业人力资源管理人员应对员工满意度调查信息进行评价，以确定本企业员工的满意度水平。

① 建立员工满意度评价指标体系。企业人力资源管理人员应根据企业实际及行业特征等设计员工满意度评价指标体系，以规范员工满意度评价工作。

② 赋予权重。企业人力资源管理人员应对企业员工满意度评价指标体系赋予权重，以提高满意度评价结果的有效性。表 5—12 为某企业员工满意度评价指标体系权重表，以供参考。

表 5—12　　某企业员工满意度评价指标体系权重表

目标层	要素层		指标层	
	要素内容	权重	指标内容	权重
员工满意度	企业整体状况	0.15	企业形象	0.03
			企业文化	0.03
			企业管理制度	0.05
			对企业信心	0.01
			企业经营状况	0.03
	人际关系	0.15	同事间的人际关系	0.04
			与其他部门的配合与协调	0.03
			上级的信任和支持	0.08
	工作本身	0.2	工作成就感	0.1
			工作强度	0.04
			工作分配合理性	0.03
			工作压力	0.03
	工作条件	0.15	工作环境	0.1
			卫生质量	0.05

续表

目标层	要素层		指标层	
	要素内容	权重	指标内容	权重
员工满意度	薪酬福利与个人发展	0.35	工资收入	0.1
			福利待遇	0.05
			培训机会	0.1
			晋升机会	0.1

③ 调查结果统计分析。企业人力资源管理人员根据员工满意度调查问卷中的有效数据和员工满意度评价指标及权重等，计算得出每项指标的得分及员工满意度平均得分，从而判定企业员工满意度所处的水平，发现企业员工关系管理存在的问题，以便有针对性、有重点地进行改善。

5.3.3 员工满意度提升方法

影响员工满意度的因素多种多样，如公司发展概况、职业认同度、工作时间、工作预期、工作待遇等，因此提升员工满意度的方法也不尽相同。

一般来说，企业人力资源管理人员应通过员工满意度调查与评估，诊断出企业员工管理中存在的问题，然后针对这些问题选择员工满意度提升方法。企业人力资源管理人员可采取的员工满意度提升方法有六种，具体如下所示。

(1) 提升工作本身的魅力

员工对于工作的内容、成就感、胜任力等是影响员工满意度的重要因素。如果员工在自己的岗位上能充分发挥自己的才能，则将大大提高其满意度。因此企业人力资源管理人员应努力致力于优化员工工作内容，为员工提供具有一定挑战性的工作，提高工作本身的魅力，让员工爱上工作，这样才能从根本上提高员工满意度。

(2) 完善薪酬福利制度

薪酬福利是影响员工满意度及流失率的最关键的因素，对提高员工满意度有至关重要的影响。薪酬福利不仅包括工资、奖金、津贴、补贴、股权等各种形式，有时还包含职业保障、免费旅游、培训深造机会等，这些都与员工利益密切相关。

为提高员工对企业薪酬福利的满意度，企业人力资源管理人员在设计薪酬福利制度时应遵循如图 5—16 所示的四项原则。

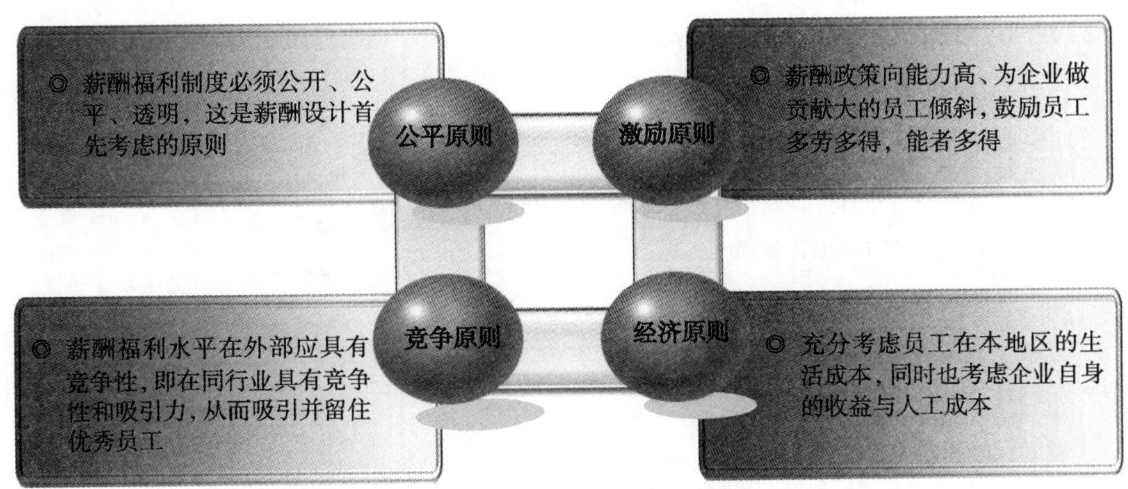

图 5—16　薪酬福利制度设计原则

(3) 改善晋升机制

长期在一个岗位上重复单调的工作，员工的积极性和工作热情都会降低，随之而来的满意度也降低。因此，企业人力资源管理人员应在企业内部建立晋升通道，规范考核工作及考核结果应用，从而让员工获得公平、合理的晋升机会，充分调动其工作积极性。

(4) 建立员工参与管理机制

员工参与企业民主管理的程度越高，越有利于提高其积极性及忠诚度，提升其满意度。因此企业人力资源管理人员应在企业内树立全员管理意识，采取有效的员工参与管理形式，鼓励员工发表意见和建议，对采取的可行建议给予奖励，使员工更关心企业，热爱企业，忠于企业，提升员工满意度。

(5) 改善工作环境和工作氛围

舒适优美的工作环境也可提高员工的满意度，因此企业人力资源管理人员应努力为员工营造一个舒适、安静、美观的工作环境。

除了工作环境外，工作氛围也极大影响着员工的满意度感受。企业人力资源管理人员应建立顺畅的沟通与反馈渠道，帮助员工协调好与同事、上下级的关系，让员工感受到各级管理者对其的尊重与信任，为员工营造轻松、和谐、友爱的工作氛围，减少员工不满情绪，提升员工满意度。

(6) 建设企业文化

好的企业文化能够增强员工凝聚力，提高员工满意度。因此企业人力资源管理人员应树立“用文化管企业”“以文化兴企业”的理念，在系统性、实效性、以人为本的基础上建设良好的企业文化并逐渐发扬光大。

5.3.4 员工满意度管理制度范例

为规范员工满意度管理工作，有效提升员工满意度，企业可制定员工满意度管理制度、办法等。以下是某企业的员工满意度管理制度范例，供读者参考。

<table>
<tr><td rowspan="2">制度名称</td><td colspan="3" rowspan="2">员工满意度管理制度</td><td>编　　号</td><td></td></tr>
<tr><td>受控状态</td><td></td></tr>
<tr><td>执行部门</td><td></td><td>监督部门</td><td></td><td>编修部门</td><td></td></tr>
</table>

第 1 章　总　　则

第 1 条　目的

为了不断提高员工满意度和忠诚度，促进员工满意度调查、分析、改进工作持续规范进行，促进公司永续发展，结合公司实际情况，特制定本制度。

第 2 条　适用范围

本制度适用于公司员工满意度的调查、分析、诊断、改善等管理工作。

第 3 条　职责划分

1. 员工关系专员负责员工满意度的调查、分析、诊断、改善方案的提出和组织实施。
2. 各部门及所属员工应配合人力资源部执行员工满意度调查与改善工作，并及时反馈相关信息。

第 4 条　员工满意度解释

员工满意度是指员工接触企业的实际感受与其期望值比较的程度，即员工满意度＝实际感受/期望值。

第 2 章　员工满意度调查管理

第 5 条　员工满意度调查时机

在出现下图所示的情况时，人力资源部应向总经理提请开展员工满意度调查。

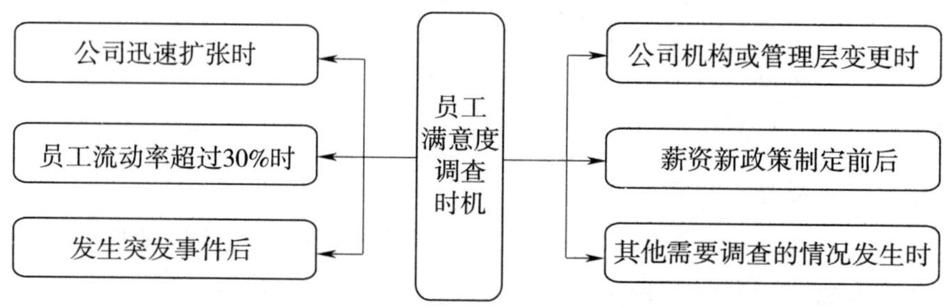

第 3 章　员工满意度调查时机

第 6 条　员工满意度调查原则

本公司员工满意度调查应遵循诚实性原则、时效性原则、区别性原则及保密性原则。

第 7 条　员工满意度调查内容

本公司员工满意度的调查内容主要包括企业文化与价值观、公司经营管理、工作环境、人际关系、工作本身、薪酬与发展等方面的内容。

第 8 条　员工满意度调查方式

本公司员工满意度调查的方式主要有问卷调查法、工作面谈法、员工意见箱、员工座谈会，具体在实施调查时可选两种方式或多种方式。员工关系专员在采用各调查方式开展员工满意度调查时，应遵循如下表所示的操作要求。

续表

员工满意度调查方式和操作要求

调查方式	操作要求
问卷调查法	1. 应充分宣传员工满意度调查的目的、用途及填写和注意事项，争取员工的积极配合，保证满意度调查获得好的效果 2. 问卷设计应在获取有效信息的前提下尽量缩小篇幅，使调查过程简便易行 3. 问卷设计应易于回答，尽量采用选择题形式，以利于员工回答及后续的统计分析 4. 问卷收回应及时，并做好保密工作
工作面谈法	1. 面谈地点一般选择轻松、安静的场所，创造良好的面谈氛围 2. 注意肢体语言，如坐姿、手势、眼神等，鼓励员工表达自身真实看法 3. 面谈中可以做适当记录，以备查用
员工意见箱	1. 在固定地点设置意见箱，以便收集正常渠道无法得到的信息或建议 2. 每周三上午 9：00 定时打开意见箱，仔细阅读员工意见或建议，并进行编号，登记摘要，上报上级及有关部门，并在 3 个工作日内予以回复
员工座谈会	1. 配合上级领导组织员工座谈会，并对会议内容及意见或建议进行记录 2. 总结改善措施，报上级审批后监督实施，确保座谈会的员工意见或建议落到实处

第 9 条 员工满意度调查方案编制与审批

1. 员工关系专员应在确定调查目的、调查时间、调查范围、调查对象、调查方式等的基础上编制员工满意度调查方案，并报人力资源部经理审核、总经理审批。

2. 人力资源部经理、总经理对员工满意度调查方案有疑义或建议的，员工关系专员应及时予以解答及修改。

第 10 条 员工满意度调查方案实施

1. 员工满意度调查方案经审核、审批确认后，员工关系专员应在实施调查前一周发布员工满意度调查通知并参照员工满意度调查方案实施调查，各部门应予以积极配合。

2. 为使公司的员工满意度调查统计数据具有客观性，也为了进一步明确持续改善的方向，员工满意度调查需要保证一定的样本量。因此若调查对象参与率不足 50%，员工关系专员需要重新实施调查。

第 4 章 员工满意度评价与结果应用

第 11 条 员工满意度评分标准

员工满意度评分标准如下所示。

1. 非常满意、非常适合、非常同意、非常认同、非常有关、非常清晰等——5 分。
2. 比较满意、比较适合、比较同意、比较认同、比较有关、比较清晰等——4 分。
2. 基本满意、不确定、没有特别感觉、中立、有时清晰等——3 分。
4. 不太满意、不太适合、不太同意、不太认同、不太有关、不太清晰等——2 分。
5. 非常不满意、非常不适合、非常不同意、非常不认同、根本无关、根本没考虑过等——1 分。

续表

第 12 条　员工满意度得分统计

员工满意度调查结束后，员工关系管理专员对调查得分进行统计分析。员工满意度综合得分＝Σ（频数×分值）/单项有效样本数。

第 13 条　编制员工满意度分析评价报告

1. 员工关系专员对员工满意度调查的各种信息进行归类、统计、分析、判断和讨论，编制以图表、文字、总体评价等为展示方式的员工满意度分析评价报告。

2. 员工满意度分析评价报告的内容应至少包括：调查工作的背景、调查的时间和对象、调查的方法、原始信息统计、归类分析、满意度评分结果、整改要求等内容。

3. 员工满意度分析评价报告的编制工作应在调查信息收集后 10 天内完成。

第 14 条　公布员工满意度分析评价报告

1. 员工满意度分析评价报告编制完成后，员工关系专员需报人力资源部经理审核、总经理批准后方可公布。人力资源部经理、总经理有意见或建议的，员工关系专员应及时予以修正或补充。

2. 员工满意度分析评价报告发布方式包括邮件方式、书面形式、公告栏张贴、会议方式。具体发布时由人力资源部根据具体情况从以上四种方式中直接选取任何一种或多种方式。

第 15 条　员工满意度调查结果的运用

1. 对于员工满意度调查涉及的揭露假丑恶、违纪违规操作等不良现象，人力资源部应立即调查，并对相关责任人进行处理后公之于众。

2. 对于满意度调查当中的合理化建议，人力资源部应组织相关人员进行论证并组织实施，取得效果者应对建议人予以通告褒奖，以示认同和鼓励。

3. 针对员工满意度低，需综合治理或长期整改的项目，人力资源部应组织各部门拟定改善措施、编制员工满意度提升计划表并记录于案。员工满意度提升措施实施后，人力资源部应对实施效果进行定期跟踪和验证，并将改善结果向相关领导汇报。

4. 人力资源部对员工满意度改进结果进行总结，必要时可对某些有效措施形成制度化文件。

第 5 章　附　则

第 16 条　本制度由人力资源部负责制定、解释及修订。

第 17 条　本制度经总经理审批通过后，自公布之日起生效。

编制日期		审核日期		批准日期	
修改标记		修改处数		修改日期	

第 6 章

员工劳动关系异常管理

6.1 员工内部异动管理

6.1.1 员工晋升管理

员工晋升是指员工由较低层级职位上升到较高层级职位的过程。企业人力资源管理人员只有建立良好的晋升机制，规范员工晋升工作，才能激发员工积极性，优化内部人力资源配置，有效降低员工流失率。

为做好员工晋升管理工作，企业人力资源管理人员应掌握以下知识、要点及技巧。

(1) 员工晋升原则

企业人力资源管理人员在实施员工晋升时，应遵循如图 6—1 所示的原则。

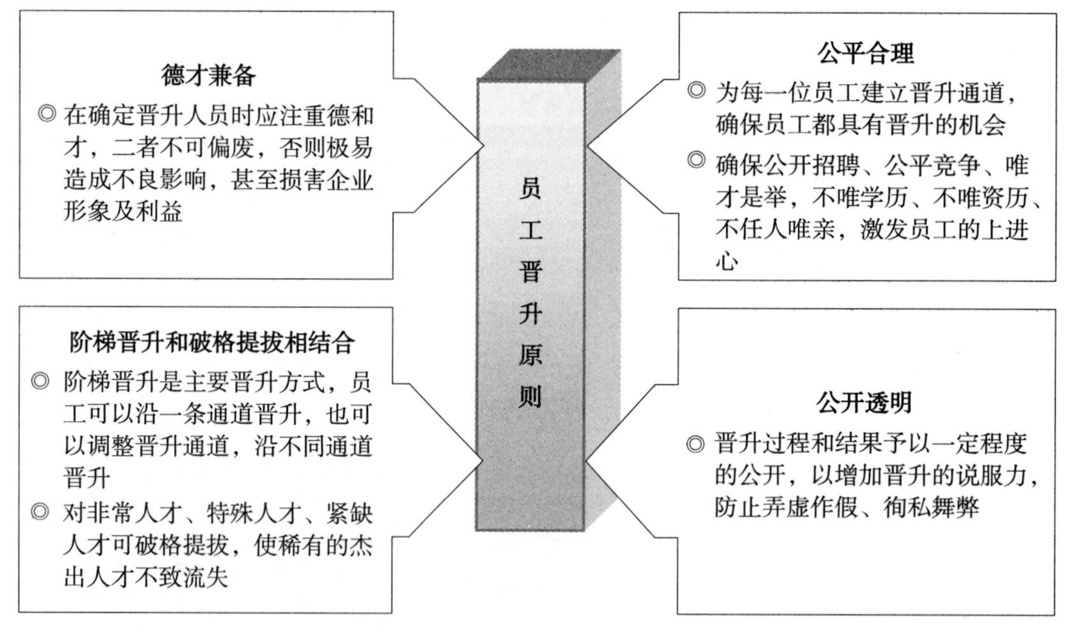

图 6—1 员工晋升原则

(2) 员工晋升标准

一般来说，员工晋升应至少参考品质、能力、态度、业绩、年资等方面的标准。各晋升标准的具体说明如下所示。

① 品质：可考核员工是否以企业利益为重、以集体利益为重，兢兢业业做好本职工作。

② 能力：可考核员工是否具备岗位任职资格所要求的能力。

③ 态度：考核员工工作积极性、主动性和责任感，是否遵守企业纪律及上级工作安排。

④ 业绩：考核员工的工作成果是否达到预期标准。

⑤ 年资：考核员工在本企业、本行业工作的时间，此标准可衡量员工忠诚度及专业度。

(3) 员工晋升类型

企业员工晋升主要有两大类，即同一通道晋升、不同通道晋升，具体如图 6—2 所示。

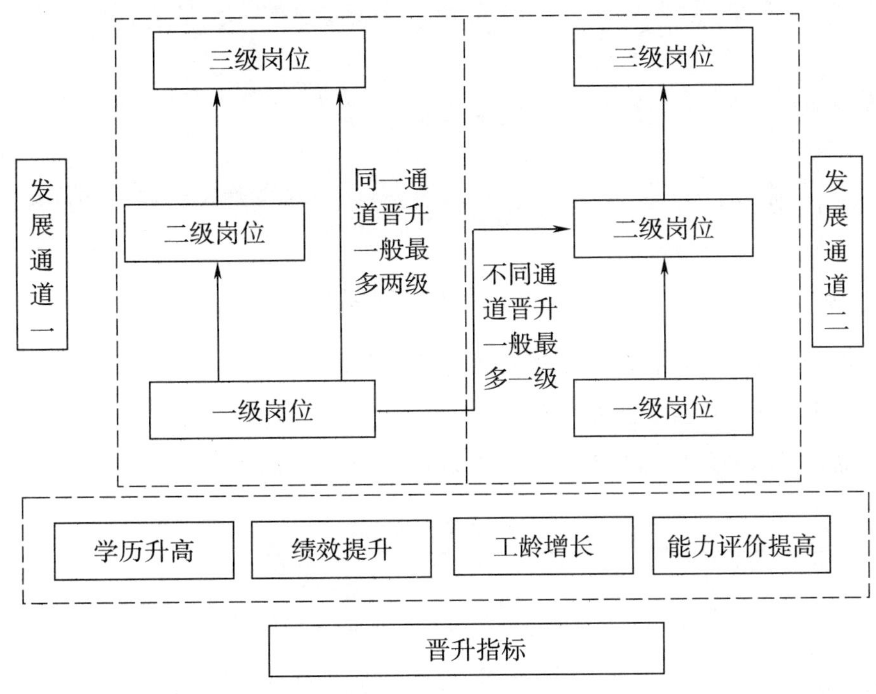

图 6—2　员工晋升类型图

(4) 员工晋升核定权限

为确保员工晋升工作公平、合理、有序、效率高，企业人力资源管理人员应提前公布晋升核定权限。一般来说，企业员工晋升核定权限的划分可参照图 6—3 所示。

6.1.2　员工降职管理

降职是指员工从原有职位降到较低层级的职位。在企业内，一般来说，降职的同时意味着削减被降职员工的权力和降低工资福利待遇等，一旦处理不好，极易引发员工的强烈反抗情绪，造成员工流失，甚至引发劳动争议。企业人力资源管理人员作为员工降职的主要实施者，在进行员工降职管理时应做好以下工作。

(1) 制定并公示降职管理制度

企业人力资源管理人员需制定合理的降职管理制度，以作为降职、调薪的实施依据，确

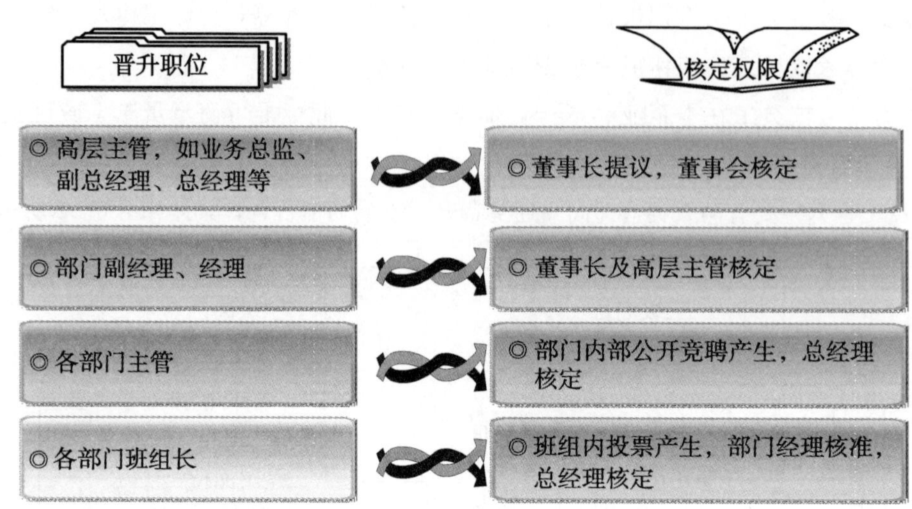

图 6—3 员工晋升核定权限的划分图

保降职、调薪工作的合法性。降职管理制度主要包含适用岗位、降职条件、降职标准、职位变动范围、降职实施程序及审批权限等。

一般来说，降职的条件和标准可设置成如表 6—1 所示的内容。

表 6—1 降职的条件和标准

降职的条件	降职的标准
工作能力不能胜任本岗位工作	◎ 应对其工作能力进行分析，降到与工作能力匹配的岗位上
依照企业考核办法，未达到合格标准	◎ 长时间在本岗位工作，考核后未达到合格标准的，可予以降职处理 ◎ 应急晋升上岗，没有经过必要的培训与试用过程而导致绩效未达标的，应给予适当的培训，允许其在下一个绩效考核周期中锻炼提升；两个绩效周期（或三个绩效周期，因企业而异）结束都无法适应本岗位者，则予以降级处理
员工要求	◎ 如员工身体健康状况不好不能担任目前工作，企业人力资源管理人员应与其协商并适当满足员工要求，特殊情况结束后应酌情给予重新调岗

在制定降职管理制度后，企业人力资源管理人员需将制度进行公示，确保制度符合法定程序，并使员工尤其是相关岗位任职者了解与降职有关的内容。

（2）遵守员工降职的处理程序

企业人力资源管理人员需要按照员工降职处理程序进行处理，具体程序如下所示。

① 降职申请。用人部门提出员工降职申请，并报人力资源部审核。

② 降职申请审核审批。人力资源部根据企业政策，对各部门提出的降职申请事宜予以审核，审核通过后报权限批准人审批。

③ 降职沟通与协商。降职申请批准后，企业人力资源管理人员与降职者本人进行沟通，达成一致。

④ 发布降职通知。人力资源部发布降职通告，并以书面形式通知降职者本人，要求其在指定日期内办理好移交手续，并履任新职。

企业人力资源管理人员在实施员工降职处理程序时，除了遵守企业规定的程序外，还应收集、保管好员工降职处理相关的书面文件，防止发生劳动争议，具体的书面文件如图 6—4 所示。

员工降职处理书面文件

1. 员工书面签字确认的降职管理制度
2. 员工书面签字确认绩效考核方案和绩效考核结果
3. 员工工作期间提交的过失单、检讨、责任事故认定书等书面材料
4. 企业与员工双方书面签字确认的降职沟通、协商的记录内容
5. 企业与员工双方书面签字确认的降职通知单
6. 降职工作交接单、劳动合同变更文件等

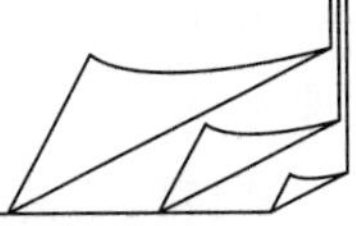

图 6—4　员工降职处理书面文件

(3) 做好员工降职后的善后工作

为员工办理降职手续后，企业人力资源管理人员不能认为降职处理到此结束了，因为员工到降职后的岗位，可能因心生不平，无法适应工作等导致工作不积极、态度不友好等问题。因此，企业人力资源管理人员还需做好降职员工的跟踪、善后工作。在做善后工作时，面对不同心态的降职员工，应采取不同的处理办法，如图 6—5 所示。

6.1.3　员工平级调动管理

员工平级调动是企业为了满足经营管理需要或员工为了满足个人职业发展需要而在企业内部职位之间进行的平行调整，这是一种较常见的人员配置方式。

员工平级调动，既没有提高职位、扩大员工的权力和责任，也没有增加薪酬福利（除地区有较大差异外）。虽然员工平级调动没有增加员工薪酬，但是这种方式对提高员工的积极

缺乏信心，觉得没有面子的

◎ 多鼓励，多沟通，多给予关心与呵护。当员工在新的岗位上做出成绩之后，更要及时反馈，以增强其自信心

对处理结果心生不满、不服的

◎ 给予明确的批评与教育，帮助其重新认知自我。对不思反省、冥顽不灵的，可采取解除劳动合同措施；对有所认知与改进的，应及时给予鼓励

积极调整心态面对挫折和挑战的

◎ 可作为未来升职及着重培养的对象，应给予更多的关心和鼓励，对其过去的价值、贡献给予适当肯定，对现在的积极状态给予表扬，还要与其一同深刻剖析自我、认知自我、调整心态，帮助其在新岗位上取得优异的成绩

图 6—5　降职善后工作要点

性，充分发挥员工的潜力，培养全能人才，实现企业效益最大化有重要作用，因此企业人力资源管理人员应合理规划、实施平级调动。

（1）平级调动的原则

企业人力资源管理人员在实施平级调动时，应遵循如图 6—6 所示的四大原则。

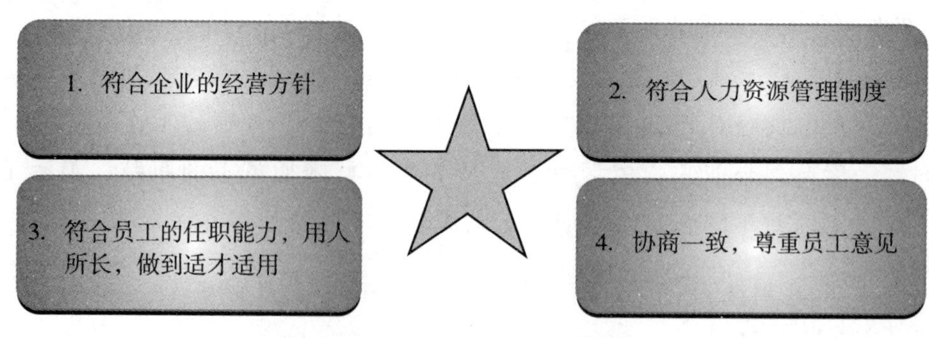

图 6—6　平级调动的原则

（2）平级调动的程序

企业人力资源管理人员在运用平级调动法进行人员配置时应遵循如表 6—2 所示的程序。

表 6—2　　平级调动的程序

程序	具体说明
起草平级调动申请	用人部门根据实际工作需要向人力资源部门提出平级调动申请，员工平级调动申请应包含需要人员的岗位、需要人员的数量、平级调动人员应具备的技能要求等
平级调动面谈协商	企业人力资源管理人员和拟调配员工对内部平级调动进行面谈协商。协商的主要内容包括员工是否能平级调动、平级调动时间、平级调动后的工作安排等
平级调动方案报批	协商一致后，企业人力资源管理人员拟定内部平级调动方案并报各级领导审核审批 平级调动方案主要包括平级调动员工姓名、所在部门及担任职务、调往部门及担任职务、平级调动原因、平级调动时间等
拟定公布平级调动通知	企业人力资源管理人员根据各级领导审批同意后的员工平级调动方案起草平级调动通知并向全员公布
进行工作交接	员工调出前，企业人力资源管理人员应协调好调出部门和调入部门的关系，辅助员工及时办理调动交接手续
人事档案调整	企业人力资源管理人员根据员工平级调动情况，调整相应员工的人事档案。调整人事档案时应进行详细登记，记录员工的平调时间、调往部门、职务变动等各项信息
绩效业绩考核	员工调动后，企业人力资源管理人员应根据其新岗位工作内容，制定相应的业绩考核标准，考核员工在新岗位的胜任力，并对平级调动的成功与否做出判断，总结经验教训

(3) 平级调动审批表

为简化办事程序，提高工作效率，企业人力资源管理人员可将员工晋升、降职、平级调动等情况的审批表合并成一个表，即员工调动审批表，便于各部门使用，具体如表 6—3 所示。

表 6—3　　员工调动审批表

编号：

日期：________年____月____日

申请人		所在部门	
现任岗位		入职日期	
申请调动岗位		调动岗位所在部门	
调岗类型	□ 职务晋升　□ 职务降低　□ 内部平调　□ 内部招聘　□ 其他		
原岗位职责			

续表

调岗后岗位职责	
调岗理由	
薪资调整	□ 需调整　　□ 不需调整 薪资调整：现岗位薪资为______元/月；调薪比例为______%；调薪后岗位薪资为______元/月；调岗考察期：自________年____月____日开始，时间不少于 2 个月
现所在部门经理意见： 签字： 日期：________年____月____日	接收部门经理意见： 签字： 日期：________年____月____日
人力资源部经理意见： 签字： 日期：________年____月____日	总经理意见： 签字： 日期：________年____月____日

6.1.4　员工竞聘上岗管理

员工竞聘上岗是一种有效的内部招聘方法，它主要是通过竞聘者的展示及竞聘工作组织者的评估来选取其中的优秀者作为录用人选。企业采取内部竞聘上岗，能够使员工有一种公平、合理、公开的竞争感，促使员工更加努力地工作。员工竞聘上岗也有自身的缺陷，如需要多部门配合，需花费一定的时间，甚至影响团结。

在实行竞聘上岗时，企业人力资源管理人员应遵守公开、公正、客观原则，协调好有关部门、人员的关系，实现能者匹配、择优录取。为确保员工竞聘上岗能规范、有序、公开、透明进行，企业人力资源管理人员在组织实施员工竞聘上岗时应遵循一定的程序进行，具体如下所示。

（1）确定竞聘岗位及竞聘时间

企业人力资源管理人员应根据战略规划、人员需求、岗位空缺信息等，并在考虑员工发展的基础上确定竞聘岗位。竞聘岗位经人力资源部经理审核、总经理审批同意后，方可组织开展内部招聘工作。

（2）成立竞聘工作小组

竞聘工作小组一般由企业人力资源管理人员、各部门经理、企业高层组成，必要时可聘请外部专家。

(3) 发布竞聘公告

企业人力资源管理人员应根据竞聘岗位拟定并及时发布内部竞聘公告。内部竞聘公告应包括竞聘岗位及人数、岗位职责、任职资格、竞聘资料上交时间、竞聘截止时间等相关内容。

(4) 申请竞聘

申请竞聘包括部门推荐竞聘和员工申请竞聘两种方式。部门推荐竞聘时，部门经理负责填写“优秀员工推荐表”并报人力资源部。员工申请竞聘时，竞聘员工填写“员工竞聘申请表”并报人力资源部。“优秀员工推荐表”“员工竞聘申请表”的格式如表 6—4、表 6—5 所示。

表 6—4　　优秀员工推荐表

被推荐人姓名		性别		年龄	
推荐岗位		现所在岗位		推荐人	
被推荐人主要工作业绩					
被推荐人所受奖励					
被推荐人工作技能					
推荐人推荐理由					
部门意见	签字： 日期：______年___月___日				
人力资源部意见	签字： 日期：______年___月___日				
总经理意见	签字： 日期：______年___月___日				

表 6—5　　员工竞聘申请表

姓名		性别		学历	
工作时间		当前岗位工龄		专业	
所属部门		现岗位		竞聘岗位	
工作经历（含到本公司前的工作经历）	工作开始时间	工作结束时间	单位名称	职位	工作职责描述
学习培训经历	开始时间	结束时间	院校或机构	专业或课程	获得学位或资格

续表

<table>
<tr><td>竞聘原因</td><td colspan="2"></td></tr>
<tr><td>在公司的主要工作业绩</td><td colspan="2"></td></tr>
<tr><td>对竞聘岗位的工作设想</td><td colspan="2"></td></tr>
<tr><td>自我评价</td><td colspan="2"></td></tr>
<tr><td>部门经理意见：

签字：
日期：________年____月____日</td><td>人力资源部经理意见：

签字：
日期：________年____月____日</td><td>总经理意见：

签字：
日期：________年____月____日</td></tr>
</table>

备注：（1）申请人保证所填信息真实可靠，填写完后在规定日期内同个人简历一并交到人力资源部。

（2）请注意岗位竞聘的截止日期，逾期无效。

（5）初步筛选和审查

根据竞聘岗位要求，企业人力资源管理人员、竞聘工作小组对竞聘申请人的资格进行初步筛选和审查。初步筛选和审查主要是审核竞聘员工是否符合岗位说明书的要求、所提供的资料和资历证明是否真实、申请表的填写是否规范。竞聘员工如有意提供虚假竞聘信息，一经查实，竞聘工作小组应取消其竞聘资格。

（6）竞聘考核

对审查符合条件的，竞聘工作小组组织对合格竞聘人员进行考核，并填写“内部竞聘评分表”。竞聘考核方式包括笔试和面试两种。“内部竞聘评分表”因企业性质、岗位要求的不同而有所不同，但大致可包括工作经验、工作业绩、综合素质、新岗位认知等内容。

（7）确定录用人员

竞聘工作小组根据“内部竞聘评分表”，择优确定拟录用人员，并将拟录用名单报人力资源部经理审核、总经理审批。

（8）竞聘结果公示

拟录用名单经审批通过后，企业人力资源管理人员应及时将竞聘结果在企业内进行公示。公示后无异议的，企业人力资源管理人员应向录用人员发放录用通知，并协助其办理好工作交接及调动手续等后续事宜。

6.2　员工离职管理

6.2.1　员工辞职管理

员工辞职管理是指员工主动向企业提出离职的管理。为规范员工辞职行为，防止因员工随意辞职导致工作混乱无序、商业秘密泄露等情况发生，企业人力资源管理人员应明确员工辞职的条件，提前设计好员工辞职的流程、制度、表单等，要求员工按照有关流程、要求严格执行，对未按流程、要求执行的员工，不予办理辞职手续。

(1) 员工辞职的条件

一般情况下，满足以下条件之一的员工辞职，企业人力资源管理人员应予以受理。

① 企业与员工协商一致的。

② 员工提前 30 日以书面形式通知企业的。

③ 试用期员工提前 3 日通知企业的。

④ 企业未按照劳动合同约定提供劳动保护或者劳动条件的。

⑤ 企业未及时足额支付劳动报酬的。

⑥ 企业未依法为员工缴纳社会保险费的。

⑦ 企业的规章制度违反法律法规的规定，损害员工权益的。

⑧ 以欺诈、胁迫的手段或者乘人之危，使对方在违背真实意思的情况下订立或者变更劳动合同；或企业免除自己的法定责任、排除劳动者权利的；或企业违反法律、行政法规强制性规定，致使劳动合同无效的。

⑨ 企业以暴力、威胁或者非法限制人身自由的手段强迫员工劳动的，或者企业违章指挥、强令冒险作业危及员工人身安全的，员工可以立即解除劳动合同，不需事先告知企业。

⑩ 法律、行政法规规定员工可以解除劳动合同的其他情形。

(2) 员工辞职的流程

办理员工辞职业务时，企业人力资源管理人员应遵照一定的流程办理，具体程序如下所示。

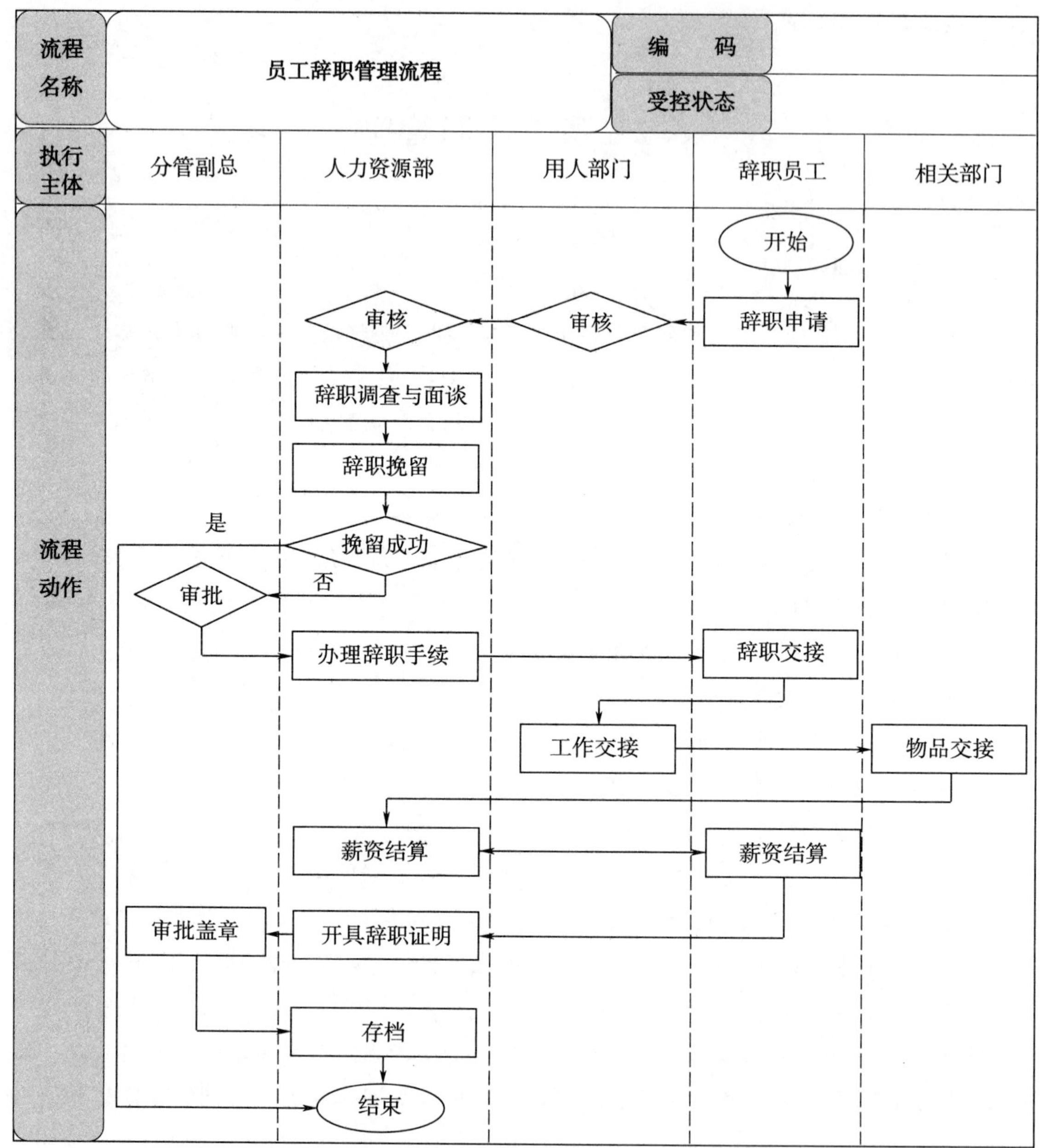

(3）辞职员工挽留技巧与方式

一般来说，每一位提出辞职的员工都会和企业人力资源管理人员直接接触，这就给企业人力资源管理人员创造了一个非常好的挽留机会。为留住企业经营所需的员工，减少员工辞职带来的影响及损失，企业人力资源管理人员应掌握以下技巧和方式。

① 员工辞职挽留的技巧。员工辞职挽留的技巧主要有如表 6—6 所示的六种。

表 6—6　员工辞职挽留的技巧

技巧	技巧说明
即刻反应	在收到企业不愿流失的员工的辞职申请后，应在最短时间（建议 10 分钟内）做出反应
离职信息保密	给挽留工作留下充分的回旋余地，减少员工继续留在企业的心理障碍，促使员工改变辞职决定，同时也可防止辞职对其他员工的不良影响
判断挽留难易	通过沟通了解员工辞职原因，准确判断挽留价值及难易程度，对容易挽留的着重挽留
迅速收集员工信息	尽快收集员工相关信息，对员工有一个全面的认识和评价，从而发现员工辞职的真实原因，为挽留决策提供参考
倾听员工心声	获取员工真实有效的信息，了解员工辞职的真正原因，也可趁机对员工进行心理辅导
帮助员工解决问题	帮助员工重新审视企业，重新认识自我，从而使其在全面了解自己及企业的情况下做出最有利于职业生涯发展的选择

② 员工辞职挽留的方式。常见的挽留方式主要有加薪挽留、平台挽留、创业挽留、分公司挽留四种，企业人力资源管理人员应根据员工类型、员工辞职的真实原因、企业资源现状等，选择合适的辞职员工挽留方式。具体内容如图 6—7 所示。

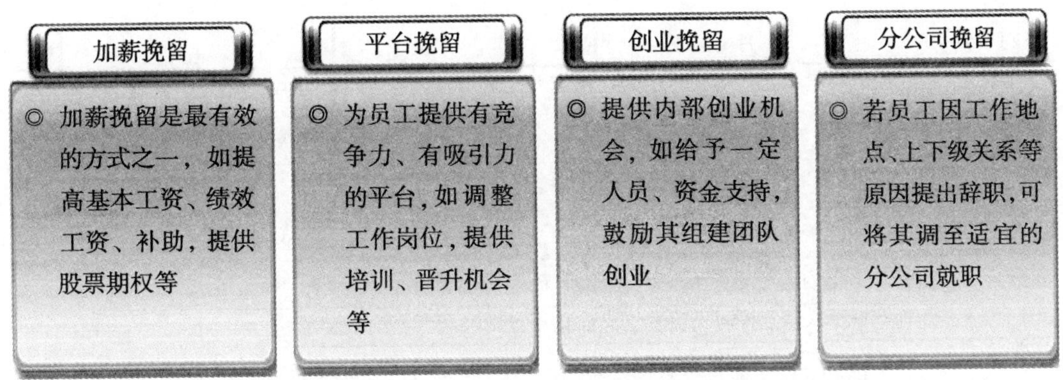

图 6—7　员工辞职挽留的方式

(4) 员工辞职管理表单

在进行员工辞职管理时，企业人力资源管理人员经常用到的表单有员工离职申请表、员工离职交接表等，具体如表 6—7、表 6—8 所示。

表 6—7　　员工离职申请表

编号：

填写日期：________年____月____日

员工姓名		工号		所属部门	
岗位职务		合同期限	________年____月____日至________年____月____日		
员工类型	□ 试用期员工　□ 正式员工		离职类型	□ 辞职　□ 辞退　□ 合同到期	
离职申请日期	________年____月____日		拟离职日期	________年____月____日	
离职原因	□ 薪资待遇低 □ 缺少发展机会 □ 工作分配不合理 □ 健康原因	□ 工作条件差 □ 缺少培训机会 □ 家庭原因 □ 其他		□ 与上级和同事关系不融洽 □ 不满意公司政策和管理措施 □ 回校深造	
所在部门经理意见	签字： 日期：________年____月____日				
人力资源部经理意见	签字： 日期：________年____月____日				
总经理意见	签字： 日期：________年____月____日				
备注					

表 6—8　　员工离职交接表

编号：

填写日期：________年____月____日

员工姓名		工号		所属部门	
岗位职务		离职时间		联系电话	
交接情况					
交接部门	交接事项	接收人	交接时间	部门确认	
员工所在部门	◎ 工作内容、客户信息和遗留业务	×××	________年____月____日		
	◎ 属于公司的工具设备和劳动防护用品	×××	________年____月____日		
	◎ 相关工作文件、资料	×××	________年____月____日		
	◎ 其他	×××	________年____月____日		
行政部	◎ 办公用品	×××	________年____月____日		
	◎ 门柜钥匙、计算机密码	×××	________年____月____日		
	◎ 其他	×××	________年____月____日		

续表

交接部门	交接事项	接收人	交接时间	部门确认
财务部	◎ 个人借款	×××	____年___月___日	
	◎ 个人工资	×××	____年___月___日	
	◎ 其他	×××	____年___月___日	
人力资源部	◎ 工作手册	×××	____年___月___日	
	◎ 培训资料	×××	____年___月___日	
	◎ 其他	×××	____年___月___日	
员工确认	本人确认并同意以上工作交接内容，现已完成以上交接工作和工资结算手续，特此确认。 员工签字： 日期：____年___月___日			
审核人确认	本人对交接过程进行监督审核，现确认交接工作无误并按时完成。 审核人签字： 日期：____年___月___日			

6.2.2 员工辞退管理

辞退即指企业主动与员工解除劳动合同的行为。为确保员工辞退管理合法、合规，企业人力资源管理人员应掌握有关法律法规对员工辞退条件及程序等的要求。

《中华人民共和国劳动合同法》第三十九条规定：“劳动者有下列情形之一的，用人单位可以解除劳动合同：

“（一）在试用期间被证明不符合录用条件的；

“（二）严重违反用人单位的规章制度的；

“（三）严重失职，营私舞弊，给用人单位造成重大损害的；

“（四）劳动者同时与其他用人单位建立劳动关系，对完成本单位的工作任务造成严重影响，或者经用人单位提出，拒不改正的；

“（五）因本法第二十六条第一款第一项规定的情形致使劳动合同无效的；

“（六）被依法追究刑事责任的。”

同时该法第四十条规定：“有下列情形之一的，用人单位提前三十日以书面形式通知劳动者本人或者额外支付劳动者一个月工资后，可以解除劳动合同：

“（一）劳动者患病或者非因工负伤，在规定的医疗期满后不能从事原工作，也不能从事由用人单位另行安排的工作的；

“（二）劳动者不能胜任工作，经过培训或者调整工作岗位，仍不能胜任工作的；

“（三）劳动合同订立时所依据的客观情况发生重大变化，致使劳动合同无法履行，经用人单位与劳动者协商，未能就变更劳动合同内容达成协议的。”

由以上条款可知，企业享有单方解除权，即无须双方协商达成一致意见企业也可与员工解除劳动合同。具体来说，企业辞退员工的类型主要包括过错性辞退和非过错性辞退。

(1) 过错性辞退

过错性辞退是指员工有过错性情形时，企业人力资源管理人员有权随时通知员工解除劳动合同的行为。过错性辞退不用提前一个月通知员工，且企业无须支付解除劳动合同的经济补偿金。企业人力资源管理人员在实施过错性辞退时，应注意不同情形下的实施要点。

① 在试用期间被证明不符合录用条件的。企业要对“录用条件”事先进行明确界定并公示，并做好试用期内的考核。一经发现员工不符合录用条件，用人单位应即时与其解除劳动合同。此条款应用需注意一定要是“在试用期内”，如果过了试用期，则不能以此条此款解除劳动合同。

② 严重违反企业的规章制度的。企业不仅要有合法有效的规章制度，而且还必须在规章制度中对严重违纪作出明确的界定，否则企业也无法利用有关条款解除劳动合同。此条款应用需注意界定严重违纪时，要把握有度，必须符合正常人的一般性评判标准，并做好日常取证工作，确保证据确凿。

③ 严重失职，营私舞弊，给企业造成重大损害的。“严重失职”“重大损害”要在企业内部规章制度中予以明确规定并公示，从而降低企业在以后可能发生的仲裁或诉讼中的败诉率。

④ 员工同时与其他用人单位建立劳动关系，对完成本企业的工作任务造成严重影响，或者经企业提出，拒不改正的。企业不仅要在内部规章制度中对“严重影响”予以明确规定并公示，同时还需要调查并获取证明材料，在掌握确凿证据的情况下方可单方面解除劳动合同。

若企业发现员工与其他用人单位建立劳动关系而未立即辞退只是提出改正意见，则应将有关证明材料、改正通知、改正确认书、后续工作跟踪情况等材料保存完善，以便将来合法辞退时作为有力证据。

⑤ 以欺诈、胁迫的手段或者乘人之危，使对方在违背真实意思的情况下订立或者变更劳动合同，致使劳动合同无效的。对于这种劳动合同认定无效，一般需由劳动争议仲裁机构或者人民法院确认。劳动合同无效确认后，企业才享有即时解除劳动合同的权利。

⑥ 被依法追究刑事责任的。被依法追究刑事责任是指被人民检察院免于起诉的、被人民法院判处刑罚的或被人民法院依据《中华人民共和国刑法》第三十二条免于刑事处分的。

(2) 非过错性辞退

非过错性辞退是指员工本人无过错，但是由于员工自身的客观原因或外部环境发生变化致使劳动合同无法履行，企业在符合法律规定的情形下、履行法律规定的程序后可以单方面解除劳动合同的情况。企业人力资源管理人员在实施非过错性辞退时，应掌握以下要点。

① 非过错性辞退的适用范围。非过错性辞退的适用范围如图 6—8 所示。

◎ 员工患病或者非因工负伤，在规定的医疗期满后不能从事原工作，也不能从事由企业另行安排的工作的

◎ 员工不能胜任工作，经过培训或者调整工作岗位，仍不能胜任工作的

◎ 劳动合同订立时所依据的客观情况发生重大变化，致使劳动合同无法履行，经企业与员工协商，未能就变更劳动合同内容达成协议的

图 6—8　非过错性辞退的适用范围

② 非过错性辞退的具体做法。非过错性辞退的具体做法如图 6—9 所示。

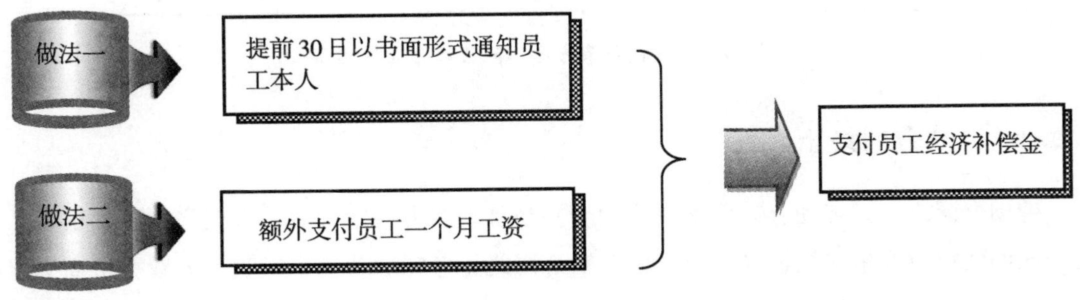

图 6—9　非过错性辞退的具体做法

不论是过错性辞退还是非过错性辞退，根据《中华人民共和国劳动合同法》第四十三条规定，企业人力资源管理人员实施单方面解除劳动合同时必须履行一定的程序，具体程序如图 6—10 所示。

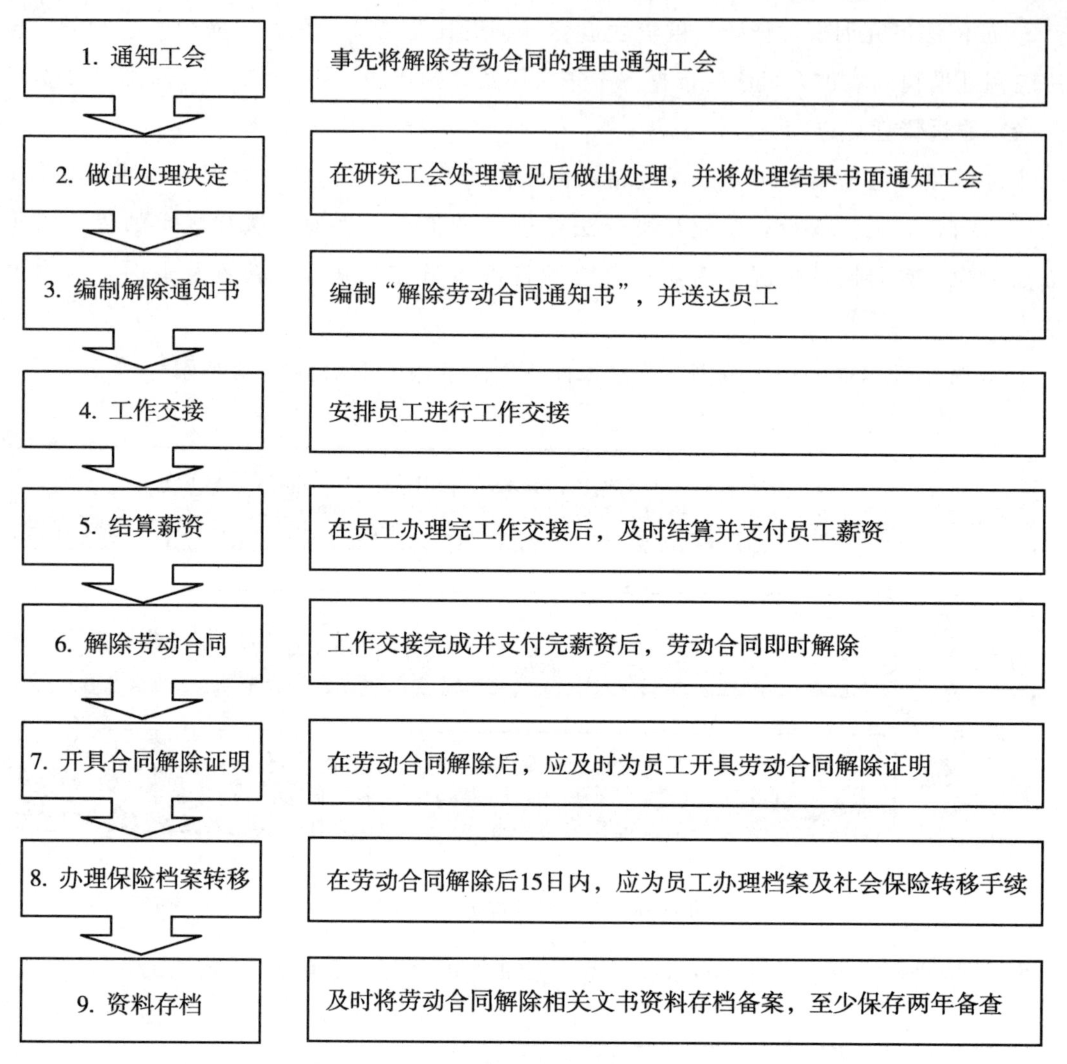

图 6—10　企业单方面解除劳动合同的程序

6.2.3　劳动合同终止

劳动合同终止即劳动合同期满或劳动合同当事人双方约定的劳动合同终止条件出现，劳动合同的法律效力依法被消除的情形。劳动合同终止意味着劳动合同当事人双方协商确定的权利和义务关系已经结束，不再存在，此时，企业人力资源管理人员应为员工办理终止劳动合同的有关手续。

(1) 劳动合同终止的法定情形

劳动合同终止条件不能任意约定，只有存在法定的情形才可以约定终止。根据《中华人民共和国劳动合同法》第四十四条规定，劳动合同终止的法定情形如图 6—11 所示。企业人力资源管理人员不应在劳动合同中任意约定合同终止的条件，否则将可能会面临劳动合同无效所带来的法律风险。

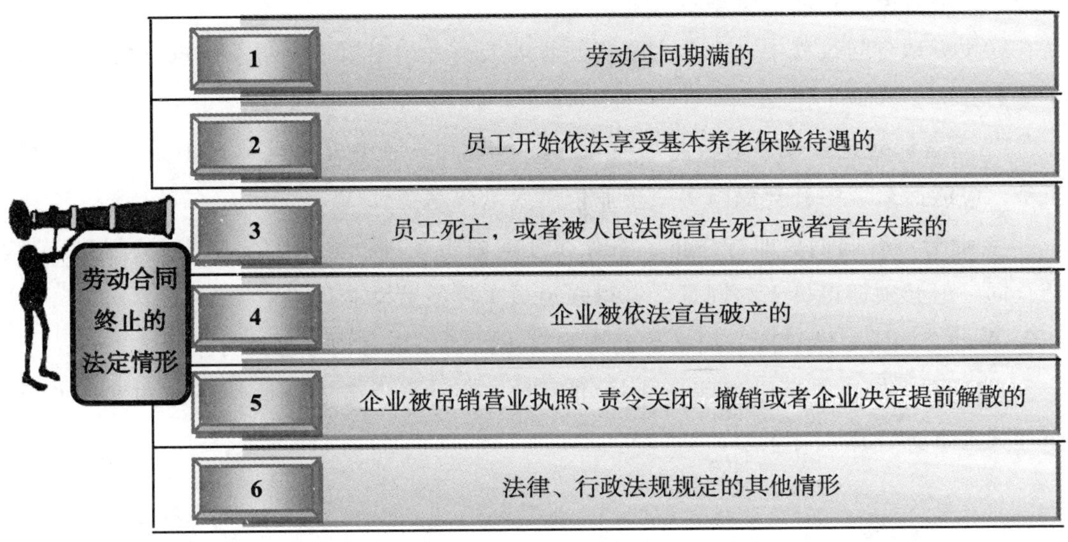

图 6—11　劳动合同终止的法定情形

（2）劳动合同不得终止的情形

《中华人民共和国劳动合同法》第四十五条规定："劳动合同期满，有本法第四十二条规定情形之一的，劳动合同应当续延至相应的情形消失时终止。但是，本法第四十二条第二项规定丧失或者部分丧失劳动能力劳动者的劳动合同的终止，按照国家有关工伤保险的规定执行。"根据上述规定并结合《中华人民共和国劳动合同法》第四十二条规定，企业与员工终止劳动合同时，企业人力资源管理人员需依法对一些特殊情况做出以下处理。

① 延至相应的情形消失。劳动合同期满，员工有如表 6—9 所示的情形之一的，劳动合同应续延至相应的情形消失时，企业方可与员工终止劳动合同。

表 6—9　　延至相应情形消失再终止的情形

序号	情　　形
1	从事接触职业病危害作业的员工未进行离岗前职业健康检查，或者疑似职业病病人在诊断或者医学观察期间的
2	患病或者非因工负伤，在规定的医疗期内的
3	女职工在孕期、产期、哺乳期的
4	在本企业连续工作满十五年，且距法定退休年龄不足五年的
5	法律、行政法规规定的其他情形

② 按照有关工伤保险的规定执行。员工在本企业患职业病或者因工负伤并被确认丧失或者部分丧失劳动能力，企业应按照有关工伤保险的规定执行。

(3) 劳动合同终止的注意事项

在终止劳动合同过程中，企业人力资源管理人员必须对以下事项予以重点关注，做好终止手续的办理及其他工作。

① 劳动合同终止，员工与企业之前存在的权利和义务并非与此同时消失，如企业拖欠的工资，应缴而未缴的社会保险等，企业依然要依法承担。

② 企业劳动合同期满即行终止，不存在任何附带条件。企业因实际需要可与员工续订劳动合同，但必须征得员工的同意，不得强迫员工续签劳动合同。

③ 劳动合同需要续订的，应在劳动合同终止前的一个月内办理续订手续。

④ 劳动合同终止应当以书面形式通知员工。下面为“劳动合同终止通知书”的范本，供企业人力资源管理人员参考。

劳动合同终止通知书

________：

因您有以下第___项情形，本公司决定与您终止劳动合同，终止劳动合同的日期为________年____月____日。

1. 劳动合同期满。
2. 您已经开始依法享受基本养老保险待遇。
3. 本公司被依法宣告破产。
4. 本公司被吊销营业执照、责令关闭、撤销。
5. 本公司决定提前解散。
6. 法律、行政法规规定的其他情形：____________________。

请您于________年____月____日到公司人力资源部办理离职手续。

特此通知！

公司盖章：

________年____月____日

6.2.4 员工离职经济补偿

经济补偿金是指企业与员工解除或终止劳动合同时，企业依法一次性支付给员工的经济上的补偿，该补偿一般以货币形式支付，故被称作经济补偿金。近几年，劳动合同解除过程中涉及经济补偿金的争议越来越多，因此企业人力资源管理人员应了解有关法律法规的规定，明确企业需要支付经济补偿金的情形，掌握经济补偿金的计算方法。

(1) 经济补偿金的支付情形

《中华人民共和国劳动合同法》第四十六条规定："有下列情形之一的，用人单位应当向劳动者支付经济补偿：

"（一）劳动者依照本法第三十八条规定解除劳动合同的；

"（二）用人单位依照本法第三十六条规定向劳动者提出解除劳动合同并与劳动者协商一致解除劳动合同的；

"（三）用人单位依照本法第四十条规定解除劳动合同的；

"（四）用人单位依照本法第四十一条第一款规定解除劳动合同的；

"（五）除用人单位维持或者提高劳动合同约定条件续订劳动合同，劳动者不同意续订的情形外，依照本法第四十四条第一项规定终止固定期限劳动合同的；

"（六）依照本法第四十四条第四项、第五项规定终止劳动合同的；

"（七）法律、行政法规规定的其他情形。"

根据上述法律法规规定及其他有关条款，企业需要向员工支付经济补偿金的情形主要有以下五种。

① 双方协商一致解除劳动合同，且由企业首先提出的。

② 根据《中华人民共和国劳动合同法》第三十八条规定，存在如表 6—10 所示的情形之一，员工提出解除劳动合同的。

表 6—10　　企业需要支付经济补偿金的情形（一）

序号	情　形
1	未按照劳动合同约定提供劳动保护或者劳动条件的
2	未及时足额支付劳动报酬的
3	未依法为员工缴纳社会保险费的
4	企业的规章制度违反法律法规的规定，损害员工权益的
5	以欺诈、胁迫的手段或者乘人之危，使员工在违背真实意思的情况下订立或者变更劳动合同，致使劳动合同无效的
6	企业免除自己的法定责任、排除员工权利，致使劳动合同无效的
7	企业违反法律、行政法规强制性规定，致使劳动合同无效的
8	企业以暴力、威胁或者非法限制人身自由的手段强迫员工劳动的
9	企业违章指挥、强令冒险作业危及员工人身安全的
10	法律、行政法规规定员工可以解除劳动合同的其他情形

③ 根据《中华人民共和国劳动合同法》第四十条、第四十一条规定，企业在表 6—11 所示的情形下单方提出解除劳动合同的，需支付经济补偿金。

表 6—11　企业需要支付经济补偿金的情形（二）

序号	情　　形
1	员工患病或者非因工负伤，在规定的医疗期满后不能从事原工作，也不能从事由企业另行安排的工作的
2	员工不能胜任工作，经过培训或者调整工作岗位，仍不能胜任工作的
3	劳动合同订立时所依据的客观情况发生重大变化，致使劳动合同无法履行，经企业与员工协商，未能就变更劳动合同内容达成协议的
4	企业依照《中华人民共和国企业破产法》规定进行重整，依法裁减人员的
5	企业生产经营发生严重困难，依法裁减人员的
6	企业转产、重大技术革新或者经营方式调整，经变更劳动合同后，仍需裁减人员的
7	其他因劳动合同订立时所依据的客观经济情况发生重大变化，致使劳动合同无法履行，企业依法裁减人员的

④ 企业存在如表 6—12 所示的情形，劳动合同终止，企业需要支付经济补偿金。

表 6—12　企业需要支付经济补偿金的情形（三）

序号	情　　形
1	除企业维持或者提高劳动合同约定条件续订劳动合同，员工不同意续订的情形外，固定期限劳动合同因劳动合同期满而终止的
2	企业被依法宣告破产，劳动合同因此终止的
3	企业被吊销营业执照、责令关闭、撤销或者企业决定提前解散，劳动合同因此终止的

⑤ 法律、行政法规规定的其他情形。

（2）经济补偿金的计算方法

① 经济补偿金的计算标准。根据《中华人民共和国劳动合同法》第四十七条规定，经济补偿金按员工在本企业工作的年限计算，其计算标准如图 6—12 所示。

② 月工资的数额。计算经济补偿金时，参照的月工资是员工在劳动合同解除或者终止前 12 个月的平均工资。这里的平均工资是指员工全部应得工资，包括计时工资或者计件工资以及奖金、津贴和补贴等货币性收入。员工在劳动合同解除或者终止前 12 个月的平均工资低于当地最低工资标准的，按照当地最低工资标准计算。员工工作不满 12 个月的，按照实际工作的月数计算平均工资。

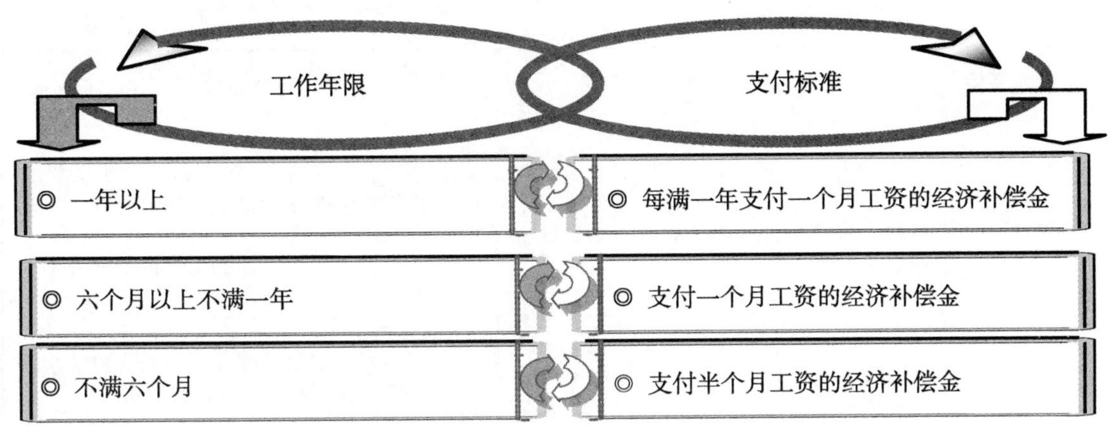

图 6—12　经济补偿金的计算标准

③ 经济补偿金的计算上限。员工月工资高于企业所在直辖市、设区的市级人民政府公布的本地区上年度职工月平均工资三倍的，企业向其支付经济补偿的标准按员工月平均工资三倍的数额支付，向其支付经济补偿的年限最高不超过 12 年。

6.2.5　员工离职风险防范

员工离职往往会带来一定的风险，如业务停滞、商业秘密的泄露、企业管理的混乱、赔偿金的支付等，因此企业人力资源管理人员应掌握员工离职的风险，并做好防范工作。

（1）员工辞职风险防范

员工主动辞职往往是不可预测的，也是难以控制的，会给企业带来难以预料的风险，如关键技术或商业秘密泄露、客户流失、岗位空缺等。为防范员工主动辞职带来的风险，企业人力资源管理人员应识别员工辞职的主要风险，并针对各种风险采取有效的防范措施。具体员工辞职风险的防范措施如表 6—13 所示。

表 6—13　员工辞职风险防范措施

员工辞职风险	风险说明	防范措施
业务停滞	工作未交接或未交接清楚，导致后续工作开展不顺，绩效低下	1. 对员工离职的方法和离职工作交接事先约定，并明确违约责任 2. 要求离职员工严格按照规定办理交接，否则不予办理离职手续
关键技术或商业秘密泄露	1. 企业中掌握关键技术的人才跳槽，会将企业的关键技术带走 2. 离职员工将掌握的商业秘密泄露给竞争对手，将给企业带来重大危机	1. 建立并管理好研发与技术团队，不要过分依赖某一个或少数几个技术人员或工程师 2. 签订保密协议，加强商业保密工作 3. 签订竞业限制协议

续表

员工辞职风险	风险说明	防范措施
岗位空缺	员工主动离职直接的后果就是岗位空缺，关键岗位的空缺会使企业无法正常运转，高层管理人员离职后的空位成本会更高	1. 做好人力资源规划工作，对于关键岗位、中高层管理岗位实施后备人才的培养计划 2. 在外部设立行业关键人才的监测计划
客户流失	经常与客户打交道的人员，掌握着客户的第一手资料，这些人员离职经常会带走一批或大部分客户，使企业失去客户和市场	1. 建立客户信息数据库，实施客户关系管理，使客户信息为企业享有和使用 2. 实施品牌战略，依靠品牌的知名度和美誉度来吸引客户，提高客户忠诚度 3. 适当让掌握客户信息的人员调区升职
影响员工心理	企业一旦发生员工离职，势必对未离职的员工产生负面影响，动摇员工对企业的信心，降低工作积极性	1. 就离职事件与员工进行积极的沟通，说明原因，鼓励未离职的员工努力工作 2. 做好员工职业生涯的规划与开发，创建好的企业沟通机制，改善员工关系
集体跳槽	企业某集体关键人员离职有时会带走一大批的追随者，可能造成企业瘫痪	1. 选拔、聘用具有不同背景的员工 2. 促使员工认同企业的价值观和目标，增加员工对企业的归属感和吸引力 3. 实施岗位轮换制度，定期在部门或地区之间进行轮岗

（2）辞退员工风险防范

相对于员工主动辞职的被动，企业辞退员工时，企业人力资源管理人员有充分的时间、机会做好员工离职后岗位空缺、业务停滞等风险的防范工作。同时也由于辞退员工是由企业提出的，若员工心生不平，或企业操作失当，极易产生劳动纠纷。因此，企业人力资源管理人员应对违法辞退的风险有所认识，并做好防范工作。

① 辞退理由不成立。《中华人民共和国劳动合同法》对企业的过错性辞退和非过错性辞退的理由进行了明确规定，因此企业辞退员工必须有充分的依据、证据，否则解聘理由不成立，会导致劳动争议的发生。

辞退理由不成立风险的防范措施主要包括两个方面。一方面企业人力资源管理人员应检查企业的规章制度是否健全和规范，生效程序是否履行完备，如企业规章制度的生效需经过职代会或职工大会确认的，应履行报告程序并需明确告知员工本人；另一方面企业人力资源管理人员应重视有关证据的收集保管工作，确保相关依据、证据保存完整。

② 辞退程序不符合法律规定。根据《中华人民共和国劳动合同法》第四十条规定，企业辞退员工必须履行一定的程序，如提前三十天以书面形式通知员工或额外支付一个月的工资等。若程序不合法，企业辞退员工将极易产生劳动争议。

为防范上述风险的发生，企业人力资源管理人员应对辞退解聘程序进行严格规定并监督落实，将辞退员工的权力归集到人力资源部门，限制直线经理辞退员工的自由度。

③ 未考虑不得辞退的情况。《中华人民共和国劳动合同法》第四十二条规定：“劳动者有下列情形之一的，用人单位不得依照本法第四十条、第四十一条的规定解除劳动合同：

“（一）从事接触职业病危害作业的劳动者未进行离岗前职业健康检查，或者疑似职业病病人在诊断或者医学观察期间的；

“（二）在本单位患职业病或者因工负伤并被确认丧失或者部分丧失劳动能力的；

“（三）患病或者非因工负伤，在规定的医疗期内的；

“（四）女职工在孕期、产期、哺乳期的；

“（五）在本单位连续工作满十五年，且距法定退休年龄不足五年的；

“（六）法律、行政法规规定的其他情形。”

企业人力资源管理人员在辞退员工时，若未考虑法律法规对不得辞退情况的规定，则极有可能形成违法辞退，让企业蒙受支付赔偿金的损失。

因此，在确定辞退名单时，企业人力资源管理人员一定要慎之又慎；而在选择辞退理由时，一定要合法有据。

6.2.6　经济性裁员的实施

经济性裁员是指企业一次性辞退部分员工，以此作为改善生产经营状况、保护自己生存能力，暂渡难关的一种手段。鉴于经济性裁员将对企业员工利益产生重大影响，因此我国法律法规对经济性裁员的实施有严格的规定，企业人力资源管理人员必须掌握有关规定，依法实施。

（1）经济性裁员实施的法定条件

经济性裁员作为企业单方解除劳动合同的一种方式，必须满足法定条件。这些法定条件包括实体性条件和程序性条件，只有同时具备了实体性条件之一和全部的程序性条件，才能合法、有效地经济性裁员。

① 经济性裁员的实体性条件。根据《中华人民共和国劳动合同法》第四十一条规定，企业必须在有如表 6—14 所示的情形之一的条件下，方可实施经济性裁员。

表 6—14　　实施经济性裁员的实体性条件

情形	情形说明
依照企业破产法规定进行重整的	主要情形有企业法人不能清偿到期债务，并且资产不足以清偿全部债务，依法进行重整的 企业法人不能清偿到期债务，明显缺乏清偿能力，依法进行重整的 企业法人不能清偿到期债务，有明显丧失清偿能力可能，依法进行重整的
生产经营发生严重困难的	鉴于“严重困难”的标准不宜界定，因此企业应慎用该手段
企业转产、重大技术革新或者经营方式调整，经变更劳动合同后，仍需裁减人员的	企业转产、重大技术革新或者经营方式调整并不必然导致进行经济性裁员，此时应尽量引导员工转到转产后的工作岗位；只有在变更劳动合同后，仍需要裁减人员，才可进行经济性裁员
其他因劳动合同订立时所依据的客观经济情况发生重大变化，致使劳动合同无法履行的	除了上述三种情况外，因客观经济情况发生重大变化（如为防治污染进行搬迁），致使劳动合同无法履行，需进行经济性裁员的

② 经济性裁员的程序性条件。为了尽量缓减经济性裁员对员工乃至整个社会的安定团结造成的冲击，《中华人民共和国劳动合同法》要求企业人力资源管理人员进行经济性裁员时必须履行一套法定程序。这些法定程序是有顺序的，须全部履行，具体如图 6—13 所示。

◎ 需要裁减人员二十人以上或者裁减不足二十人但占企业职工总数百分之十以上的

◎ 企业提前三十日向工会或者全体职工说明情况，并听取工会或者职工的意见

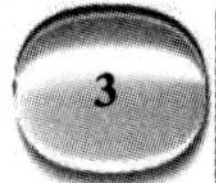

◎ 裁减人员方案经向劳动行政部门报告

图 6—13　经济性裁员的程序性条件

（2）经济性裁员实施的限制条件

考虑到一些本身存在生活困难的员工的特殊情况，如果将其裁掉，则必将雪上加霜。因此，《中华人民共和国劳动合同法》在第四十一条中还规定了一定的限制性条件。其限制性条件主要包括优先留用和优先招用两个方面，具体如图 6—14 所示。

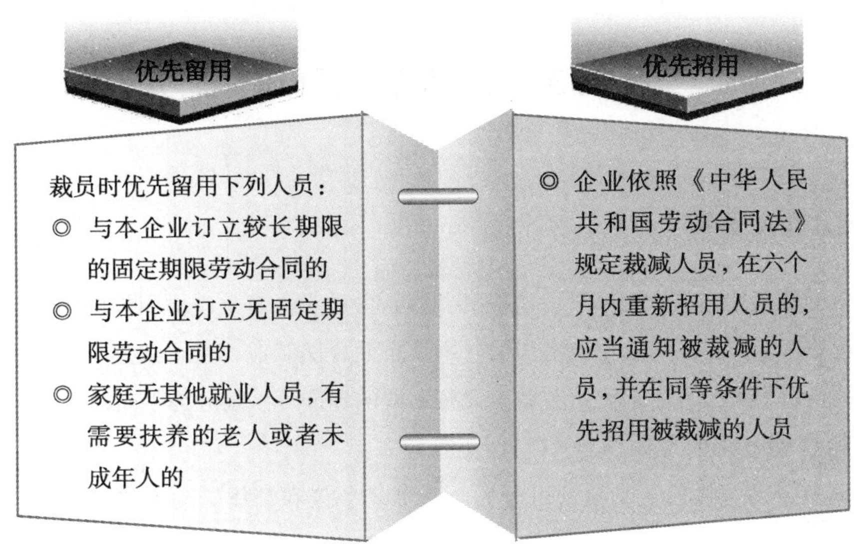

图 6—14　经济性裁员实施的限制条件

(3) 经济性裁员实施的禁止条件

为了加大对处于明显弱势群体的员工的保护，《中华人民共和国劳动合同法》第四十二条明确规定图 6—15 所示的六类情形不得列为经济性裁员范围。

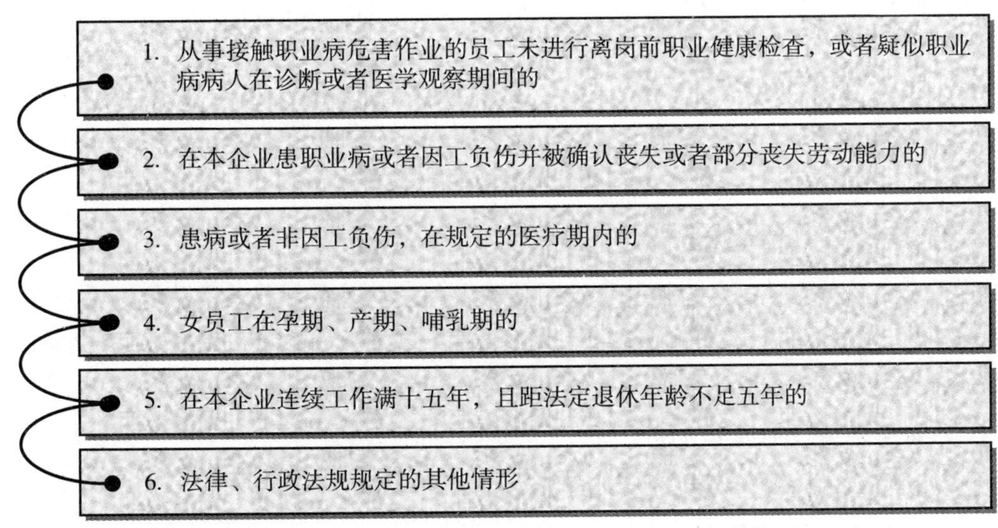

图 6—15　经济性裁员的禁止条件

(4) 经济性裁员实施的经济补偿

企业实施经济性裁员，企业人力资源管理人员应依法计算经济补偿金并及时、足额向被裁减人员发放，尽量满足其合理、合法要求。

6.3 劳动争议管理

6.3.1 劳动争议类别

劳动争议是指企业与员工因实现劳动权利和履行劳动义务有分歧而引发的争议。为做好劳动争议的预防及处理工作，减少企业经济损失，维护企业合法利益，企业人力资源管理人员应对劳动争议的类型有所了解。具体来说，劳动争议按不同的标准可以划分为不同的类别。

(1) 根据劳动争议的主体划分

根据劳动争议的主体，劳动争议可分为个人劳动争议和集体劳动争议，如图 6—16 所示。

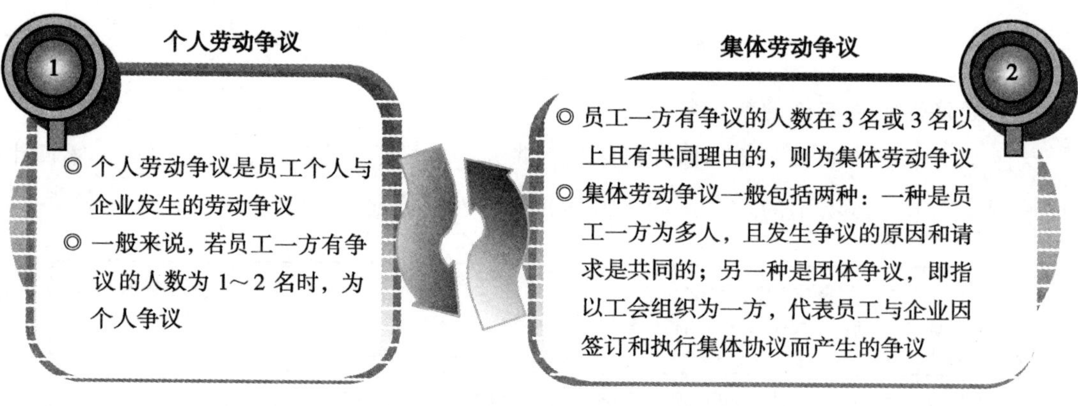

图 6—16 根据劳动争议主体划分的类别

(2) 根据劳动争议的客体划分

根据劳动争议的客体划分，即从劳动争议涉及的劳动关系划分，劳动争议可分为权利争议和利益争议。权利争议是指因执行劳动法律法规、劳动合同和集体合同所规定的权利而发生的劳动争议。利益争议是指因确定或变更员工的权利义务而发生的劳动争议。

(3) 根据劳动争议的内容划分

根据劳动争议的内容，劳动争议可划分为如图 6—17 所示类别。

(4) 根据当事人的国籍划分

根据当事人国籍的不同，劳动争议可分为国内劳动争议与涉外劳动争议。国内劳动争议是指中国的企业与具有中国国籍的员工之间发生的劳动争议；涉外劳动争议是指具有涉外因素的劳动争议，包括中国在国（境）外设立的机构与中国派往该机构工作的人员之间发生的劳动争议、外商投资企业与员工之间发生的劳动争议。

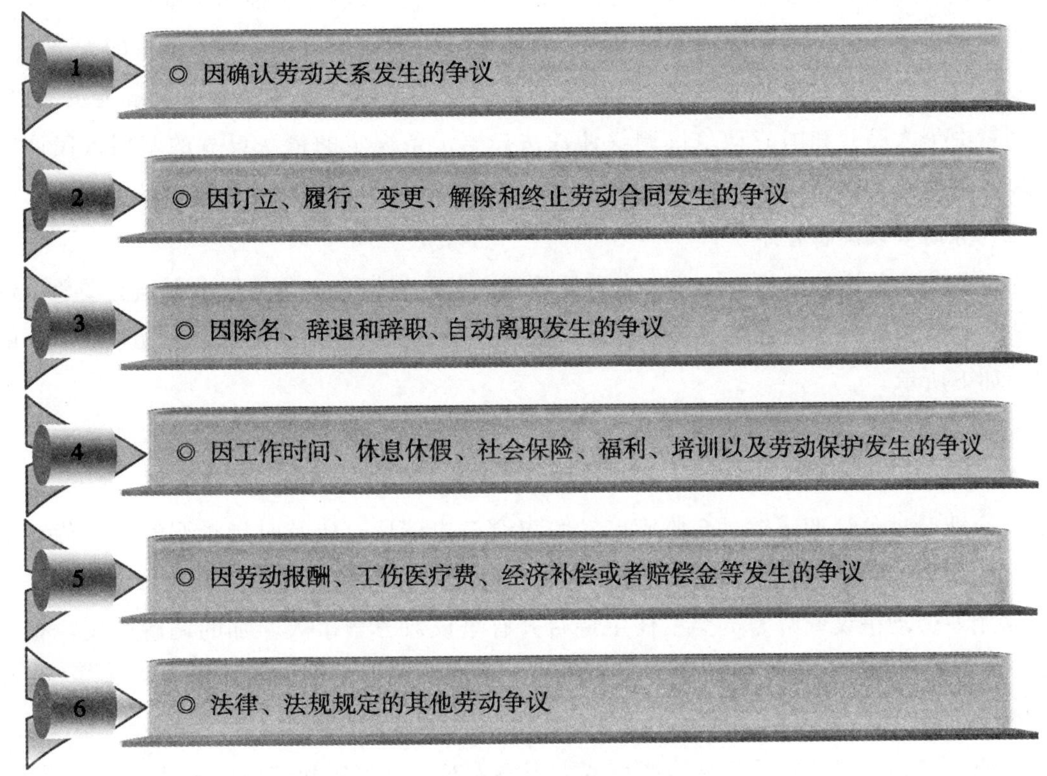

图 6—17　根据劳动争议内容划分的类别

6.3.2　劳动争议调解

劳动争议调解是指劳动争议调解委员会对发生的劳动争议，在查明事实、分清是非、明确责任的基础上，依照国家劳动法律法规，以及依法制定的企业规章和劳动合同，通过民主协商的方式，推动双方互谅互让，达成协议，消除争议的一种行动。

《中华人民共和国劳动争议调解仲裁法》第三条规定：“解决劳动争议，应当根据事实，遵循合法、公正、及时、着重调解的原则，依法保护当事人的合法权益。”由此可见，劳动争议调解在解决劳动争议过程中的重要作用。

劳动争议调解虽然不是劳动争议处理的必经程序，但却是最及时、最有效、最经济、最能减少不良影响的方式。因此在现实中，发生劳动争议后，企业人力资源管理人员可优选调解解决这一方式。为确保劳动争议调解的顺利进行，企业人力资源管理人员需掌握劳动争议调解相关知识。

(1) 劳动争议调解组织

企业应设立企业劳动争议调解委员会作为劳动争议的调解组织。企业劳动争议调解委员会由职工代表和企业代表组成。职工代表由工会成员担任或者由全体职工推举产生，企业代表由企业负责人指定。企业劳动争议调解委员会主任由工会成员或者双方推举的人员担任。

发生劳动争议时，企业人力资源管理人员可组织人员到企业劳动争议调解委员会以外，还可到《中华人民共和国劳动争议调解仲裁法》第十条规定的依法设立的基层人民调解组织，以及在乡镇、街道设立的具有劳动争议调解职能的组织进行劳动争议调解。

（2）劳动争议调解程序

为避免劳动争议的激化，企业人力资源管理人员应根据《中华人民共和国劳动争议调解仲裁法》的有关规定，结合企业实际情况，按照劳动争议调解程序进行。劳动争议具体的调解程序如下所示。

① 劳动争议一方当事人首先要以书面或口头申请的方式向企业劳动争议调解委员会申请调解。

② 企业劳动争议调解委员会收到劳动争议调解申请后，应及时指派调解员对劳动争议进行全面调查，听取双方当事人对事实和理由的陈述，做好笔录并签名或盖章。

③ 企业劳动争议调解委员会主任主持召开有争议双方当事人参加的调解会议，有关单位和个人可以参加调解会议以协助解决争议。简单的争议可由调解委员会指定 1～2 名调解委员进行调解。

④ 企业劳动争议调解委员会应听取双方当事人对争议事实和理由的陈述，在查明事实、分清是非的基础上，依照有关劳动法律法规、企业规章制度和劳动合同，公正调解。

⑤ 经调解达成协议的，企业劳动争议调解委员会制作一式三份的调解协议书，协议书应写明双方当事人的姓名（单位、法定代表人）、职务、争议事项、调解结果及其他需说明的事项，并由调解委员会主任及双方当事人签名或盖章，加盖调解委员会印章。协议书签订后，对双方当事人具有约束力，双方当事人自觉履行协议内容。

⑥ 自劳动争议调解组织收到调解申请之日起十五日内未达成调解协议的，当事人可以依法申请仲裁。

6.3.3 劳动争议仲裁

劳动争议仲裁是指劳动争议当事人向仲裁委员会提交劳动仲裁申请书，劳动争议仲裁委员会在查明事实、明确是非、分清责任的基础上，对企业与员工之间发生的劳动争议依法做出裁决的活动。

发生劳动争议后，当事人不愿调解、调解不成或者达成调解协议后不履行的，可以向劳动争议仲裁委员会申请仲裁。《中华人民共和国劳动争议调解仲裁法》对劳动争议仲裁有明确的时间、地点等限制，因此在劳动争议仲裁过程中，企业人力资源管理人员应掌握劳动争议仲裁的有关规定及要点，以便及时维护自己的合法权益，有效应对仲裁案件。

(1) 劳动争议仲裁时效

企业人力资源管理人员发现本企业合法权益受侵害时，一定要及时进行协商调解，协商调解不成应及时申请仲裁，否则超过法律规定时效，企业将很难得到赔偿。

根据《中华人民共和国劳动争议调解仲裁法》第二十七条，劳动争议一般情况下、仲裁中断情况下、仲裁中止情况下及特殊情况下的仲裁时效的计算方法如表 6—15 所示。

表 6—15　　仲裁时效有关规定表

情况	仲裁时效计算方法
一般情况下	劳动争议申请仲裁的时效期间从当事人知道或者应当知道其权利被侵害之日起计算，时效期间为一年
仲裁中断情况下	因当事人一方向对方当事人主张权利，或者向有关部门请求权利救济，或者对方当事人同意履行义务而中断。从中断时起，仲裁时效期间重新计算
仲裁中止情况下	因不可抗力或者有其他正当理由，当事人不能在仲裁时效期间申请仲裁的，仲裁时效中止。从中止时效的原因消除之日起，仲裁时效期间继续计算
特殊情况下	劳动关系存续期间因拖欠劳动报酬发生争议的，员工申请仲裁不受仲裁时效期间的限制；但劳动关系终止的，仲裁时效为劳动关系终止之日起一年内

(2) 劳动争议仲裁地点

劳动争议由劳动合同履行地或者企业所在地的劳动争议仲裁委员会管辖。双方当事人分别向劳动合同履行地和企业所在地的劳动争议仲裁委员会申请仲裁的，由劳动合同履行地的劳动争议仲裁委员会管辖。

(3) 劳动争议仲裁当事人

一般情况下，企业和员工为劳动争议仲裁案件的双方当事人。在劳务派遣用工下，企业或劳务派遣单位与员工发生劳动争议的，企业和劳务派遣单位为共同当事人。

(4) 劳动争议仲裁申请材料

由企业申请劳动争议仲裁的，企业人力资源管理人员一般应向劳动争议仲裁委员会提交以下材料。

① 仲裁申请书。

② 营业执照副本复印件。

③ 法定代表人（主要负责人）身份证明书。

④ 有委托代理人的，需提交“授权委托书”一份，注明委托事项。

⑤ 证据所附证据清单。证据中一般应包括证明存在劳动关系的资料，如劳动合同书、

工作证、厂牌、工卡、工资表（单）、入职登记表、押金收据、社会保险缴费清单、暂住证、考勤记录、奖惩通知、解除（终止）劳动合同的通知（证明）等。

6.3.4 劳动争议诉讼

劳动争议诉讼是指劳动争议当事人不服劳动争议仲裁委员会的裁决，在规定的期限内向人民法院起诉，人民法院依照民事诉讼程序，依法对劳动争议案件进行审理的活动。在我国现行的法律体系中，劳动争议实行先裁后审制度，即劳动争议仲裁是劳动争议诉讼的前置程序，对于未经过仲裁的劳动争议申诉案件，人民法院不予受理。

在处理劳动争议诉讼案件时，企业人力资源管理人员一定要对诉讼范围即时效予以重点关注，防止因诉讼不属于法定范围被驳回或者诉讼超过法定时效，自身的合法权益无法得到保护的情况发生。

《中华人民共和国劳动争议调解仲裁法》第四十七条规定：“下列劳动争议，除本法另有规定的外，仲裁裁决为终局裁决，裁决书自作出之日起发生法律效力：

“（一）追索劳动报酬、工伤医疗费、经济补偿或者赔偿金，不超过当地月最低工资标准十二个月金额的争议；

“（二）因执行国家的劳动标准在工作时间、休息休假、社会保险等方面发生的争议。”

该法第四十八条规定：“劳动者对本法第四十七条规定的仲裁裁决不服的，可以自收到仲裁裁决书之日起十五日内向人民法院提起诉讼。”

同时该法第五十条规定：“当事人对本法第四十七条规定以外的其他劳动争议案件的仲裁裁决不服的，可以自收到仲裁裁决书之日起十五日内向人民法院提起诉讼；期满不起诉的，裁决书发生法律效力。”

由上述三条法律条款可知，企业作为劳动争议的当时人，对以下两大争议以外的其他劳动争议案件的仲裁裁决不服的，可以自收到仲裁裁决书之日起十五日内向人民法院提起诉讼；期满不起诉的，裁决书产生法律效力。

① 追索劳动报酬、工伤医疗费、经济补偿金或者赔偿金，不超过当地月最低工资标准十二个月金额的争议。

② 因执行国家的劳动标准在工作时间、休息休假、社会保险等方面发生的争议。

6.3.5 劳动争议预防

现阶段，我国企业劳动争议案件呈现数量快速上升、企业败诉率增高的态势，企业仅注重劳动争议的处理并不能从根本上降低劳动争议的发生频率及不良影响。因此企业人力资源管理人员应在正确处理劳动争议的基础上立足于预防工作，从根本上预防劳动争议的发生及扩大化，有效保障劳动合同的履行及双方权利义务的实现，保证企业生产经营的持续稳健开展，提高员工工作的积极性和忠诚度，降低劳动争议处理时间及经济成本。

具体劳动争议预防的工作重点如下所示：

（1）深入钻研劳动保障法律法规及本地法规

首先企业人力资源管理人员要深入钻研《中华人民共和国劳动法》《中华人民共和国劳动合同法》等法律法规及本地法规，抓好人力资源管理法律风险防范体系建设，正确执行法律风险防范措施，从而确保企业的各项活动及管理工作符合法律法规规定，降低法律风险。

（2）建立、完善企业规章制度

企业规章制度是指企业根据国家有关法律法规结合本企业自身特点制定的，明确劳动条件、调整劳动关系、规范本企业及员工行为的各种制度的总称，是对企业所有员工具有普遍效力的内部法。常见的企业规章制度有员工手册、××制度、××规定、××操作规程、××劳动纪律及××奖惩办法等。

根据《最高人民法院关于审理劳动争议案件适用法律若干问题的解释（一）》第十九条的规定，企业的规章制度可以作为劳动争议的处理依据，因此企业人力资源管理人员必须做好企业内部规章制度的建立和完善工作。企业内部规章制度在拟定时，必须满足如图 6—18 所示的三大要点。

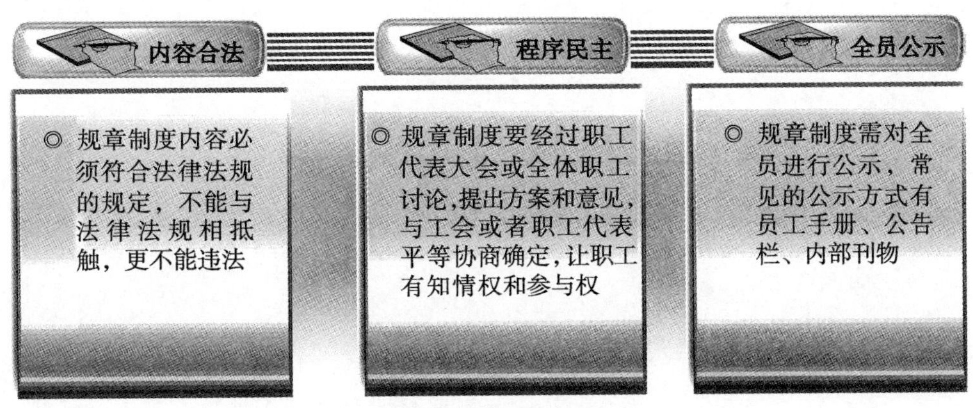

图 6—18　规章制度拟定的三大要点

（3）抓好组织建设

企业人力资源管理人员应重点抓好企业工会组织、劳动争议调解组织、人力资源管理部门的组织建设。这些组织作为预防和处理劳动争议的先遣部队，最熟悉企业员工，最了解企业情况，最易发现劳动争议发生的征兆，从而将劳动争议在萌芽阶段解决掉。

（4）合理、合法处理劳动关系

合理、合法处理劳动关系，能有效预防劳动争议的发生或扩大化，也可将大的劳动争议降为小的劳动争议，降低企业损失，维护劳资双方良好的关系。合理、合法处理劳动关系的重点是抓好劳动合同管理的签订和变更工作、设计好薪酬结构、执行最低工资标准、依法支付加班费、选择好工时制度、依法解除和终止劳动合同等。

(5) 建立有效的劳动争议内部防范机制

企业人力资源管理人员应根据企业实际和特点设计企业的劳动争议防范和预警体系，建立内部申诉及处理机制，建立员工参与或影响决策的管理机制，明确企业内部的责任分担，在企业内部创造良好的工作及沟通氛围，并及时调节和化解劳动争议。

(6) 查找管理漏洞，进行改善

企业人力资源管理人员可从企业近年来发生的劳动争议案件着手分析，将劳动争议发生次数较多、影响较恶劣的方面（如劳动报酬、社会保险缴纳等）作为重点问题来抓，以有效降低风险事件的再次发生。

第 7 章

特殊形式员工关系管理

7.1 集体合同管理

7.1.1 集体协商内容

集体协商是指企业工会选派或者职工民主推荐的协商代表与相应的企业代表为签订集体合同进行商议的行为。企业人力资源管理人员可作为企业代表开展集体协商工作，帮助企业和企业员工双方解决问题，签订集体合同或专项集体合同，协调、稳定劳动关系，保障生产经营的正常、稳定发展。

为了顺利开展集体协商工作，企业人力资源管理人员需要掌握集体协商内容。而集体协商内容在 2004 年 5 月 1 日起实施的《集体合同规定》第二章中进行了规定，集体协商的内容主要包括以下三个方面。

(1) 有关劳动标准与劳动条件的条款

有关劳动标准与劳动条件的条款包括劳动报酬、工作时间、休息休假、劳动安全与卫生、补充保险和福利、女职工和未成年工特殊保护、职业技能培训、劳动合同管理、奖惩与裁员十大事项，具体如表 7—1 所示。

表 7—1　　有关劳动标准与劳动条件条款的内容

内容		内容说明
1	劳动报酬	主要包括企业工资水平、工资分配制度、工资标准和工资分配形式，工资支付办法，加班、加点工资及津贴、补贴标准和奖金分配办法，工资调整办法，试用期及病、事假等期间的工资待遇，特殊情况下员工工资（生活费）支付办法，其他劳动报酬分配办法
2	工作时间	主要包括工时制度、加班加点办法、特殊工种的工作时间、劳动定额标准
3	休息休假	主要包括日休息时间、周休息日安排、年休假办法，不能实行标准工时职工的休息休假，其他假期
4	劳动安全与卫生	主要包括劳动安全卫生责任制、劳动条件和安全技术措施、安全操作规程、劳动防护用品发放标准、定期健康检查和职业健康体检
5	补充保险和福利	主要包括补充保险的种类、范围，基本福利制度和福利设施，医疗期延长及其待遇，职工亲属福利制度
6	女职工和未成年工特殊保护	主要包括女职工和未成年工禁忌从事的劳动，女职工的经期、孕期、产期和哺乳期的劳动保护，女职工、未成年工定期健康检查，未成年工的使用和登记制度

续表

内容		内容说明
7	职业技能培训	主要包括职业技能培训项目规划及年度计划、职业技能培训费用的提取和使用、保障和改善职业技能培训的措施
8	劳动合同管理	主要包括劳动合同签订时间，确定劳动合同期限的条件，劳动合同变更、解除、续订的一般原则及无固定期限劳动合同的终止条件，试用期的条件和期限
9	奖惩	主要包括劳动纪律、考核奖惩制度、奖惩程序
10	裁员	主要包括裁员的方案、裁员的程序、裁员的实施办法和补偿标准

(2) 有关集体合同本身的一般性条款

有关集体合同本身的一般性条款主要包括以下四项，具体如图 7—1 所示。

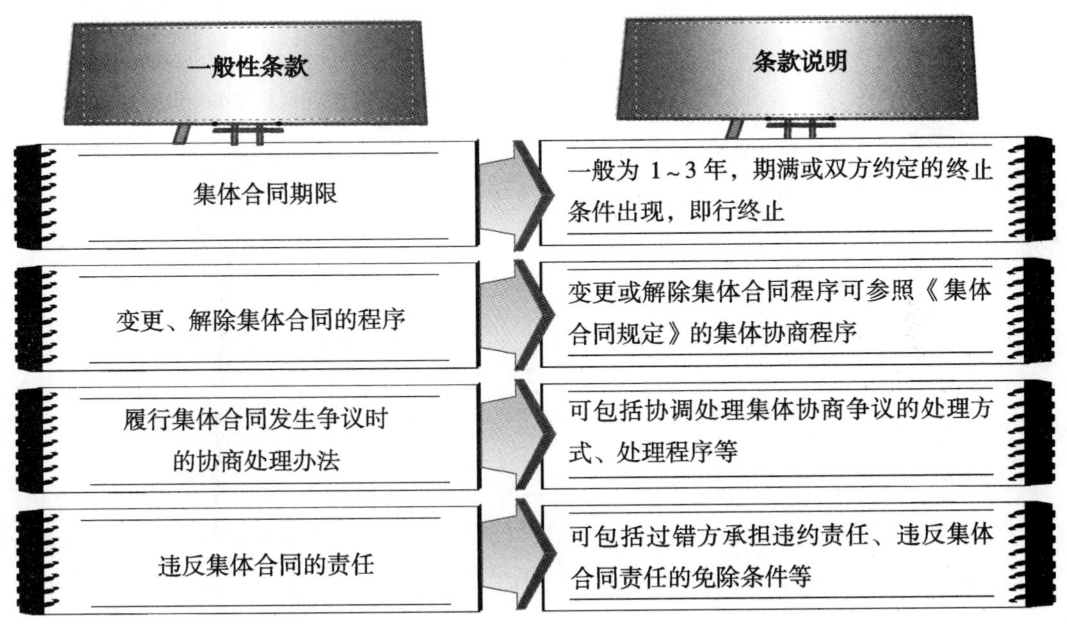

图 7—1　有关集体合同本身的一般性条款内容

(3) 双方认为应当协商的其他内容

双方认为应当协商的其他内容，即除上述内容外协商双方认为应当协商的内容。

7.1.2　集体合同协商

集体合同是指企业与本企业员工根据法律法规、规章的规定，就劳动报酬、工作时间、休息休假、劳动安全卫生、职业培训、保险福利等事项，通过集体协商签订的书面协议。由此可见，集体合同协商是集体合同签订必须经过的过程，是集体合同签订的前提和保障。在集体合同协商阶段，企业人力资源管理人员可作为企业协商代表或首席代表开展集体协商工作。为了有效地开展集体合同协商，确保集体合同顺利签订，企业人力资源管理人员应掌握以下知识、要点及技巧。

(1) 集体合同协商的原则

集体合同协商应遵循合法，相互尊重、平等协商，诚实守信、公平合作等原则，并且兼顾各方权益，不采取过激行为。下面对集体合同协商的原则进行具体说明。

① 合法的原则。合法的原则主要包括协商、订立集体合同的程序合法和内容合法两个方面。这里的合法主要是符合《中华人民共和国劳动法》和与劳动法相关的配套法律法规、规章及国家有关规定，如集体合同中劳动报酬和劳动条件等标准不得低于当地人民政府规定的最低标准。

② 相互尊重、平等协商原则。参与协商的工会组织与企业不存在隶属关系，双方法律地位是平等的。企业不得依仗自己在用工方面的强势地位，通过胁迫手段把自己的意志强加给对方，订立不平等合同，否则即使订立合同，这种合同也是没有法律效力的。

③ 诚实守信、公平合作原则。在集体合同协商过程中，企业应本着诚实守信的原则，不弄虚作假、欺骗蒙混。同时，在集体合同协商中，企业应明确双方当事人的权利和义务，使权利与义务相结合，在合作共赢的基础上达成一致。

④ 兼顾各方权益原则。兼顾各方权益，就是要求企业在与员工一方的协商代表进行协商谈判时，既要从企业实际出发，又要维护员工的合法利益，把改善员工的劳动和生活条件与企业的发展结合起来。此外，公有制企业要在兼顾国家、企业、员工利益的基础上建立协调稳定的劳动关系。

⑤ 不得采取过激行为原则。在集体合同的协商过程中，企业应保持良好的合作态度，不能采取强制方式或过激行动强迫对方接受自己的意见。当双方意见僵持难以形成统一时，企业应采取合理措施，如暂时休会等，在此期间企业也应保证生产经营的正常秩序。

(2) 集体合同协商代表的产生

集体合同协商代表是指按照法定程序产生并有权代表本方利益进行集体协商的人员。集体合同协商代表的产生要点如下所示。

① 集体协商代表的人数。集体协商双方的协商代表人数应当对等，每方至少 3 人，并各确定 1 名首席代表。双方协商代表不得相互兼任。

② 企业协商代表的产生。企业协商代表由企业法定代表人指派，首席代表由企业法定

代表人担任或由其书面委托本企业其他管理人员担任。企业法定代表人在指派协商代表时，应注重“精”，即代表组成的结构一定要合理，熟悉基层部门工作，具有财务、人力资源管理知识，具有较强法律知识。

③ 职工一方协商代表的产生。职工一方协商代表的产生有两种方法，具体如图 7—2 所示。

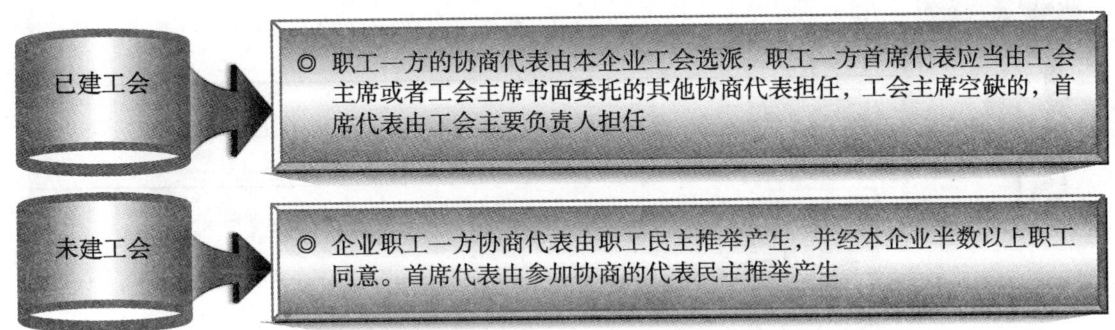

图 7—2　职工一方协商代表的两种产生方法

④ 协商代表的外部委托。集体协商双方首席代表可以书面委托本企业以外的专业人员作为本方协商代表参加协商，但所委托人数不得超过本方协商代表的三分之一。

(3) 集体合同协商代表的职责

协商代表在集体合同协商中承担如图 7—3 所示的重要职责，其履行职责的期限由被代表方确定。

(4) 集体合同协商代表的保护措施

① 企业不得对协商代表采取威胁、收买、欺骗等行为。

② 企业应当保证协商代表履行职责所必要的条件。协商代表因履行代表职责而占用工作时间的，应当视为正常出勤，其工资和其他待遇不受影响。

③ 企业不得对协商代表进行打击报复。职工一方协商代表履行协商代表职责期间，企业无正当理由不得调整其工作岗位。

④ 职工一方协商代表在其履行协商代表职责期间劳动合同期满的，劳动合同期限自动延长至完成履行协商代表职责之时，除出现严重违反劳动纪律或企业依法制定的规章制度的，严重失职、营私舞弊，对企业利益造成重大损害的，以及被依法追究刑事责任的这三种情形之外，企业不得与其解除劳动合同。

(5) 集体合同协商的技巧

在进行集体合同协商时，企业协商代表应掌握以下四要、四谈、四不谈技巧，注重时效性，不断提高自身的谈判质量。具体集体合同协商的技巧如表 7—2 所示。

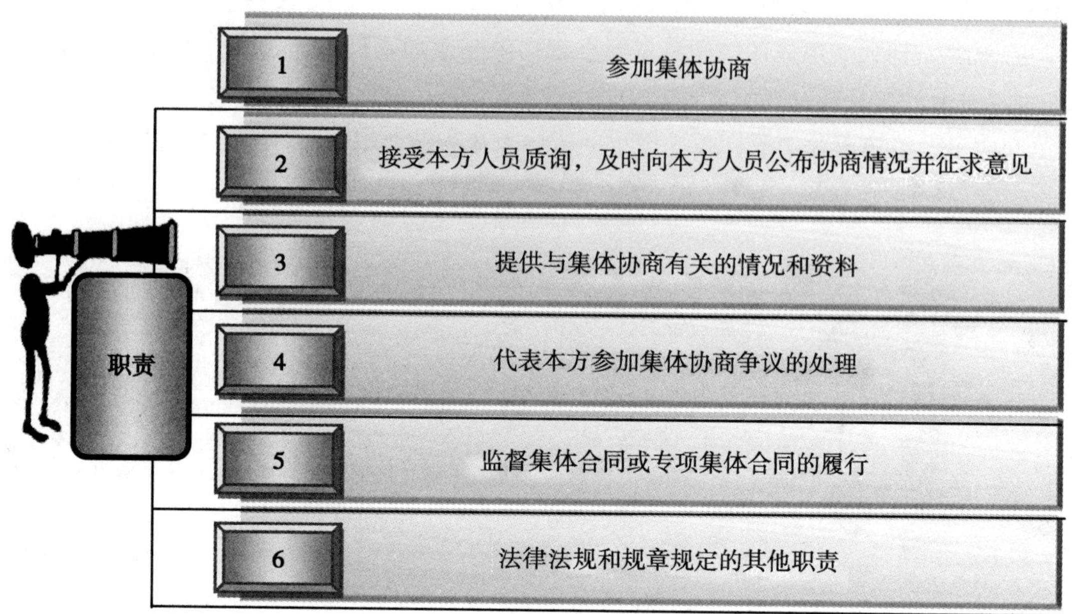

图 7—3 集体合同协商代表的职责

表 7—2 集体合同协商的技巧

技巧	技巧说明
四要	资料收集要“全”，这样可确保协商内容能抓住重点，提高效率
	确定方案要“实”，凡法律法规有明确规定的，一律不进集体合同；凡对维护职工合法权益无实质性内容的，一律不进集体合同
	原则问题要“争”，进行集体协商，应当有一条底线或一个基本原则，决不能让步
	协商方法要“活”，针对不同协商对象及问题，要灵活采取不同的方式方法
四谈	职工关心的热点问题重点谈
	涉及职工普遍关心的利益问题必须谈
	有争议的问题耐心、深入地谈
	僵持不下的问题稍后再谈
四不谈	做不到的事情不谈
	不切合实际的事情不谈
	说不清楚的问题不谈
	职工意见很不一致的问题不谈

7.1.3 集体合同签订

集体合同签订的程序主要有拟定集体合同草案、集体合同签订、报送审查及公布。企业在签订集体合同时一定要履行上述法律程序，尤其注意需到劳动保障行政部门报送、审查、备案，只有通过上述法律程序的集体合同才能生效，否则集体合同就会因为程序不合法而无效。

由于企业人力资源管理人员需要参与合同拟定、合同报送、公布等工作，因此也必须掌握集体合同的签订程序及要求，保证集体合同顺利地签订，确保合同合法、有效。

(1) 拟定集体合同草案

双方首席代表轮流主持集体协商会议，协商双方就商谈事项发表各自意见，开展充分讨论，达成一致的，形成集体合同草案或专项集体合同草案，并由双方首席代表签字。

协商中出现意见分歧时，企业人力资源管理人员应从大局出发，求同存异，通过协调和沟通妥善处理，不得以过激行为迫使对方接受己方要求。协商未达成一致意见或出现事先未预料的问题时，经双方协商，可以中止协商。中止期限及下次协商时间、地点、内容由双方商定，但最长以不超过 60 天为宜。必要时，企业人力资源管理人员也可请求当地劳动部门或上级工会进行调解。

(2) 集体合同签订

集体协商双方就集体合同草案经过协商取得一致意见并经本企业职工代表大会或者全体职工讨论通过后，由双方首席代表在集体合同文本上签字，集体合同即告成立。

职工代表大会或者全体职工审议讨论集体合同草案，应当有三分之二以上职工代表或者职工出席。全体代表（或职工）过半数同意，集体合同草案方获通过。

(3) 报送审查

集体合同签订后，企业人力资源管理人员应当按当地劳动保障行政部门的要求，在 10 日内将集体合同文本（一式三份）、集体合同协商过程说明、协商记录、职工代表大会决议以及证明双方当事人具有合法资格的法律文书或文件（影印件）等报送当地劳动保障行政部门审查，同时抄报上级主管部门，并由工会报送上级工会。

集体合同自送审 15 日内，企业未收到异议通知的，即表示劳动保障行政部门对集体合同内容没有异议，则集体合同自送审第 16 日起自行生效。

集体合同自送审 15 日内，企业收到集体合同审查意见书的，即表示劳动保障行政部门对集体合同内容有异议。此时，企业人力资源管理人员应当根据审查意见书中的标识的无效或部分无效条款，与员工协商代表协商修改，修改后再次报送劳动保障行政部门重新审核后确认生效时间。

（4）公布

对于生效的集体合同，企业人力资源管理人员应当自其生效之日起及时以适当的形式向各自代表的全体成员公布。一般来说，集体合同公示时间应在生效一个月内，不得延误。

集体合同审查生效后一般可以采取如图 7—4 所示的方法向职工公布。企业人力资源管理人员应对各种方法有所了解、掌握，并做到合理应用。

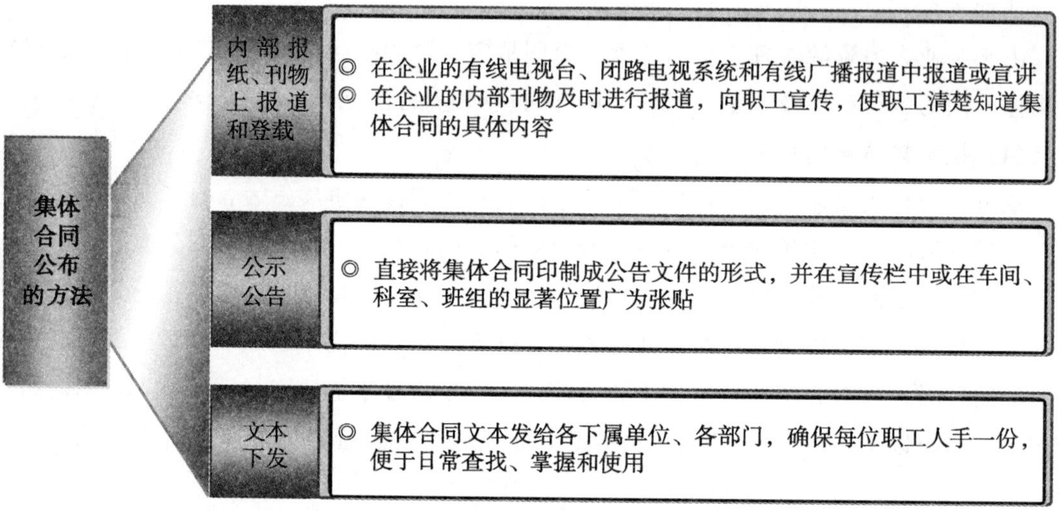

集体合同公布的方法

内部报纸、刊物上报道和登载
◎ 在企业的有线电视台、闭路电视系统和有线广播报道中报道或宣讲
◎ 在企业的内部刊物及时进行报道，向职工宣传，使职工清楚知道集体合同的具体内容

公示公告
◎ 直接将集体合同印制成公告文件的形式，并在宣传栏中或在车间、科室、班组的显著位置广为张贴

文本下发
◎ 集体合同文本发给各下属单位、各部门，确保每位职工人手一份，便于日常查找、掌握和使用

图 7—4 集体合同公布的方法

企业人力资源管理人员在制定集体合同公示公告的文件时可参照图 7—5 所示的样式。

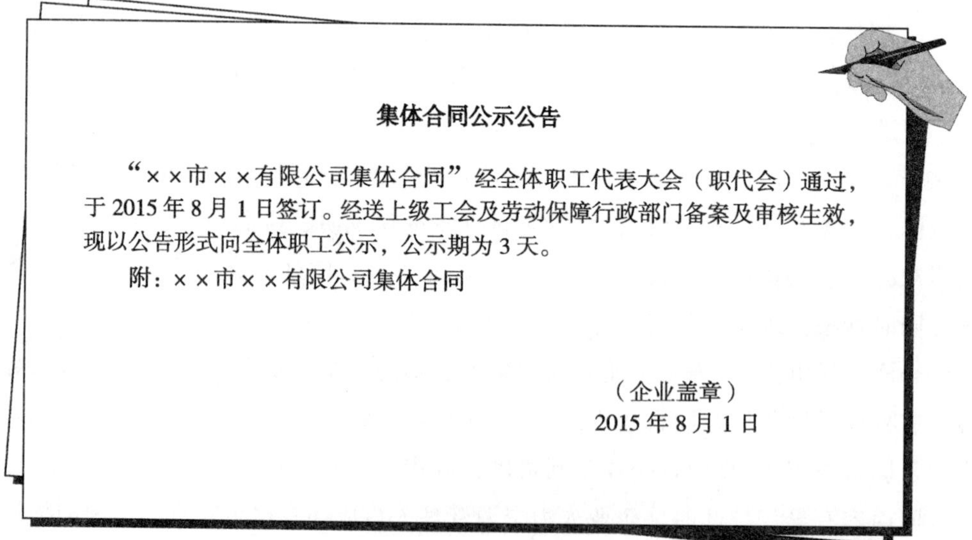

集体合同公示公告

“××市××有限公司集体合同”经全体职工代表大会（职代会）通过，于 2015 年 8 月 1 日签订。经送上级工会及劳动保障行政部门备案及审核生效，现以公告形式向全体职工公示，公示期为 3 天。

附：××市××有限公司集体合同

（企业盖章）
2015 年 8 月 1 日

图 7—5 公示公告文件的样式

7.1.4　集体合同履行

集体合同的履行，即集体合同双方当事人根据集体合同的规定，在约定的时间、地点全面完成各自所承担义务的行为，如交付货物、提供服务、支付报酬或价款、完成工作、保守秘密等。履行合同是实现合同目的最重要和最关键的环节，直接关系到企业的利益，企业人力资源管理人员需做好集体合同的履行和监督对方履行。

(1) 集体合同的法律效力

集体合同一旦生效，就具有法律效力，对企业和员工都具有约束力，双方当事人必须遵守执行，无法定理由拒不履行合同的，应当承担违约责任。企业人力资源管理人员需要按照集体合同的约定和企业的规定对履行集体合同的员工支付报酬或价款，而员工就需要给企业交付货物或提供服务等。

(2) 集体合同的履行原则

企业人力资源管理人员应清楚集体合同的履行原则，以便遵照执行。集体合同的履行应该坚持全面履行、实际履行、协作履行的原则，具体如图 7—6 所示。

◎ 集体合同生效后，企业、工会和职工个人均应按照集体合同约定的义务切实、全面履行合同

◎ 当事人完全按照集体合同约定的义务履行，除了法律法规有规定或征得对方当事人同意外，不得用完成另外的义务来代替约定的义务
◎ 一方违约时，也不得用其他方式代替履行。对方要求继续履行时，仍应完成集体合同规定的义务

◎ 企业人力资源管理人员应尽可能地协助员工履行集体合同
◎ 当企业人力资源管理人员履行有困难时，也可征询员工、工会等有关部门的意见，以最大限度地取得支持和协助

图 7—6　集体合同的履行原则

(3) 集体合同的监督检查

① 在企业内部组建监督检查集体合同履行的组织。企业人力资源管理人员可以组建监督检查小组，监督检查小组由人数相等的职工（工会）和企业双方代表组成，具体负责对本企业集体合同的履行情况进行监督。企业人力资源管理人员也可作为监督检查小组的成员，

监督检查集体合同的履行。

② 企业人力资源管理人员可以建立必要的监督检查制度，包括定期检查制度、及时通报制度和反馈调整制度等。

③ 企业人力资源管理人员配合上级工会和劳动保障行政部门的监督检查工作，落实上级工会和劳动保障行政部门提出的意见及措施。

(4) 集体合同变更及解除

集体合同的变更是指企业和员工双方当事人在集体合同没有履行或虽已开始履行但尚未完全履行之前，依照法律规定的条件与程序，对原合同中的部分条款进行修改、补充的法律行为。集体合同的解除是指集体合同依法签订后，未履行完前，由于某种原因导致企业和员工当事人一方或双方提前终止集体合同的法律效力，停止履行双方劳动权利义务关系的法律行为。

为了妥善变更及解除集体合同，企业人力资源管理人员需要掌握集体合同变更及解除的适用情形和注意事项，避免企业与员工产生纠纷。

① 适用情形。一般来说，出现如图 7—7 所示的情形之一时，集体合同当事人可以变更或解除集体合同。

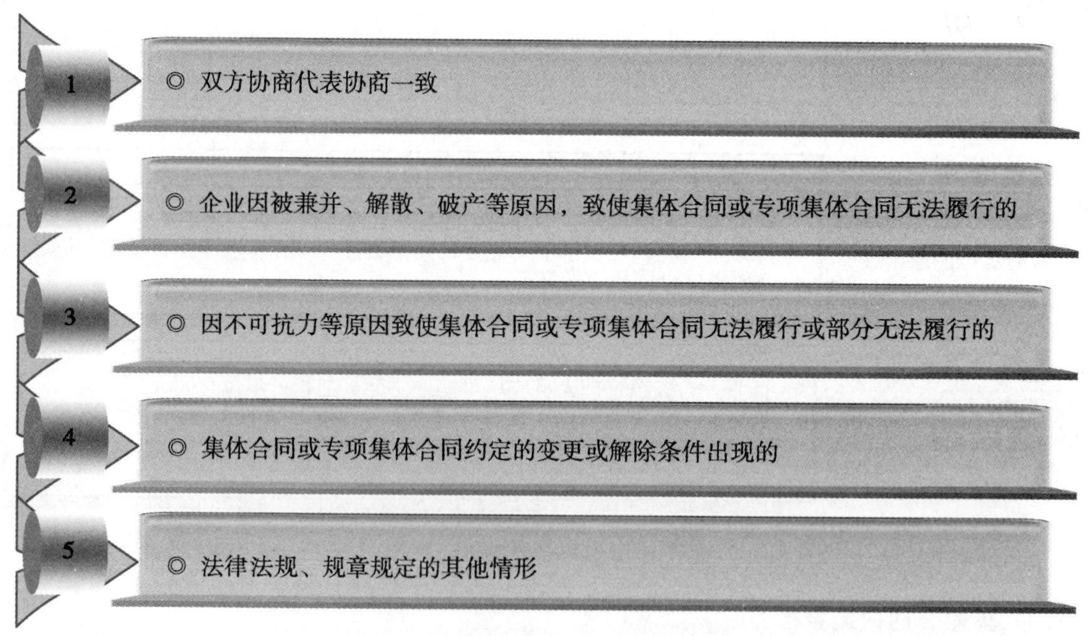

图 7—7 集体合同变更或解除的情形

② 注意事项。集体合同当事人变更或解除集体合同需要注意以下要点。

◆ 在集体合同履行过程中，一方就集体合同的变更或解除提出协商要求时，另一方应积极配合，并按集体合同协商的基本程序，对集体合同进行变更或解除。

◆ 变更或解除的集体合同须经职工代表大会或全体职工讨论通过，并按规定报送当地劳动保障行政部门审查确认后生效。

◆ 变更或解除未能达成一致，或未经职工代表大会（或全体职工）通过，或未通过审查，应继续执行原集体合同。

7.1.5　集体合同争议处理

集体合同争议是劳动争议的一种，是集体合同当事人对合同的内容、履行情况和不履行后果产生的争议。企业人力资源管理人员在遇到集体合同争议时，应协同工会组织、相关行政机关妥善处理，避免给企业产生过大的影响或损失。

(1) 集体合同争议形式

《中华人民共和国劳动法》第八十四条规定："因签订集体合同发生争议，当事人协商解决不成的，当地人民政府劳动行政部门可以组织有关各方协调处理。

"因履行集体合同发生争议，当事人协商解决不成的，可以向劳动争议仲裁委员会申请仲裁；对仲裁裁决不服的，可以自收到仲裁裁决书之日起十五日内向人民法院提起诉讼。"

由上述规定可知，集体合同争议因集体合同处于不同阶段表现为两种不同的形式：一种是因签订集体合同发生的争议，另一种是因履行集体合同发生的争议。这两种形式因争议的发生、依据不同而有明显的不同，故企业人力资源管理人员在争议的处理方式上也应区别对待。

(2) 集体合同签订过程中的争议处理

在集体合同签订过程中出现争议时，企业人力资源管理人员需要按照以下的要点进行处理。

① 争议处理部门。根据《集体合同规定》第四十九条规定："集体协商过程中发生争议，双方当事人不能协商解决的，当事人一方或双方可以书面向劳动保障行政部门提出协调处理申请；未提出申请的，劳动保障行政部门认为必要时也可以进行协调处理。"同时该规定第五十条规定："劳动保障行政部门应当组织同级工会和企业组织等三方面的人员，共同协调处理集体协商争议。"由此可见，集体合同签订过程中的争议处理部门有劳动保障行政部门、同级工会、企业等。

② 争议处理辖区。根据《集体合同规定》第五十一条规定："集体协商争议处理实行属地管辖，具体管辖范围由省级劳动保障行政部门规定。中央管辖的企业以及跨省、自治区、直辖市用人单位因集体协商发生的争议，由劳动保障部指定的省级劳动保障行政部门组织同级工会和企业组织等三方面的人员协调处理，必要时，劳动保障部也可以组织有关方面协调

处理。”

③ 争议处理时限。根据《集体合同规定》第五十二条规定：“协调处理集体协商争议，应当自受理协调处理申请之日起三十日内结束协调处理工作。期满未结束的，可以适当延长协调期限，但延长期限不得超过十五日。”

(3) 集体合同履行过程中的争议处理

根据《中华人民共和国劳动法》第八十四条、《集体合同规定》第五十五条规定，因履行集体合同发生的争议可以通过协商、仲裁和诉讼解决。

① 协商解决。协商解决集体合同争议是指双方当事人在自愿的基础上，互相体谅，按照法律法规解决双方争议。协商解决简便易行，更易提高解决效率，避免矛盾激化，因此集体合同履行过程中发生争议后，企业人力资源管理人员应首选协商解决的方式来处理争议。

在协商解决集体合同争议时，企业人力资源管理人员应做到在国家法律法规允许的范围内协商解决，秉承平等、互谅的原则，绝不能违规给对方施压，甚至以某种手段要挟对方。

② 仲裁。集体合同争议仲裁是指劳动争议仲裁机关对集体合同纠纷的仲裁，是具有法律效力的行政措施。集体合同仲裁申请方可以是本企业，也可以是职工方。通过仲裁，对不遵守集体合同的有过错一方，仲裁机构将采取强制措施，追究违约责任，以保障集体合同的全面履行。

根据《中华人民共和国劳动争议调解仲裁法》第二十七条规定：“劳动争议申请仲裁的时效期间为一年，仲裁时效期间从当事人知道或者应当知道其权利被侵害之日起计算。”因此，企业人力资源管理人员需在知道或者应当知道其权利被侵害之日起一年这一法定时限内向劳动争议仲裁机构提出仲裁申请，否则将丧失胜裁权。

③ 诉讼。根据《中华人民共和国劳动法》第八十四条规定，对仲裁裁决不服的，可以自收到仲裁裁决书之日起十五日内向人民法院提起诉讼。集体合同争议诉讼是集体合同争议当事人对集体合同争议裁决结果不满意，而在规定时间内向人民法院起诉的行为。

在我国，大多数集体合同争议通过当事人双方协商、政府协调、劳动争议仲裁机构仲裁便可得到解决。少数经协商、仲裁仍不能解决和当事人直接提起诉讼的案件，可向人民法院提起诉讼，由人民法院判决解决。因此，企业人力资源管理人员在对仲裁裁决书不服的情况下，可申请企业领导的意见后向人民法院提起诉讼。

7.2　劳务派遣

劳务派遣是指企业为了实现人才的需求目标，与依法成立的劳务派遣单位签订劳务派遣协议，由劳务派遣单位筛选符合企业要求的劳动者并与之签订劳动合同后，将劳动者派遣到企业工作的一种用工形式。

劳务派遣的特点是企业和劳动者个人不存在直接的劳动关系，企业用工更加灵活，管理程序相对简化，能有效减少用工风险，降低成本费用。

7.2.1　劳务派遣实施流程

为了顺利开展劳动派遣工作，企业人力资源管理人员需要掌握劳务派遣实施流程。劳务派遣的实施流程可分为六个步骤，分别为确定劳务派遣岗位、业务咨询、洽谈派遣方案、签订劳务派遣协议、被派遣劳动者使用与管理、被派遣劳动者退回处理。

(1) 确定劳务派遣岗位

首先，企业人力资源管理人员需要确定劳动派遣岗位，《中华人民共和国劳动合同法》第六十六条、《劳务派遣暂行规定》第三条均对劳务派遣用工的范围进行了明确规定，根据规定企业只能在临时性、辅助性或者替代性的工作岗位上使用被派遣劳动者，具体岗位如图7—8 所示。

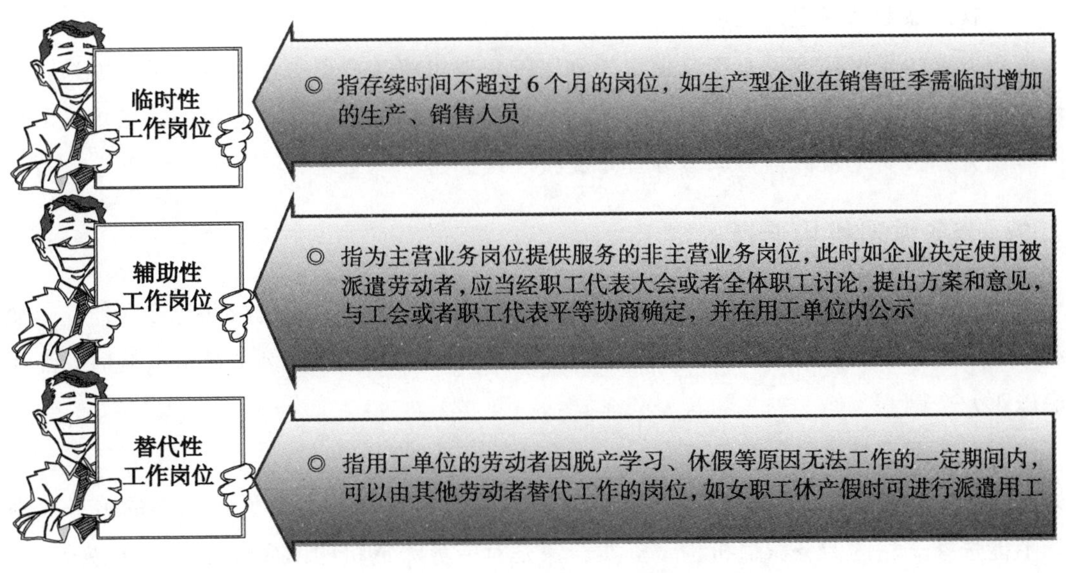

图 7—8　使用被派遣劳动者的岗位

除此之外，根据《劳务派遣暂行规定》第四条规定，企业使用的被派遣劳动者数量不得超过本企业用工总量的10%。此处所称用工总量是指企业订立劳动合同人数与使用的被派遣劳动者人数之和。

（2）业务咨询

企业人力资源管理人员与劳务派遣机构开展业务咨询和沟通，使其了解本企业的性质、特点、资质、优势及报价、岗位需求信息等，以便与劳务派遣机构初步达成意向，最终进行对比、选择，初步确认劳务派遣机构。

（3）洽谈派遣方案

劳务派遣机构根据企业提出的要求对实际工作环境、岗位进行了解，如有必要可邀请其展开实地考察。此时企业人力资源管理人员应充分配合劳务派遣机构的考察工作。

劳务派遣机构根据本企业的实际需求，制定劳务派遣方案，企业人力资源管理人员与劳务派遣机构研究、协商劳务派遣方案内容，并在合法用工的前提下修改、完善、确认方案。

（4）签订劳务派遣协议

企业人力资源管理人员在与劳务派遣机构就派遣方案达成一致的基础上，通知上级领导与劳务派遣机构签订劳务派遣协议，明确双方的权利和义务。

（5）被派遣劳动者使用与管理

企业严格执行劳务派遣协议的各项约定，对被派遣劳动者进行有效、合法的使用及管理。

（6）被派遣劳动者退回处理

劳务派遣协议期满或者出现其他法律规定的企业可将被派遣劳动者退回劳务派遣机构的情形时，企业人力资源管理人员应及时通知劳务派遣机构被派遣劳动者退回的名单、时间及原因等，并积极协助被派遣劳动者办理好交接手续。

7.2.2 劳务派遣机构选择

对于存在劳务派遣用工需求的企业来说，选择优秀的劳务派遣机构并与之合作，是企业合法用工、利益最大化的有效方法。企业人力资源管理人员在选择劳务派遣机构时，至少需考虑以下六个因素。

（1）劳务派遣机构的经营资格

企业人力资源管理人员要选择合法设立并取得“劳务派遣经营许可证”的劳务派遣机构，不能选择非法的劳务派遣机构。资质合法是对劳务派遣机构的底线要求，这是因为《中华人民共和国劳动合同法》第九十二条规定，企业给被派遣劳动者造成损害的，企业和劳务派遣单位承担连带赔偿责任。在实践中，有的机构仅能从事职业介绍、人事代理业务，没有开展劳务派遣的法定资格，企业如果使用这类机构派遣的劳动者，则将有可能被认定为企业和被派遣劳动者之间建立了劳动关系，从而给企业造成用工风险。

在实际工作中，企业人力资源管理人员应首先审查劳务派遣单位是否“五证”齐全，即工商营业执照、组织机构代码证、税务登记证、社保登记证、劳务派遣经营许可证是否齐全，若不齐全，应拒绝与其合作。

(2) 劳务派遣机构的品牌实力及声誉

鉴于在用工过程中，只要给被派遣劳动者造成损害，无论是企业或劳务派遣机构哪一方的过错，全部责任都由这两方共同承担。因此，企业人力资源管理人员应对劳务派遣机构的品牌知名度、行业所处的地位、名牌美誉度等进行观察，选择本地知名度和品牌影响力大的劳务派遣机构，这样更有利于抵抗用工风险。

(3) 劳务派遣机构的经营规模

企业人力资源管理人员应选择那些经营规模相对较大、资本实力雄厚的大中型优秀劳务派遣机构合作，这样可以规避小劳务派遣机构因改派不佳、跑路等给企业带来的风险。

(4) 劳务派遣机构的区域覆盖范围

企业人力资源管理人员应选择那些覆盖区域为全国或包括本企业所在地区域的劳务派遣机构，以规避因劳务派遣机构不了解本区域政策而给企业带来的风险及管理不便。

(5) 劳务派遣机构的专业能力

在选择劳务派遣机构时，企业人力资源管理人员要对劳务派遣机构的业务范围、预防和应对风险的能力、从业人员的专业水平及劳动法律知识水平、从业人员对国家劳动政策把握的准确程度和处理经验等慎重考虑，选择那些业务范围广、富有专业处理能力的劳务派遣机构，才可以防范不可预见的风险。

(6) 人力资源储备情况

人力资源储备对劳务派遣机构是否能满足企业的人才需求十分重要。企业人力资源管理人员应选择那些能够高质量、高效率完成人才招聘、甄选和用工管理工作的劳务派遣机构，才可实现本企业快速、有效配置所需人才的目的。

7.2.3　劳务派遣协议签订

劳务派遣协议是企业与劳务派遣单位签订的协议，该协议对劳务派遣的派遣岗位和人员数量、派遣期限、劳动报酬和社会保险费的数额与支付方式以及违反协议的责任等条款予以明确约定。

企业人力资源管理人员在选定劳务派遣机构后，就需要组织企业领导和劳务派遣机构相关人员签订劳务派遣协议。

(1) 劳务派遣协议的内容

在签订劳务派遣协议前，企业人力资源管理人员需要了解劳务派遣协议的内容。根据《劳务派遣暂行规定》第七条的规定，劳务派遣协议应当载明如图 7—9 所示的内容。

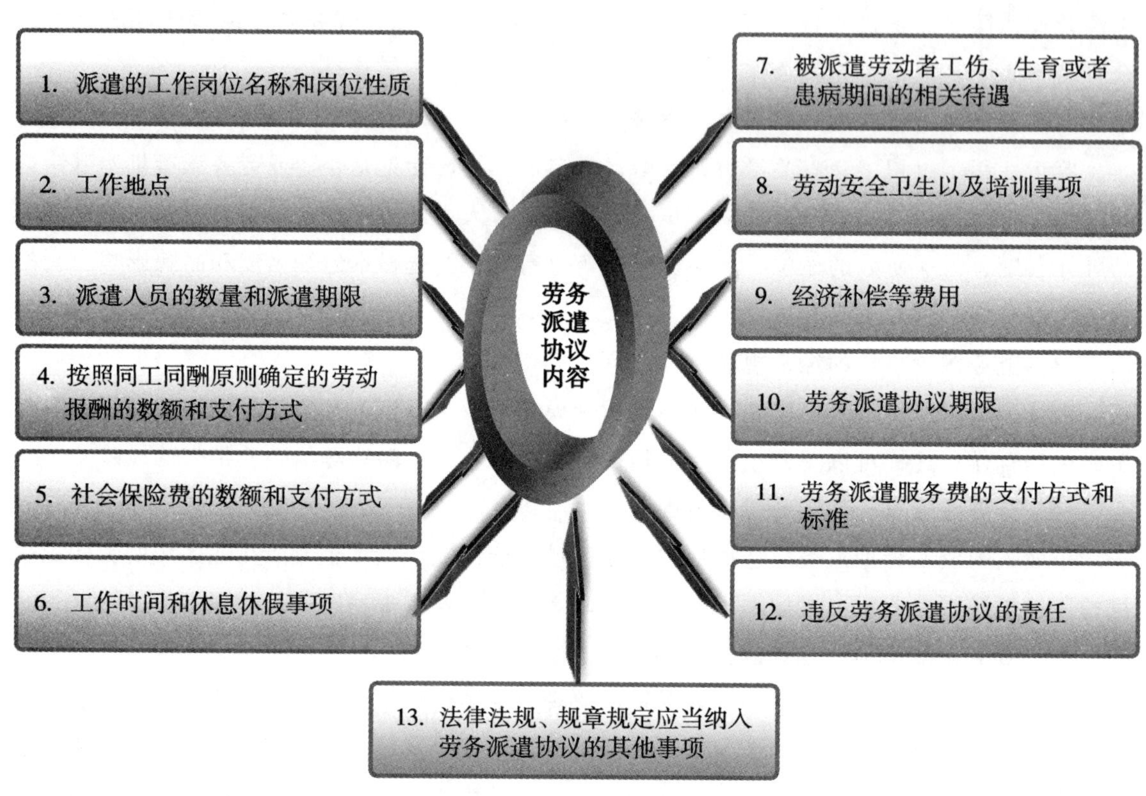

图 7—9　劳务派遣协议的内容

(2) 签订劳务派遣协议

企业人力资源管理人员需要根据劳务派遣协议的内容，根据企业劳务派遣岗位和具体情况，拟定劳务派遣协议，并交法务部门进行检查审核，确保其不存在违规条款。然后组织上级领导与劳务派遣机构签订劳务派遣协议。企业相关领导在签订劳务派遣协议时，需要遵循以下要点。

① 应当根据工作岗位的实际需要与劳务派遣机构确定派遣期限，不得将连续用工期限分割订立数个短期劳务派遣协议。

② 劳务派遣协议载明或者约定的向被派遣劳动者支付的劳动报酬应符合同工同酬原则，企业无同类岗位劳动者的，参照企业所在地相同或者相近岗位劳动者的劳动报酬确定。

③ 派遣协议书中应明确工资由劳务派遣机构支付给派遣员工，也可以经劳务派遣机构

的书面同意，企业直接向派遣员工发放工资，尽量避免发生工资争议的可能性。

下面给出劳务派遣协议范本，供读者参考。

<table>
<tr><td rowspan="2">文书名称</td><td rowspan="2">劳务派遣协议书</td><td>编　号</td><td></td></tr>
<tr><td>受控状态</td><td></td></tr>
<tr><td colspan="4">
甲方（用工单位）：　　　　乙方（劳务派遣单位）：
地址：　　　　地址：
甲、乙双方本着平等自愿、协商一致、公正公平、诚实信用的原则，根据《中华人民共和国劳动合同法》及《劳务派遣暂行规定》等有关法律法规规定，签订本协议，并承诺共同遵守。
一、协议期限
本协议自________年____月____日起至________年____月____日止。
二、派遣岗位、人数和期限
1. 甲方需要接受劳务派遣人员的岗位和人员数量如下：
岗位：__________，人数：______人，工作内容为____，工作地点为______________________，派遣期限自________年____月____日起至________年____月____日止。
2. 乙方按照甲方用工需求，负责推荐符合条件的劳务派遣人员供甲方择优使用。乙方承担对劳务派遣人员的用人单位义务，甲方承担对接受的劳务派遣人员的用工单位连带责任义务。
3. 甲方承诺，以上岗位工种符合国家关于劳务派遣一般在临时性、辅助性或者替代性的工作岗位上实施的要求，并保证没有将连续用工期限分割订立数个短期劳务派遣协议的情形。
三、工作时间和休息休假
1. 工作时间：派遣员工在甲方实行（□ 标准、□ 综合计算、□ 不定时）工时工作制。其中，标准工时工作制度为每天工作________小时，每周休息日为________；实行综合计算工时工作制或不定时工时工作制的，由甲方负责向乙方提供报经劳动行政部门批准的行政许可决定，并告知劳务派遣人员。
2. 休息休假：按国家和甲方的____________规定执行。
3. 甲方负责保障派遣员工享有法定休息休假的权利。甲方因工作需要安排派遣员工延长工作时间或在节假日加班的，应当征得其同意，并依法安排调休或支付加班加点工资。
四、劳动报酬
1. 派遣员工享有与甲方相同或相近岗位劳动者同工同酬和福利待遇的权利。乙方不得克扣甲方支付给派遣员工的劳动报酬。
2. 乙方与甲方商定的派遣员工工资发放日为每月____日，工资发放形式为（□ 由乙方发放、□ 由甲方直接发放、□ 由乙方或甲方委托银行发放）。
3. 乙方与甲方协商确定，派遣员工的工资标准采用下列第（　）种方式：
（1）实行月薪制，每月为________元，具体办法按照甲方规定执行。
（2）实行基本工资和绩效奖金相结合的工资分配办法，基本工资为每月________元；绩效奖金考核发放办法根据甲方规定执行。
（3）实行计件工资制，计件工资的劳动定额管理按照甲方的规定执行，定额单价为________。
五、社会保险
派遣员工的社会保险由乙方负责，乙方应当给派遣员工按时足额缴纳各项社会保险费，其中派遣员工应缴纳的社会保险费由乙方代扣代缴。
六、劳动保护、劳动条件和职业危害防护
1. 甲方保证执行国家劳动标准，提供相应的劳动条件和劳动保护。甲、乙双方共同负责教育派遣员工遵守国家和甲方规定的劳动安全规程。
2. 甲方安排派遣员工的工作若属于国家规定的有毒、有害、特别繁重或者其他特种作业的，甲方负责定期安排派遣员工进行健康检查。
3. 派遣员工因工作遭受事故伤害或患职业病，甲、乙双方均有负责及时救治、保障其依法享受各项工伤保险及相关待遇的连带义务。乙方应按规定为员工申请工伤认定和劳动能力鉴定。
</td></tr>
</table>

续表

4. 员工患病或非因工负伤，甲乙双方共同承担保证其享受国家规定的医疗期和相应的医疗待遇的连带义务。

七、派遣员工退回

1. 有下列情况之一的，派遣期间，甲方不得退回被派遣员工。派遣期满的，应当续延至相应的情形消失时终止。

(1) 从事接触职业病危害作业的派遣员工未进行离岗前职业健康检查，或者疑似职业病病人在诊断或者医学观察期间的。

(2) 派遣员工在本单位患职业病或者因工负伤并被确认丧失或者部分丧失劳动能力的。

(3) 派遣员工患病或者非因工负伤，在规定的医疗期内的。

(4) 女派遣员工在孕期、产期、哺乳期的。

(5) 法律、行政法规规定的其他情形。

2. 有下列情况之一的，甲方可以退回被派遣员工或要求乙方更换被派遣员工，且不用支付赔偿金。

(1) 派遣员工在试用期间被证明不符合录用条件的。

(2) 派遣员工严重违反甲方的规章制度的。

(3) 派遣员工严重失职、营私舞弊，给甲方造成重大损害的。

(4) 派遣员工被依法追究刑事责任的。

(5) 派遣员工派遣期满。

3. 有下列情况之一的，甲方可以退回派遣员工，但是应当提前30日通知乙方和派遣员工本人，符合法律法规关于辞退员工需支付经济补偿的情形的，甲方应按照相关法律法规的标准支付相应的经济补偿金。

(1) 甲方濒临破产进行法定整顿期间或者生产经营状况发生变化，确需裁减人员的。

(2) 派遣员工患病或者非因工负伤，在规定的医疗期满后不能从事原工作，也不能从事由甲方另行安排的工作的。

(3) 派遣员工不能胜任工作，经过培训或者调整工作岗位，仍不能胜任工作的。

八、劳务派遣服务相关费用

甲方应承担的相关费用主要有以下几项：

1. 支付乙方的劳务派遣服务费，标准为每人每月________元。甲方支付给乙方的劳务派遣服务费，乙方必须开具正式发票。

2. 派遣员工的劳动报酬和福利待遇。

3. 甲方应承担的派遣员工工伤事故费用。

4. 由于甲方原因导致派遣员工被裁减或辞退而发生的经济补偿金。

九、协议解除与终止

任何一方若提前解除或终止协议，应提前一个月以书面形式通知对方，经双方同意后方可执行，并协助对方处理相关善后事宜。

十、争议处理

1. 甲、乙双方对本协议若有争议，应本着友好协商和妥善处理的原则加以解决，如协商不成，则由本协议履行地的人民法院裁决。

2. 甲方与派遣员工发生劳务争议，应先由甲方与派遣员工协商；如果双方协商不成，由甲方、乙方和派遣员工三方协商；如果三方协商不成，乙方负责处理与劳动、司法等部门的相关事宜。

十一、违约责任

1. 甲方无故拖欠乙方费用的，每日应按拖欠部分____%的标准向乙方支付违约金。若甲方拖欠数额达一个月以上，乙方有权解除本协议，并依法追回欠缴金额及违约金。

2. 因甲方拖欠费用导致派遣员工薪酬未能结算时所产生的相关责任由甲方承担。

3. 乙方因违约需承担违约金和经济赔偿的，甲方提供证明材料，经乙方核实同意后，甲方可在当期结算的费用中直接扣减。

续表

十二、其他 1. 本协议一式两份，甲、乙双方各执一份，自双方签字盖章之日起生效。 2. 本协议未尽事宜，法律法规有规定的，按法律法规规定执行；法律法规没有规定的，由双方协商解决；若双方协商不成或者发生争议，应当依法处理。 甲方（盖章）：　　乙方（盖章）： 法定代表人签字　　法定代表人签字 （或委托代理人签名）：　　（或委托代理人签名）： 签订日期：____年__月__日　　签订日期：____年__月__日					
编制人员		审核人员		审批人员	
编制时间		审核时间		审批时间	

7.2.4　劳动合同签订核查

在劳务派遣中，劳动合同是由劳务派遣单位与被派遣劳动者签订的合同。劳动合同是否签订及签订的规范性，对派遣工使用企业来说至关重要。因此，企业应对劳动合同的签订情况予以核查，企业人力资源管理人员主要负责劳动合同签订的核查工作。

(1) 核查劳动合同是否签订

尽管劳务派遣中，劳动合同的签订主体是劳务派遣单位及被派遣劳动者，但是作为用人单位的企业必须对劳务派遣合同的签订情况予以认真核查，以防劳务派遣单位未与被派遣员工签订劳务派遣合同而导致本企业事实用工情形的存在，甚至产生劳动争议。

(2) 核查劳动合同的内容是否完善

根据《中华人民共和国劳动合同法》第五十八条、第十七条规定，劳务派遣单位与被派遣劳动者签订的劳动合同的内容包括企业的名称、住所和法定代表人或者主要负责人，劳动者的姓名、住址和居民身份证或者其他有效身份证件号码，劳动合同期限，工作内容和工作地点，工作时间和休息休假，劳动报酬，社会保险，劳动保护、劳动条件和职业危害防护，被派遣劳动者的用工单位以及派遣期限、工作岗位，法律法规规定应当纳入劳动合同的其他事项。

(3) 核查劳动合同的形式是否合规

《中华人民共和国劳动合同法》第五十八条规定：“劳务派遣单位应当与被派遣劳动者订立二年以上的固定期限劳动合同，按月支付劳动报酬；被派遣劳动者在无工作期间，劳务派遣单位应当按照所在地人民政府规定的最低工资标准，向其按月支付报酬。”

《劳务派遣暂行规定》第五条也给出规定：“劳务派遣单位应当依法与被派遣劳动者订立2年以上的固定期限书面劳动合同。”

从上述两大条款来看，劳务派遣单位与被派遣劳动者签订的劳动合同为二年以上的固定期限劳动合同，除此之外劳务派遣单位与被派遣劳动者签订的无固定期限劳动合同、非全日制合同、以完成一定任务为期限的合同，都不是有效的劳动合同形式。

7.2.5 被派遣员工的管理

派遣到本用工企业的被派遣员工在企业内部工作，接受企业工作命令，受企业有关规章制度的制约，因此企业应对被派遣员工负责。具体来说，企业应严格按照有关法律法规及劳务派遣协议约定的义务，在自己的职责范围内管理好被派遣员工。企业人力资源管理人员在管理被派遣员工过程中，应注意以下要点。

(1) 同工同酬

根据《中华人民共和国劳动合同法》第六十三条规定，企业人力资源管理人员应按照同工同酬原则，对被派遣员工与本企业同类岗位的劳动者实行相同的劳动报酬分配办法。企业无同类岗位劳动者的，参照企业所在地相同或者相近岗位劳动者的劳动报酬确定。

除了同工同酬以外，被派遣员工还应享有与企业正式员工平等的法定劳动权利，如参加工会的权利、民主参与的权利、提请劳动争议处理的权利等。

(2) 不得再派遣

《中华人民共和国劳动合同法》第六十二条规定：“用工单位不得将被派遣劳动者再派遣到其他用人单位。”根据上述法律条款规定，企业人力资源管理人员不能将派遣到本企业的员工再派遣到其他用人单位，本条款也与从事派遣业务的单位必须具有派遣资质的要求相符合。

(3) 合理调动被派遣员工

被派遣员工调动是指被派遣员工在企业内部各单位或单位内部职位的变化。在企业内，需调动被派遣员工时，企业人力资源管理人员不仅应协调好调入调出部门的关系，还应征得拟调被派遣员工的同意，然后由调动需求单位填写“调动审批表”并报本部门审核后，报企业领导（分管领导）审批，审批同意后由本部门办理调动手续。

(4) 办理工作交接

劳务派遣员工因工作调动、岗位调整、辞职、退回或派遣到期等原因离开工作岗位时，企业人力资源管理人员应及时督促离岗被派遣员工按企业要求完成工作移交，并填写“工作移交清单”。

被派遣员工办理工作交接时，企业人力资源管理人员应对交接情况进行监督检查，具体监督检查内容不仅包括办公用品、办公设备、工具、备品备料、工服、工作牌等实物的移交情况，也包括工作资料（纸质和电子资料）、在办和待办事项以及财务借款等的移交情况，确保移交完整、及时、无遗漏、无差错，有关部门负责人签字完备。

7.2.6　劳务派遣争议处理

劳务派遣争议是指劳务派遣过程中产生的劳动争议，即用人企业与派遣员工之间因劳动的权利与义务发生分歧而引起的争议。劳务派遣过程中涉及劳务派遣单位、用人企业、劳务派遣员工三方关系，其经济利益紧密相连，各种权利义务关系错综复杂，因此劳务派遣争议的发生不可避免。

为能及时、妥善处理劳务派遣争议，保持本企业与被派遣员工良好、健康的工作关系，企业人力资源管理人员应掌握相关处理原则、程序及技巧，做好相关处理工作。

(1) 劳务派遣争议的处理原则

企业人力资源管理人员在处理劳务派遣争议时，需要遵循劳务派遣争议的处理原则，具体原则如图 7—10 所示。

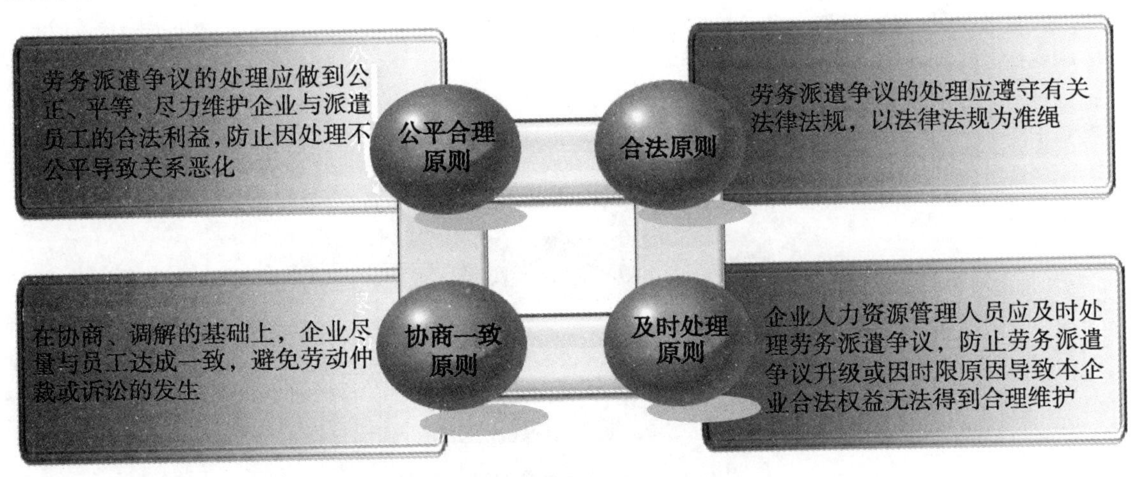

图 7—10　劳务派遣争议的处理原则

(2) 劳务派遣争议的处理程序

企业人力资源管理人员在处理劳务派遣争议时，首先应及时与派遣员工协商解决形成解决方案，协商不成的与劳务派遣机构协商；其次根据协商后确定的方案解决争议。劳务派遣争议的处理程序如图 7—11 所示。

(3) 劳务派遣争议的处理技巧

① 企业人力资源管理人员收到派遣员工的争议处理申请后，应首先稳定派遣员工情绪，做好解释说明工作；然后组织调查，了解实情，明确责任。

② 企业人力资源管理人员应及时讨论解决方案，并尽量在较短的时间内给出正式解决方案。

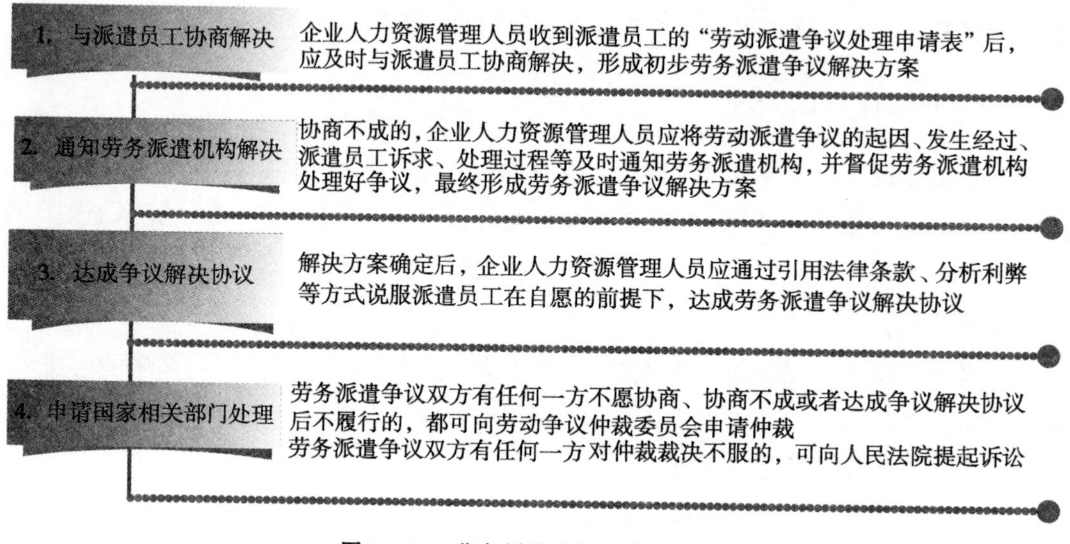

图 7—11　劳务派遣争议的处理程序

③ 企业人力资源管理人员与派遣员工协商解决时，需要注意如图 7—12 所示的要点。

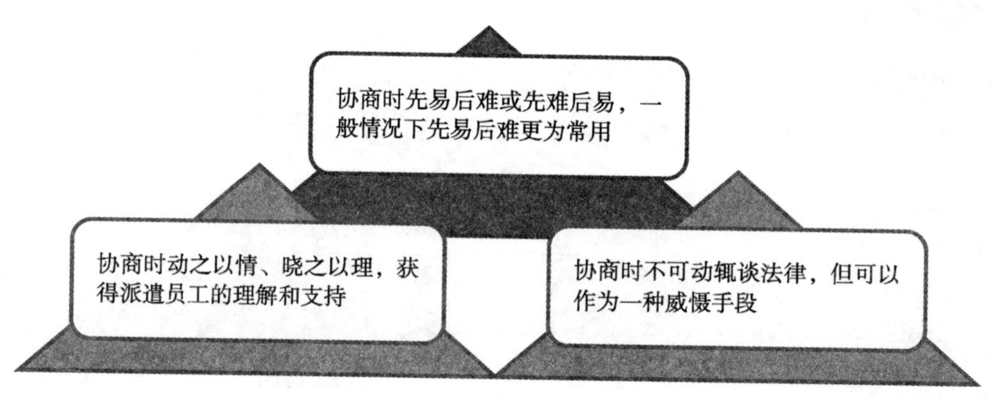

图 7—12　协商解决注意要点

④ 劳务派遣争议解决协议应立字为据，并由双方签字盖章。

7.3　非全日制用工

7.3.1　非全日制用工的特性界定

非全日制用工是指以小时计酬为主，劳动者在同一用人单位一般平均每日工作时间不超过 4 小时，每周工作时间累计不超过 24 小时的用工形式。

近年来，企业使用非全日制用工越来越普遍，特别是在餐饮、超市等行业。因此，企业人力资源管理人员需要对非全日制用工的特性有所了解，相对于全日制用工，非全日制用工具有自己的特性，具体如表 7—3 所示。

表 7—3　　非全日制用工的特性

特性	特性说明
工作时长有限制	在同一用人单位一般平均每日工作时间不超过 4 小时，每周工作时间累计不超过 24 小时
可不签订书面合同	可以订立口头协议，不签订书面合同，也可以签订书面合同。基于非全日制用工口头约定协议在法律上难取证、效力不足等问题，企业最好还是签一份书面劳动合同，说明是非全日制用工
不得约定试用期限	非全日制用工双方当事人不得约定试用期，而全日制用工的，除以完成一定工作任务为期限的劳动合同和 3 个月以下固定期限劳动合同外，其他劳动合同可以依法约定试用期
可随时终止劳动关系	非全日制用工双方当事人任何一方都可以随时通知对方终止用工
无须支付经济补偿金	终止用工，企业不用向劳动者支付经济补偿
可存在多方劳动关系	从事非全日制用工的劳动者可以与一个或者一个以上用人单位订立劳动合同；但是，后订立的劳动合同不得影响先订立的劳动合同的履行
社保缴纳 因险种不同有区别	企业可以为非全日制员工缴纳基本养老保险费和基本医疗保险费，也可以在工资中列入基本养老保险费和基本医疗保险费后由非全日制员工自己缴纳。但是对于工伤保险，企业应当按照国家有关规定为建立劳动关系的非全日制员工缴纳

正是因为非全日制用工具有上述特性，企业使用非全日制用工才能达成灵活用工、降低用工成本与风险、缓解劳动力市场供求失衡的矛盾等目的。

7.3.2　非全日制用工的工资标准

根据《中华人民共和国劳动合同法》第七十二条规定："非全日制用工小时计酬标准不得低于用人单位所在地人民政府规定的最低小时工资标准。"由此可知，企业人力资源管理人员在招用非全日制用工时，录用员工的工资标准须高于或等于企业所在地人民政府规定的最低小时工资标准。

（1）最低小时工资标准的确定

非全日制用工的最低小时工资标准由省、自治区、直辖市规定，并报人力资源和社会保障部备案。最低小时工资标准的计算方法如下所示。

最低小时工资标准=〔（月最低工资标准÷20.92÷8）×（1+单位应当缴纳的基本养老保险费、基本医疗保险费比例之和）〕×（1+浮动系数）

浮动系数的确定主要考虑非全日制员工的工作稳定性、劳动条件和劳动强度、福利等方面与全日制员工之间的差异。

确定和调整最低小时工资标准应当综合参考以下因素。

① 当地政府颁布的月最低工资标准。

② 单位应缴纳的基本养老保险费和基本医疗保险费（当地政府颁布的月最低工资标准未包含个人缴纳社会保险费因素的，还应考虑个人应缴纳的社会保险费）。

③ 非全日制员工在工作稳定性、劳动条件和劳动强度、福利等方面与全日制员工之间的差异。

（2）全国各地的最低小时工资标准

全国各地的最低小时工资标准一般由人力资源和社会保障部公布，企业人力资源管理人员在确定本企业非全日制用工最低小时工资时应参照当年的最低标准。表7—4是2015年部分省、市、自治区最低小时工资的标准，以供参考。

表7—4　　2015年部分省、市、自治区最低小时工资的标准

省、市、自治区	最低小时工资标准（元）	开始施行日期
北京	18.7	2015年4月1日
上海	18	2015年4月1日
广东	18.3	2015年5月1日
深圳	18.5	2015年3月1日
天津	18.5	2015年4月1日
浙江	17	2015年11月1日
新疆	16.7	2015年7月1日
内蒙古	13.3	2015年7月1日
山西	17.7	2015年5月1日
山东	16	2015年3月1日
河南	15	2015年7月1日
贵州	17	2015年10月1日
云南	14	2015年9月1日

续表

省、市、自治区	最低小时工资标准（元）	开始施行日期
湖北	16	2015 年 9 月 1 日
江西	15.3	2015 年 10 月 1 日
安徽	16	2015 年 11 月 1 日
四川	15.7	2015 年 7 月 1 日
海南	11.2	2015 年 1 月 1 日
宁夏	14	2015 年 11 月 1 日
甘肃	15.5	2015 年 4 月 1 日

7.3.3　非全日制用工的工资支付

企业人力资源管理人员在支付非全日制用工的工资时，应做到及时、准确、合法、有记录、有签字，这样才能保证非全日制员工及时领取到工资，提高其满意度，降低其临时辞职率，减少劳动争议的发生。

(1) 非全日制用工的工资支付时间

2008 年 1 月 1 日起施行的《中华人民共和国劳动合同法》第七十二条规定："非全日制用工劳动报酬结算支付周期最长不得超过十五日。"2003 年《关于非全日制用工若干问题的意见》第二条第九款规定："非全日制用工的工资支付可以按小时、日、周或月为单位结算。"

由上述法律规定可知，企业人力资源管理人员在约定非全日制用工工资结算周期或在制定非全日制用工结算规定时，应将结算周期定为不超过十五日的小时、日或周。

(2) 非全日制用工的工资支付计算公式

非全日制用工工资的计算公式为：非全日制用工工资＝小时工资标准×实际工作小时数。图 7—13 为非全日制用工工资的计算示例，以供参考。

在计算非全日制员工工资时，企业人力资源管理人员和非全日制员工有时会因节假日加班费认定而产生纠纷。《工资支付暂行规定》并未明确非全日制用工是否执行三倍工资。因此在具体处理非全日制员工工资时，企业人力资源管理人员应借鉴本地区的相关法律法规，如深圳市《关于非全日制用工的若干规定》（深劳社〔2007〕61 号）第十一条规定："用人单位在法定休假日安排非全日制劳动者工作的，应当按照不低于劳动者本人标准工资的 300%支付工资。"又如《北京市工资支付规定》第十八条规定："……用人单位安排其在法定休假日工作的，其小时工资不得低于本市规定的非全日制从业人员法定休假日小时最低工资标准。"2015 年，北京市非全日制从业人员法定节假日最低小时工资标准为 45 元/小时。

2015 年，某餐饮公司招聘了 2 名非全日制员工张某、刘某从事服务员工作。在签订的非全日制用工劳动合同中，该公司与这两名服务员约定每小时工资标准为 20 元，每月上一天休一天，日工作时间为 4 小时，每两周结算一次工资。

假设非全日制员工张某 8 月前两周共工作 8 天，合计 32 个小时，则其应发放的工资计算如下：应发工资= 20 × 32=640（元）。

图 7—13　非全日制用工工资的计算示例

(3) 非全日制用工的工资支付记录

企业人力资源管理人员在支付非全日制员工工资时，特别是选择现金支付方式支付的，应要求非全日制员工当场对钱款清点清楚，并在工资表上签字确认。如非全日制员工委托他人领取工资时，企业人力资源管理人员需核实工资代领委托书，并将委托书备案存档。

企业非全日制员工工资表上应详细记录每次工资支付的数额、项目、时间、领取人姓名等信息，并要求工资支付表上有每名领取工资的非全日制员工的签字。工资支付完成后，企业应将工资表妥善存档。